BIBLIOTECA UNIVERSALE RIZZOLI

STORIA D'ITALIA

Indro Montanelli
Roberto Gervaso

L'ITALIA
DEI COMUNI
Il Medio Evo dal 1000 al 1250

Biblioteca Universale Rizzoli

ISBN 88-17-11809-5

Prima edizione BUR Supersaggi: maggio 1997

AVVERTENZA

Questa Italia dei Comuni *è la quarta tappa nella ricostruzione che ci siamo proposti della storia della nostra civiltà da Omero a Mussolini, dopo* Storia dei Greci, Storia di Roma *e* L'Italia dei secoli bui: *tutti volumi pubblicati in questa stessa collezione dall'editore Rizzoli.*

Il periodo che abbraccia è quello compreso fra il 1000 e il 1250: un periodo molto più breve di quello incluso nel volume precedente, che va dalla caduta dell'Impero romano (476) al Mille. Ma il rallentamento della marcia ci è imposto dalle circostanze.

Anzitutto è in questi due secoli e mezzo che si decide il destino dell'Italia e si consuma il suo aborto come Stato nazionale. Abbiamo quindi sentito il bisogno di approfondire quanto più si poteva gli avvenimenti che condussero a questa fatale svolta. Eppoi la situazione si è fatta molto più complessa. L'Italia dei secoli bui era un oggetto, non un soggetto, di storia. Un invasore ne scacciava l'altro rimpiazzandone le effimere strutture con strutture altrettanto effimere. Solo il Papa acquista faticosamente una parte di protagonista, ma come condottiero di una Chiesa universale, non di un potere nazionale.

Col nuovo millennio invece un protagonista italiano nasce: il Comune. Ma questo Comune non è uguale e non si forma dappertutto nello stesso modo, anzi segue le vicende più diverse e assume le fisonomie più contraddittorie.

Noi non abbiamo preteso di ritracciarle tutte: avremmo ridotto questo libro a un'antologia di disarticolate cronache. Abbiamo cercato di ricostruirle secondo i nessi essenziali. Ma anche semplificando al massimo ci siamo trovati di fronte a una tale mole di avvenimenti, a una tale varietà di personaggi e a una tale ricchezza di informazioni da indurci a una limitazione del periodo, che a qualcuno sembrerà arbitraria. Ma poco importa, almeno per noi che non seguiamo nessuna classificazione scolastica di Evi, e che consideriamo questi volumi come altrettante «puntate» di un unico libro.

A L'Italia dei Comuni *seguirà infatti, l'anno venturo,* L'Italia dei secoli d'oro, *che comprenderà il Tre e il Quattrocento fino alla scoperta dell'America. Più che una promessa, è un impegno, cui c'induce la fedeltà dei nostri lettori. Essi si sono affezionati alla nostra Storia molto al di là delle nostre stesse speranze. Noi pensavamo che ci fossero nel nostro Paese alcune migliaia di persone desiderose di leggere una storia d'Italia, dalle origini a oggi, che non sia scritta da professori per professori o per allievi avviati a diventare professori.*

I nostri calcoli erano sbagliati. Di queste persone ce ne sono non migliaia, ma centinaia di migliaia. E ciò dimostra la fondatezza dell'accusa che noi rivolgiamo alla nostra storiografia accademica. Essa annovera opere magistrali, come quelle, per restare al Medio Evo, di Gioacchino Volpe e di Pepe. Ma di solito presuppongono la conoscenza dei fatti perché si dimenticano di raccontarli, e trascurano i personaggi perché ritengono che i veri protagonisti della Storia non siano essi, ma le idee.

Noi riteniamo il contrario: cioè che i fatti vadano raccontati, perché nessuno è obbligato a saperli o a ricordarli, e che i loro protagonisti siano soprattutto gli uomini, i loro caratteri, le loro passioni, i loro interessi. Il «segreto» del nostro successo è tutto qui.

Questo successo, lo sappiamo, indigna parecchia gente: quella interessata al mantenimento del monopolio. Essa ci accusa di superficialità e faciloneria, ma non è mai riuscita a indicare, nei nostri libri, una inesattezza. Dobbiamo dire che alcuni degli stessi insegnanti specie di scuole medie, più spregiudicati e leali, ce ne hanno dato atto. E noi li ringraziamo perché si tratta, in un ambiente bigotto come quello nostro accademico, di un gesto di coraggio che può esporli a spiacevoli rappresaglie. Quanto agli studenti, ne conosciamo qualcuno che, avendo preparato l'esame di Storia sui no-

stri testi e avendolo detto, è stato bocciato. Ma ne conosciamo molti di più che, avendo preparato l'esame di Storia sui nostri testi, ma senza dirlo, sono stati brillantemente promossi.

Confessiamo che l'idea di essere gli «amici proibiti» di questi ragazzi, oltre a darci la misura della nostra riuscita, ci riempie di una specie di perfida soddisfazione e ci fa sentire quasi loro coetanei.

I. M.

Ottobre '66.

PARTE PRIMA

PAPATO E IMPERO

CAPITOLO PRIMO

L'EREDITÀ DEI SECOLI BUI

La leggenda dell'Anno Mille, ormai è accertato, fu un'invenzione dei posteri. Essi presunsero che tutta l'Europa avesse creduto all'annuncio dato da certi quaresimalisti che la fine del millennio avrebbe coinciso con la fine del mondo e che nella notte fra il 31 dicembre e il 1° gennaio le trombe dell'Apocalisse avrebbero indetto il Giudizio Universale. Approssimandosi la grande ora, si diceva, la vita si era paralizzata, gli uomini avevano abbandonato i loro affari per raccogliersi in preghiera, confessare i loro peccati e espiarli. Le chiese rigurgitavano di fedeli salmodianti, i ladri avevano restituito la refurtiva, gli assassini erano andati a piangere sulle tombe delle loro vittime, le mogli infedeli avevano confessato i loro adulteri ai mariti, e costoro le avevano perdonate nella speranza di guadagnarsi un cantuccio di paradiso.

La scena era suggestiva, ma di pura fantasia. Gli archivi hanno rivelato che nemmeno in quel fatidico dicembre gli uomini rinunziarono alle loro buone abitudini di sposarsi, di tradirsi, di ammazzarsi, d'imbrogliarsi. Lo dimostrano i contratti, i processi e i testamenti, che tutti seguitarono tranquillamente a fare nella certezza della continuità della vita. Forse, specie in mezzo al popolino, ci sarà anche stata della gente crédula e spaurita che disse addio al sole del 31 dicembre con la convinzione di non vederlo riapparire mai più. Ma furono casi isolati. L'indomani fu un giorno come tutti gli altri: forse solo un po' più solenne perché chiudeva un millennio e ne inaugurava un altro, ma coi soliti problemi di sempre.

Proviamoci a farne una rapida sintesi.

Sebbene fosse ormai finita l'èra delle grandi invasioni barbariche che l'avevano tutta rimescolata, l'Europa era ancora allo stato fluido: un groviglio di razze che stentavano ad amalgamarsi e di grandi o piccoli potentati dalle dimensioni cangevoli e dai confini fluttuanti e arbitrari, in cui nulla si delineava che somigliasse neanche di lontano a una Nazione o a uno Stato. Due sole forze cercavano di solidificare questo magma: il Papato e l'Impero. Ma entrambe erano in crisi.

L'Impero era stato una persona: Carlomagno. E già nella cerimonia della sua incoronazione erano impliciti tutti gli equivoci che dovevano sorgere fra queste due grandi istituzioni medievali. Carlomagno aveva unificato sotto il suo scettro tutta l'Europa cristiana, compresa l'Italia dove aveva abbattuto e annesso il regno longobardo. Sottratte alla sua sovranità non restavano che delle frange: l'Inghilterra e parte della Spagna, i cui re e reucci riconoscevano tuttavia la sua preminenza. Egli era dunque la più alta autorità laica dell'Occidente.

Quando scese a Roma nell'anno 800, lo fece solo per domare una delle tante rivolte che i signorotti dell'Urbe avevano scatenato contro il papa Leone III. Fu di sorpresa, e senza nessun previo accordo, che costui, alla fine della messa di Natale, gli si avvicinò e gli pose sulla testa la corona d'Imperatore. Stando agli storici franchi, Carlo se ne mostrò sgradevolmente stupito. Egli era venuto a Roma per *proteggere* il Papa, non per diventarne in un certo senso il protetto.

È vero che subito dopo Leone gli si era prosternato ai piedi in atto di «adorazione» secondo il rituale bizantino. Ma il fatto ch'era stato lui a coronarlo restava, con tutte le sue implicazioni.

Tredici anni dopo, Carlomagno cercò di rimettere a posto le cose. Sentendosi vicino alla morte, e volendo regolare per tempo la successione a favore di suo figlio Luigi, lo condusse a Roma per farlo a sua volta incoronare. Ma stavolta non volle che fosse il Papa a compiere il gesto. La corona fu lasciata sull'altare. Luigi la prese, e con le proprie mani se la mise in testa. Ciò voleva dire che l'Impero non riconosceva una «dipendenza» dal Papato. Ma l'innovazione non fece regola e non riuscì a sovvertire ciò che ormai era consacrato: e cioè che Sacri Romani Imperatori si poteva essere fatti solo a Roma e che il titolo poteva essere concesso e legittimato solo dal Papa.

Nessuno dei successori di Carlomagno fu in grado di riaprire la polemica. Luigi era così devoto alla Chiesa che mai si sarebbe sognato di contestarne il primato, e perciò fu chiamato «il Pio». Ma, anche se avesse voluto, non ne avrebbe avuto i mezzi. Egli non aveva ereditato uno Stato. Suo padre aveva annesso, ma non fuso in un unico organismo i popoli e le terre che ne facevano parte. E se n'era fatto riconoscere l'alto patrono solo in forza delle sue qualità: l'accortezza diplomatica, la tenacia, il pragmatico buon senso e quel misterioso dono che tutte le riassume e che per testamento non si può trasmettere: l'autorità. I signori e i signorotti d'Europa l'avevano riconosciuta e accettata. Ma ognuno di essi era rimasto padrone nel proprio feudo e vi applicava la sua legge. L'Impero carolingio non era che una vaga ed elastica confederazione di potentati piccoli e grandi, un guazzabuglio di razze, di lingue, di costumi diversi. Non c'erano una Francia, un'Italia, una Germania, un Belgio, una Olanda, una Svizzera eccetera. C'erano dei Provenzali, dei Burgundi, dei Guàsconi, dei Frisi, dei Fiamminghi, dei Valloni, dei Sassoni, dei Bavaresi, degli Svevi, dei Lombardi eccetera, divisi anche fra loro in Ducati, Marchesati, Contee.

Carlo era stato *Magno* perché era riuscito a tenerli in pugno. Ma suo figlio non era uomo da poter fare altrettanto.

Nelle sue mani il legame si allentò. E addirittura si ruppe alla sua morte, anche perché egli applicò la vecchia legge franca della ripartizione egalitaria fra gli eredi. Il primogenito, Lotario, ebbe il titolo d'Imperatore, ma dovette dividere il Reame con gli altri tre fratelli. E siccome nessuno di loro fu contento della propria fetta, ne seguì una guerra fratricida che praticamente spezzò la fragile unità che Carlo aveva creato. Solo il caso consentì a suo nipote Carlo il Grosso di ricostituirla, dopo la morte di tutti gli altri suoi parenti. Ma oramai le forze centrifughe avevano preso il sopravvento e il Grosso non aveva il polso del nonno per tenerle in freno. Con la sua deposizione nell'887 la rottura dell'Impero carolingio divenne irreparabile.

Seguirono cent'anni di caos, il cui risultato finale fu questo: la decomposizione dell'Europa in una via lattea di potentati senza più alcun nesso fra loro. Ma nella seconda metà del Novecento due avvenimenti impressero una svolta alla storia del nostro continente. Anzitutto, su quella che oggi si chiama Francia si era abbattuta un secolo prima un'orda di bucanieri scandinavi che, dopo aver preso stabile possesso della regione cui hanno dato il proprio nome, la Normandia, invasero l'interno e lo misero a sacco. A quel tempo esso era frantumato in Signorie indipendenti: la Provenza, l'Aquitania, la Borgogna, che si era addirittura costituita in Reame, eccetera. Parigi, capitale della cosiddetta *Île de France*, non era che un villaggio di capanne di legno e di fango. Qui risiedeva l'ultimo erede della dinastia Carolingia, Luigi V. Si chiamava «Re dei Franchi», ma la sua effettiva sovranità ormai si riduceva a quell'angolino di provincia compreso fra Parigi e Orléans. Le due città erano state a più riprese investite dai terribili Normanni e avevano molto sofferto delle loro incursioni. Un conte Roberto si era gagliardamente battuto contro di loro ed era caduto in combattimento. Suo figlio Eudo ne aveva imitato le gesta e si era guadagnato sul campo il titolo di «Duca dei Franchi».

La famiglia godeva ormai di tale prestigio che avrebbe potuto comodamente dare la scalata al trono scacciandone gli ultimi Carolingi. Ma, oltre il coraggio, essa si tramandava di padre in figlio la lealtà e la prudenza. Solo quando Luigi morì in un incidente di caccia senza lasciare eredi, il pronipote di Roberto e di Eudo, Ugo Capeto, si decise a occuparne il posto. «Giuro di rendere giustizia al popolo che mi si affida» disse, al momento in cui l'Arcivescovo di Reims lo consacrava, il fondatore di questa dinastia destinata a restare sul trono ottocento anni.

Nessuno in quel momento poteva prevedere una così lunga fortuna. Il potentato Capetingio era ben piccola cosa, e molti degli altri Signori di Francia, come il Duca di Aquitania, e i Conti di Fiandra e di Tolosa, più ricchi e potenti, non lo riconobbero nemmeno. Però i Capeti avevano nel loro giuoco delle carte che col tempo dovevano rivelarsi preziose. Primo, da quell'angolino di terra controllavano i due grandi fiumi della Francia, la Senna e la Loira, che lo rendevano militarmente imprendibile e lo destinavano a un sicuro successo industriale e mercantile. Secondo, il trono su cui sedevano era quello su cui si era assiso Carlomagno. Terzo, rovesciando il vecchio e deleterio costume franco della ripartizione del potere fra gli eredi, lo concentrarono sempre sul primogenito associandolo al trono ancor prima della successione. Infine ebbero la saggezza di contentarsi del titolo di Re, senza pretendere di aggiungervi quello d'Imperatore. E ciò consentì loro di dedicare tutte le energie solo alla Francia e alla sua unificazione.

Questo supremo traguardo era ancora molto lontano. Forse Ugo Capeto e i suoi immediati successori non lo intravidero nemmeno. Ma, agendo d'istinto, limitarono i loro orizzonti a quel blocco di terra che andava dai Pirenei alle Alpi e al Reno, rinunziando ai sogni di un Sacro Romano Impero europeo.

Questo titolo ambito e tentatore diventò appannaggio della Germania, per un evento analogo a quello che aveva indotto i Capetingi a rinunciarvi. E questa fu la seconda grande novità del secolo. La Germania, intendiamoci, non esisteva. Esisteva solo, pressappoco fra il Reno e l'Elba, un coacervo di popoli che, sebbene fossero dello stesso ceppo e parlassero lingue tra loro affini, erano divisi in Ducati indipendenti. Essi avevano fatto parte del grande Impero carolingio. Ma, dopo il crollo, avevano ripreso ciascuno la propria autonomia. Solo pro forma riconoscevano la sovranità di un Re eletto di volta in volta dalla loro Dieta (o parlamento) e subito tenuto in scacco in modo che non si sognasse di diventare padrone effettivo. I più importanti erano quelli di Franconia, di Svevia, di Baviera e di Sassonia. Essi non si sentivano tra loro più parenti di quanto si sentissero coi Borgognoni di Francia e coi Lombardi d'Italia, che venivano, come i Franchi, dallo stesso ceppo teutònico. Però la coscienza di una solidarietà di razza e di cultura si risvegliò in loro all'arrivo dei Magiari.

Erano costoro gli ultimi resti delle orde mongoliche di Attila che ricalcavano attraverso la steppa russa le orme del «flagello di Dio». Forti gruppi di loro antenati erano rimasti in Pannonia. Essi vennero a ingrossarli, e vi crearono un cuneo che divise irreparabilmente gli Slavi occidentali del Nord (Polacchi e Cecoslovacchi) da quelli del Sud (Serbi e Croati). Erano dei barbari pagani e guerrieri che vivevano di preda, e le cui incursioni mettevano a repentaglio tutti i popoli vicini. I Ducati di Germania vi erano più esposti. E il comune pericolo li spinse a eleggere un Re che lo fosse sul serio. Lo scelsero nel Duca di Sassonia, Enrico I, detto «l'Uccellatore», che con un esercito «nazionale» affrontò i Magiari e li disfece a Merseburg nel 933.

Com'era capitato ai Capetingi in Francia nella lotta coi Normanni, questo successo conferì a Enrico tale prestigio da consentirgli di imporre a tutti gli altri Duchi tedeschi come suo successore il figlio Ottone I. I Duchi, dopo averlo eletto, gli offrirono un pranzo e gli servirono le pietanze in segno di sottomissione. Il giovane sovrano, che non valeva meno del padre, li associò alle sue imprese in qualità di generali e li condusse di vittoria in vittoria prima contro gli Slavi e poi contro i Magiari. Costoro, schiacciati ad Augusta, vi persero il vizio del nomadismo, d'allora in poi si contentarono della loro Ungheria, e si convertirono al Cristianesimo e all'agricoltura.

Ora Ottone poteva, come Ugo Capeto, dedicarsi a consolidare il suo titolo di Re e a unificare il Paese. E molti storici gli rimproverano di non averlo fatto. In realtà ci si provò, cercando di creare delle forze che facessero da contraltare a quelle dei Duchi, di cui sapeva di non potersi fidare. Ma solo il clero poteva procurargliene. Suo fratello Bruno era Arcivescovo di Colonia. Egli lo fece Duca di Lotaringia, aggiungendo così al suo potere spirituale un forte potere temporale. Poi, col suo aiuto, trasformò molti Vescovati in autentici feudi. E con ciò creò una nuova aristocrazia clericale di Vescovi-Principi e Vescovi-Conti, che nelle loro diocesi erano anche governatori e generali.

Ma questa politica di secolarizzazione della Chiesa, che nel secolo seguente doveva provocare la furiosa «guerra per le investiture», l'obbligò a stringere rapporti sempre più serrati col Papato, che doveva approvarla e consacrarla. Egli si era proclamato Re anche dei Lombardi che, a loro volta minacciati dai Magiari, avevano avuto bisogno di lui. Ma l'esercizio del potere in Italia lo aveva affidato, come suo rappresentante, a Berengario d'Ivrea. E forse su queste province italiane si sarebbe contentato di una sovranità puramente teorica, se il Papa stesso, Giovanni XII, non lo avesse chiamato a Roma per offrirgli la corona imperiale.

Diremo in seguito perché il Papa si decise a questa offerta. Ottone l'accettò perché quel titolo lo accreditava definitivamente presso i suoi indocili vassalli e gli consentiva di seguitare a trasformare i suoi Vescovi in potenti feudatari, fedeli a lui e alla sua dinastia.

Così in quell'anno 962, con l'incoronazione di Ottone, era rinato un Sacro Impero Romano, stavolta di stirpe tedesca, destinato anch'esso a durare – sia pure più o meno platonicamente – otto secoli. Questo Impero non aveva l'ampiezza di quello carolingio. Aveva perso per strada la casa-madre, cioè la Francia, ormai intenta a costruire la propria unità nazionale. E aveva una configurazione verticale. Si stendeva per lungo dalle coste olandesi al Ducato di Benevento, inglobando le province occidentali e centrali dell'attuale Germania, l'Austria, la Svizzera, l'Italia del Nord e del Centro.

Ma ancora una volta non era uno Stato. Era solo una persona.

E veniamo alla crisi del Papato, non meno profonda.

I poteri del Papa non erano ben definiti. Non lo erano sul piano spirituale, perché il suo primato sulla Chiesa gli era contestato dal Patriarca di Costantinopoli. E non lo erano su quello temporale perché un vero e proprio Stato Pontificio non esisteva, e ad ogni modo non era chiaro cosa fosse e in cosa consistesse.

La prima incertezza fu drammaticamente risolta, come vedremo, nel 1054, con lo scisma che ruppe in maniera irreparabile la famiglia cristiana. La seconda non è stata risolta mai. La Chiesa ha sempre basato i suoi titoli di sovranità territoriale, cioè il diritto a un suo proprio Stato, sulla pretesa «donazione» di tutta l'Italia fatta dall'imperatore Costantino, quando si convertì, a papa Silvestro. Ma si tratta di pura leggenda. Una donazione vera fu fatta dal Re longobardo Liutprando; ma solo di alcune terre e castelli nei dintorni di Roma, che dovevano servire come «dote» e fonte di sussistenza per il Vescovo dell'Urbe. Di uno Stato Pontificio, nei documenti, non esiste traccia. Roma era soltanto, per allora, una delle tante città di una delle tante province occidentali dell'Impero di Bisanzio. E il Papa non era che il Vescovo della sua diocesi.

Poi era venuto Carlomagno, papa Leone lo aveva incoronato. E si dice che il nuovo Imperatore, per contraccambiarlo, gli concesse piena sovranità su Roma, l'esarcato di Ravenna, Spoleto e Benevento. C'è chi aggiunge anche la Sardegna, la Sicilia e la Liguria. Ma neanche di questa «donazione» esistono documenti. Tutto seguitava a fondarsi su ipotesi e presunzioni.

In pratica, le cose si svolgevano in maniera assolutamente caotica. Per antica tradizione, il Papa veniva eletto dal clero, dai nobili e dai popolani di Roma: e anche questo dimostra quanto la sua autorità fosse puramente locale e limitata alla diocesi. In realtà clero e popolo in questi conclavi non c'entravano. O c'entravano solo come strumenti dei nobili che corrompevano, rissavano, trucidavano per istallare sul Soglio qualcuno della propria famiglia o della propria clientela. Ma era appunto questo modo di eleggerlo che toglieva all'eletto ogni potere e lo lasciava in balìa di quelle stesse forze che, come glielo avevano dato, glielo potevano ritogliere. Infatti non si sapeva bene in cosa questo potere consistesse. Il governo della città era, almeno formalmente, in mano a un Senato e a dei Consoli. E i loro rapporti col Papa variavano secondo le qualità personali dell'uno e degli altri. Con Gregorio Magno il vero Signore di Roma fu certamente il Papa. Tornò ad esserlo con Nicola I nella seconda metà dell'Ottocento. Ma nel momento in cui Ottone saliva sul trono di Germania, il Papato toccava il fondo della confusione e dell'abbiezione.

Da mezzo secolo esso era un giocattolo nelle mani di un alto funzionario della Curia, Teofilatte, o per meglio dire in quelle di sua moglie Teodora e di sua figlia Marozia, in cui i romani, se avessero saputo un po' di storia, avrebbero facilmente riconosciuto delle reincarnazioni di Messalina e di

19

Poppea. Marozia fece eleggere al Soglio un suo amante col nome di Sergio III. Teodora gli diede come successore un proprio favorito col nome di Giovanni X. Marozia e suo marito, il Duca di Tuscolo, lo deposero, lo gettarono in prigione e lo sostituirono con Giovanni XI, comunemente ritenuto il figlio bastardo di Marozia e di Sergio. Il loro figlio legittimo, Alberico, scacciò il fratellastro e per ventidue anni fu il vero padrone di Roma, fece e disfece i Papi, e riuscì a imporre la propria volontà anche sul letto di morte facendo eleggere un suo figlio diciottenne, Ottaviano Sporco, che venne ordinato prete lì per lì e prese il nome di Giovanni XII.

Fu questo giovanottello corrotto e miscredente, ma spregiudicato e furbastro che, per mettersi al riparo dalle prepotenze e dai complotti delle fazioni romane, invocò l'appoggio di Ottone e lo chiamò a Roma.

Ottone accettò l'invito per le ragioni che abbiamo detto. Egli aveva bisogno di creare nelle sue province tedesche una nuova aristocrazia che, dovendo tutto a lui, gli restasse fedele. La via maestra per raggiungere questo traguardo era l'appalto dei Vescovati. Le diocesi in Germania erano vaste e ricche di terre e di uomini. Distribuendole ai suoi favoriti, insieme a un bel blasone di Principe-Vescovo o di Conte-Vescovo, egli avrebbe fatto di costoro i suoi più sicuri e fidati vassalli. Ma ciò gl'imponeva di diventare in un certo senso l'uomo di fiducia della Chiesa. Quindi bisognava che questa lo incoronasse Imperatore.

Il titolo esisteva ancora, ma aveva perso ogni prestigio da quando si era frantumata l'eredità di Carlomagno. Da allora la corona era rimasta all'incanto fra feudatari minori. Strappandosela con la violenza l'uno all'altro, l'avevano successivamente cinta il Duca di Spoleto, poi quello di Carinzia, poi un altro Duca di Spoleto, poi Luigi di Baviera, e finalmente Berengario del Friuli, che finì assassinato nel 924. Dopo di lui il titolo, ormai screditato, era rimasto vacante.

Alcuni storici sostengono che Giovanni XII, chiamando Ottone, aveva in testa un grande piano politico. Sebbene marcio di corruzione, dicono, egli era abbastanza intelligente per capire che il Papato era caduto così in basso perché anche l'Impero era caduto in basso, cioè che la sorte dell'uno era legata a quella dell'altro. Solo appoggiato a una forza laica che lo difendesse dalle ingerenze dei signorotti locali, il Papa poteva davvero governare Roma e la Chiesa. Senza questo scudo, era condannato a restare la posta di un giuoco di famiglie e di partiti che piano piano ne avrebbero distrutto il prestigio.

Che ciò stesse per succedere, è vero. Ma che Giovanni XII se ne rendesse conto e chiamasse Ottone per sottrarre il Soglio a questi rischi, niente lo conferma, anzi tutto lo esclude. Egli voleva soltanto mettere al sicuro la propria pelle e il proprio «posto». E lo dimostrano gli avvenimenti che seguirono.

Ottone venne a Roma nel 962, si fece coronare in San Pietro, e impegnò con giuramento il clero, i nobili e il popolo dell'Urbe a non eleggere mai più un Papa senza l'approvazione dell'Imperatore o dei suoi *missi*, o commissari. In compenso, confermava le «donazioni» di Carlomagno su cui si basava lo Stato temporale della Chiesa, ma che nessuno sapeva con precisione in cosa consistessero. E in questo accomodamento c'erano già tutti gli equivoci che di lì a poco dovevano far divampare la furiosa «lotta per le investiture». Giovanni aveva chiamato Ottone credendo di trovare in lui un protettore, e invece si trovava addosso un padrone che lo metteva, sì, al riparo dai soprusi dei signorotti locali, ma riservandosi il diritto di esercitarne per suo conto e nei propri interessi.

Infatti, appena Ottone si fu allontanato, Giovanni cominciò a trescare contro di lui col marchese Berengario d'Ivrea. Costui si era arrogato l'arbitrario titolo di Re d'Italia, di cui solo l'Imperatore poteva disporre. Immediatamente

Ottone tornò a Roma, depose Giovanni e lo sostituì con un suo favorito, Leone VIII. Ma, ripartito l'Imperatore, i romani a loro volta deposero Leone e reintegrarono Giovanni, che tre mesi dopo fu ucciso nel letto di una sua amante dal marito di costei e, a quanto pare, rifiutò i sacramenti. Per la terza volta Ottone tornò a Roma, dovette espugnarla con la forza, arrestò ed esiliò il nuovo papa Benedetto V, e restituì la tiara a Leone. Ma era appena rientrato in Germania che, Leone essendo morto (non si sa bene di che), il suo successore Giovanni XIII venne rovesciato, e Ottone dovette per la quarta volta riattraversare le Alpi.

Fu l'ultimo suo intervento, ma solo perché di lì a poco morì. Suo figlio Ottone II dovette riprendere la spola fra la Germania e Roma, dove si era ricreata la stessa situazione dei tempi di Marozia. Un figlio del figlio di costei (quello bastardo eletto Papa col nome di Giovanni X), Crescenzio, era diventato padrone dell'Urbe come lo era stato Alberico. Egli scaccio i due Papi – Benedetto VI e Giovanni XIV – che l'Imperatore aveva imposto, e fece eleggere Bonifacio VII.

Ora il marasma era al colmo. Crescenzio era una specie di Masaniello avanti lettera, che voleva restaurare una Repubblica Romana, di cui il Papa non sarebbe stato che il parroco. Bonifacio, per difendersi da lui senza ricadere nella servitù degli Ottoni, fuggì a Costantinopoli per mettersi sotto la protezione dell'Imperatore d'Oriente.

Ottone intanto era sceso a Roma, dove Crescenzio aveva adunato truppe bizantine e musulmane per resistergli. L'Imperatore, colto di sorpresa, cadde prigioniero e riuscì ad evadere, ma solo per morire subito dopo. A vendicarlo accorse suo figlio Ottone III. Crescenzio fu decapitato e appeso per i piedi. Al Soglio, Ottone fece eleggere il proprio cugino Bruno col nome di Gregorio V. E alla morte di costui diede finalmente al Papato, che non ne aveva più avuti dal tempo di Nicola, un capo degno ma purtroppo momentaneo.

Gerberto era un povero frate francese cui era toccata la fortuna di far da precettore a Ottone III, quando era bambino. È triste constatare che egli dovette solo a questa circostanza una carriera che le sue grandi doti d'intelletto e di carattere sarebbero dovute bastare a procurargli. Ma quelli erano tempi in cui le doti contavano ancora meno di oggi, ed è tutto dire. Ottone III lo aveva fatto Arcivescovo prima di Reims, poi di Ravenna. Ora lo impose Papa col nome di Silvestro II.

Con questa elezione che avvenne nel 999 si era chiuso il primo millennio della storia cristiana. E per un momento parve che si fosse ricostruita quella grande e pacifica diarchia di un potere temporale incarnato nell'Impero e di un potere spirituale incarnato nel Papato, entrambi universali, ch'era stata il sogno di Carlomagno.

Ma purtroppo questo sogno doveva rivelarsi ancora una volta impossibile.

Tutto ciò lo abbiamo raccontato diffusamente ne *L'Italia dei secoli bui*. Ma qui abbiamo voluto riassumerlo per trarne le conclusioni che fanno da prologo a questo libro, dominato com'è da un fondamentale motivo: la lotta fra Papato e Impero.

Il millennio si apre con una tregua. Ma è di breve durata.

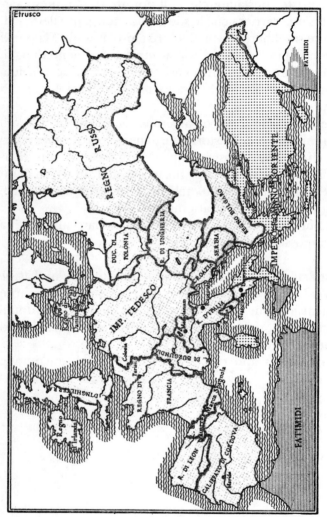

L'Europa intorno al 1000.

CAPITOLO SECONDO

LA RIFORMA DELLA CHIESA

Quando salì al Soglio col nome di Silvestro II, Gerberto trovò una situazione abbastanza quieta. Ma solo in apparenza. Arroccati nei loro castellacci sui colli romani, i Crescenzi e i Tuscolo che, sebbene discendenti dallo stesso ceppo (quello di Teofilatte e di Marozia), fin qui si erano fatti una guerra senza quartiere, trovarono alla fine una base di accordo nella comune paura di Ottone e delle sue milizie. Essi sobillarono i popolani di Trastevere contro i tedeschi. Non fu una sollevazione, ma uno stillicidio di disordini, che alla fine costrinsero l'Imperatore e il Papa a lasciare la città. Intendevano tornarci entrambi, appena ricevuto qualche rinforzo dalla Germania, perché di milizie ne avevano poche. Ma Ottone fu colto dal vaiolo e morì a Paterno. I soldati che ne scortarono la salma fino alle Alpi dovettero aprirsi la strada sempre combattendo contro le bande di quei signorotti, che si erano prosternati ai piedi dell'Imperatore, quando questi era sceso in Italia.

Silvestro poté rientrare a Roma, ma solo per graziosa concessione di Giovanni Crescenzio, figlio del decapitato di Castel Sant'Angelo. Ci domandiamo con che animo tornò, quel povero Papa, praticamente prigioniero. E infatti l'anno dopo era già morto anche lui: avvelenato, si disse, dalla vedova del suppliziato. Crescenzio, che si era fatto acclamare *Patrizio*, gli nominò a successore un certo Siccone, che prese il nome di Giovanni XVII. Quanto contasse, lo dimostra il fatto che molti annalisti ecclesiastici non lo elencano nemmeno nella lista dei Papi. Durò poco, e passò la mano a un altro pupillo di Crescenzio che, col nome di Giovanni

XVIII, non aspettò di essere venuto a noia al suo incomodo protettore, e si ritirò prima di questa pericolosa congiuntura, andando a seppellirsi nell'abbazia di San Paolo.

Crescenzio morì nel 1012 insieme all'ultimo suo Papa, Sergio IV. Il potere passò ai Tuscolo, che lo esercitarono in maniera anche più personale ed esclusiva. Il loro capostipite si proclamò «Senatore di tutti i Romani», che voleva essere qualcosa più di Patrizio, e suo fratello fu eletto Papa col nome di Benedetto VIII. Furono due satrapi, ma non senza grandezza. Riuscirono a propiziarsi il nuovo imperatore Enrico II, che venne a farsi incoronare nel 1013; e alla testa di un esercito ben organizzato tennero a bada non solo le dissidenze interne, ma anche il nemico esterno, rappresentato in quel momento dai Saraceni, continuamente all'assalto delle coste italiane fino a Pisa. Lo stesso Papa si dimostrò buon generale e buon ammiraglio. Comandò di persona le sue milizie e ottenne parecchi successi. Se si sia guadagnato altrettanti meriti come cristiano e pastore d'anime, non si sa; ma è un problema che non doveva troppo turbarlo.

Alla sua morte nel 1024 la successione al Soglio fu risolta in maniera scopertamente dinastica. Fu lo stesso suo fratello senatore a salirvi col nome di Giovanni XIX, e nessuno obbiettò, come se fosse ormai pacifico che la tiara faceva parte del patrimonio ereditario dei Tuscolo. Infatti, morto anche Giovanni, essa passò a un suo nipote, che aveva dodici anni e fu incoronato come Benedetto IX.

Un Papa ragazzo lo si era già visto con Giovanni XII. Benedetto ne ricalcò le orme dando sfogo ai suoi capricci infantili, ma ogni tanto interrompendoli per affrontare anche problemi più gravi. Questo per lo meno dicono certe cronache che gli attribuiscono decisioni coraggiose e importanti come l'indizione di due Sinodi, la deposizione dell'arcivescovo Ariberto di Milano, la canonizzazione del monaco Siracusano. Ma noi crediamo che tutto questo sia stata opera dei suoi collaboratori e che egli si sia limitato a mettervi la firma.

Comunque, è un fatto che nel 1044 il popolo alla fine si sollevò, e la situazione che ne seguì è forse la più ingarbugliata nella ingarbugliatissima storia della Chiesa. Benedetto fuggì, e i romani elessero Silvestro III. Poi Benedetto tornò, e fuggì Silvestro. Ma intanto erano stati eletti Gregorio VI e Clemente II, mentre l'Imperatore aveva nominato un altro Papa per conto suo: Damaso II. Non abbiamo speranza che il lettore ci si raccapezzi, anche perché non ci riescono nemmeno gli annalisti ecclesiastici. Costoro elencano nello stesso periodo quattro Papi, più Silvestro III che viene considerato antipapa.

Il caos durò due anni, fino al 1045 quando al Soglio salì, col nome di Clemente II, un Vescovo tedesco, Sigieri di Bamberg. Con lui e coi suoi tre successori, tedeschi anche loro – Damaso II, Leone IX e Vittore II –, entrò nella Chiesa un'aria nuova: quella della grande riforma che saliva dal basso dei monasteri. Prima delle vicende e lotte in cui questi Pontefici si trovarono coinvolti, è di questo spirito rigeneratore che bisogna render conto al lettore.

Sarebbe infatti da miopi pensare che i guai della Chiesa si limitassero al vertice, cioè al Papato. Se l'organismo fosse stato sano avrebbe impedito ai nobili romani di disputarsene la guida. Ciò avveniva perché il sangue era marcio. E il più grave dei mali che lo minavano era la simonia, cioè la vendita delle cariche ecclesiastiche. Esse si chiamavano «benefici», e lo erano in tutti i sensi.

Questo mercato era talmente entrato nell'uso che lo si praticava alla luce del sole, senza neanche salvare le apparenze. I Vescovati erano all'incanto in tutti i Paesi europei. E i concorrenti non mancavano perché l'investitura, oltre a forti influenze politiche, procurava al titolare terre e redditi. L'investitura insomma era anche un investimento come oggi sono le case, i titoli azionari e le aree fabbricabili. Un padre ricco e previdente assicurava l'avvenire di suo figlio comprandogli, secondo le possibilità, una diocesi o una parrocchia. A Narbona un ragazzo di dieci anni fu fatto addirittura Arcivescovo per centomila soldi. E perfino una donna onesta e pia come la madre di Ghiberto di Nogent comprò un canonicato per suo figlio undicenne.

A lucrare di questo commercio non erano solo il Papa e la Chiesa. Anche i sovrani temporali si consideravano in diritto di esercitarlo. Il Re di Francia per esempio disponeva come di sua proprietà dei Vescovati di Reims, Lione e Tours, e alla morte dei rispettivi titolari li metteva all'asta. Filippo I fece ufficialmente questa proposta a un concorrente deluso: Lasciami incassare i soldi del tuo rivale. Poi denunzialo per simonia. Io lo condanno alla perdita del beneficio e lo rivendo a te. In Germania, per sfuggire a queste aste, molti Vescovati si proclamarono ereditari, e un barone se ne appropriò addirittura otto da ripartire fra i suoi figli, come altrettante fattorie. Altri, per rifarsi delle spese di acquisto, saccheggiavano le chiese, vendendone i marmi e perfino le tegole.

Un'altra causa di confusione morale era il celibato. Da lungo tempo la Chiesa ne aveva fatto ufficialmente la sua regola, ribadita in vari concili. Il matrimonio, si diceva, avrebbe fatto prevalere gli affetti del marito e del padre sullo zelo del sacerdote, lo avrebbe esposto alla tentazione di accumulare ricchezze e di creare una casta ereditaria. Malgrado queste valide ragioni, i preti avevano continuato a sposarsi. Il vescovo Raterio di Verona riferiva che tutti quelli della sua diocesi erano ammogliati. Lo era stato perfino un Papa: Adriano II. E molti sostenevano che il matrimonio era ancora il minore dei mali, perché almeno preveniva il concubinato, in cui regolarmente incappavano i sacerdoti scapoli. Il che però era vero fino a un certo punto perché molti di loro erano contemporaneamente sposati e concubini. Il vescovo Bonifacio aveva riferito a papa Zaccaria che alcuni suoi parroci si tenevano in casa «fino a cinque amanti». E il monaco Pier Damiani scrisse addirittura un *Libro gomorriano* per denunziare questi scandalosi costumi.

Tutto ciò era il frutto della disgregazione dello Stato. Carlomagno e i suoi primi successori avevano difeso i Vescovi e le loro diocesi non solo dai soprusi dei Signori laici, ma anche dalle proprie tentazioni. Proteggendoli, li sorvegliavano. Disfattosi l'Impero sotto l'azione centrifuga delle sue forze interne, il clero era rimasto alla mercè dei potentati locali e delle proprie cupidigie. Specialmente in Francia e in Italia, i Vescovi versavano nella stessa situazione del Papa a Roma: ottenevano il «posto» se si facevano strumenti del partito dominante, e ne erano cacciati se vi si opponevano. E in questa politica di patteggiamento e compromessi si era formato un clero abile, ma corrotto. In Germania andava meglio appunto perché lì, con l'Impero degli Ottoni, si era riformato, bene o male, un potere centrale laico che assicurava un certo ordine, anche se molto relativo. Ma nel suo complesso il panorama del cristianesimo occidentale era desolante.

Lo spirito di rinnovamento e di riforma incubò nei monasteri. Anch'essi avevano sofferto del marasma politico e subìto angherie e saccheggi. Ma la regola ascetica che li governava, il loro rifiuto della mondanità, li aveva salvati dalle contaminazioni. I monaci officiavano in piccole chiese di campagna che lo stesso eremo costruiva e che diventarono un elemento fisso del paesaggio. La ruralizzazione della società li favoriva. Il gregge urbano del Vescovo, che naturalmente restava in città, si assottigliava, mentre ingigantiva quello del contado, dove si sviluppava un ideale di santità concepita come umiltà, castità e rinuncia a tutte le tentazioni del mondo.

Gli stessi nobili ne furono contagiati. Anche quando il loro istinto di preda li spingeva a saccheggiare i conventi, ne rispettavano gl'inquilini. E spesso riparavano a queste malefatte sul letto di morte, lasciando alle vittime buona parte del patrimonio. I Conti di Fiandra incoraggiarono anche con sovvenzioni un cavaliere loro vassallo, Gérard de Brogne, quando costui gettò alle ortiche l'uniforme militare per indossare il saio e fondare un monastero. Quel guerriero intrepido e autoritario portò nel sacerdozio lo stesso zelo che prima aveva impegnato nella milizia. Il suo convento fu molto simile a una caserma: non vi si faceva altro che pregare, lavorare e digiunare.

Ma a dettare il nuovo costume e a fornire un esempio di risonanza mondiale fu il monastero benedettino di Cluny. Lo fondò nel 910 Guglielmo d'Alvernia, affidandone la direzione prima al monaco Odo e poi a Odilon de Mercoeur. E non se n'esagera di certo l'importanza dicendo che nella storia della Chiesa l'avvento dei cluniacensi non è stato meno decisivo di quello dei gesuiti sei secoli dopo.

Se Cluny fosse stato solo una fuga dal mondo e una centrale di ascetismo, non avrebbe assunto tanto rilievo. Ma fu anche una scuola di pensiero e una incubatrice di riforma. La vita, dicevano i cluniacensi, non è che l'anticamera dell'Eternità. Tutto quindi dev'essere sacrificato ai fini ultraterreni. La Chiesa, che rappresenta la comunità dei fedeli e la loro guida, non può avere altri interessi che quelli spirituali. Quelli temporali non la riguardano, e il religioso che vi si mescoli cade in peccato di simonia. Il sacerdote appartiene solo alla Chiesa, e quindi non può avere legami né con uno Stato né con una famiglia, né riconoscere altra legge che quella canonica.

Questa teoria non aveva nulla di nuovo. Ma, tradotta in termini politici, assumeva significati rivoluzionari: comportava il rinnegamento di tutto il clero secolare. Nella Francia di Carlomagno i Vescovi erano stati funzionari del Re; nella Germania degli Ottoni erano diventati Principi e Conti come i laici, e come i laici partecipavano alla lotta per il potere. Cluny postulava il totale rovesciamento di questa linea.

Secondo i suoi ideòlogi la Chiesa non doveva essere né amica né nemica dello Stato. Doveva semplicemente ignorarlo. Ai suoi occhi non potevano esserci né Imperatori, né nobili, né plebe, ma soltanto dei fedeli, delle cui anime essa sola era arbitra e padrona.

Dapprincipio si pensò che questo integralismo rappresentasse soltanto un astratto ideale che i monaci accarezzavano anche per trovarvi un compenso e una giustificazione delle loro quotidiane rinunce. E sottovalutandone le implicazioni politiche, molti Vescovi di Francia, Germania e Italia, favorevolmente impressionati dal fervore dei cluniacensi, ne chiamarono a dozzine come predicatori nelle loro diocesi per rianimarvi lo zelo.

Furono serviti al di là di ogni aspettativa. L'uomo medievale era intriso di religiosità. Il bassissimo livello di cultura, la vita stagnante e tribolata, ne facevano una facile preda di visioni, terrori e mistiche infatuazioni. Ai tormenti che lo perseguitavano, epidemie o carestie, reagiva con oceaniche processioni. Contro la peste e la siccità non aveva altra risorsa che il miracolo. E per propiziarselo era disposto a tutto. Si levava il pane di bocca per portarlo al monastero. A Colonia costruiva gratis la famosa cattedrale caricandosene sulla schiena i blocchi di marmo. Le chiese che sorsero allora ci sbalordiscono per le loro dimensioni anche a misurarle sui metri di oggi. Quelle di Tournai, di Caen, di Spira erano più grandi dei villaggetti in cui sorgevano. E questa sproporzione ci fornisce la plastica misura del sentimento che ispirò i costruttori. Essi non misuravano quei templi sul metro del gregge che dovevano contenere, ma su quello della Divina Maestà cui erano dedicati. Fu questo, sia detto fra parentesi, l'avvìo della grande architettura occidentale, che sin allora era vissuta d'imitazione sui modelli bizantini di Ravenna.

È facile capire quale incendio provocassero, in un pubblico cosiffatto, i predicatori cluniacensi. La loro istanza di una Chiesa assoluta, sposa di Cristo, fonte di grazia e di salvezza, era fatta apposta per colpire la fantasia di quei fedeli. Il fervore aveva agito per contagio. La denunzia contro il clero secolare era continua e spietata. E la Chiesa, anche per la sua democratica costituzione, non poté reprimerla.

Essa aveva questo vantaggio sul mondo laico: che, pur essendo organizzata a casta, era aperta a tutti. Nella nobiltà, che dava accesso alle più importanti cariche militari e civili, non si poteva entrare se non vi si apparteneva per nascita. Nel clero, sì. Un servo non poteva diventare Cavaliere; ma se imparava il latino, poteva diventare Vescovo o Papa. Il grande Gregorio VII, che fra poco avrebbe restituito alla Chiesa tutto il suo prestigio, era figlio di un contadino. La tonsura conferiva al chierico le stesse prerogative del nobile e gli schiudeva le medesime prospettive di «carriera». La sua origine proletaria ne restava cancellata, ed egli veniva sottratto alla competenza dei tribunali civili per rispondere solo a quelli ecclesiastici. Entrare nella Chiesa insomma era l'unico modo per evadere da una condizione socialmente subalterna, l'unica strada che aprisse prospettive di «promozione». Come ogni soldato di Napoleone portava nello zaino il bastone di maresciallo, così ogni più umile prete portava nel suo sacco la tiara pontificia.

Questo consentì alla Chiesa di reclutare il meglio, perché il meglio già si orientava verso di essa. L'*Intellighenzia* non aveva altro rifugio. Un uomo di pensiero e di cultura non poteva fare strada che nei suoi ranghi. E fu così che la Chiesa, oltre a un'assoluta libertà di ricambi e a una scelta di uomini infinitamente più ricca di quella di cui disponeva il potere laico, ebbe su di esso quest'altro enorme vantaggio: il monopolio della cultura. Alla Chiesa si doveva bussare per imparare a leggere e a scrivere. E solo attraverso la Chiesa si poteva far valere i titoli di superiorità intellettuale.

La riforma cluniacense era appunto il frutto di questa democraticità della Chiesa. Essa interpretava gli aneliti di una società rurale contro l'alto clero che l'aveva abbandonata per far causa comune col potere temporale. E trovò i suoi campioni nei quattro Papi tedeschi che si succedettero sul Soglio dal 1045 in poi.

Ma non anticipiamo. E riprendiamo il filo del nostro discorso.

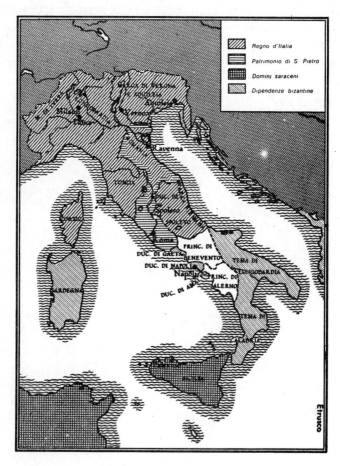

L'Italia intorno al 1000.

CAPITOLO TERZO

IL «PRIMO ITALIANO»

Proprio allo scadere del Mille, era sembrato che nel dialogo fra Papato e Impero dovesse inserirsi un terzo interlocutore: il Regno d'Italia.

Un Regno d'Italia esisteva, ma solo come titolo. Lo assumevano gl'Imperatori di Germania, quando andavano a farsi consacrare a Roma; o lo delegavano a persone di loro fiducia. Da Ottone I il Grande essi avevano preso l'abitudine di fermarsi a Pavia, dove il Vescovo gli metteva sulla testa la corona che avevano portato Teodorico e i suoi successori longobardi. Era un pesante e rozzo monile di ferro che si diceva costruito coi chiodi della croce di Gesù. Ma di quali poteri fosse simbolo non fu mai chiaro anche perché variavano secondo le persone e le circostanze. Quando l'Imperatore era autorevole e scortato da un forte seguito, i Signori della penisola accorrevano a rendergli omaggio, e la cerimonia era solenne. Ma tutto finiva lì. Ripartito l'Imperatore per Roma, o rientrato in Germania, della sua presenza non restava traccia. Ogni Duca, Marchese o Conte restava sovrano assoluto del proprio feudo. E le cose non cambiarono nemmeno sullo scorcio del Novecento, quando a Pavia si insediò stabilmente Adelaide, la vedova di Ottone. Essa esercitò un certo ascendente morale sui Signori italiani. Ma solo grazie alle sue qualità di carattere. Istituzionalmente, non rappresentava nulla.

Questo Regno d'Italia non era nemmeno una espressione geografica perché anche i suoi confini erano incerti. Pressappoco andavano dalle Alpi alla Ciociaria. Di lì in giù non lo riconosceva nessuno: non i Saraceni, ormai padroni della Sicilia; non i Bizantini che tuttora occupavano le Puglie e molte città delle coste calabresi e campane; non il vecchio Ducato longobardo di Benevento, che al Re d'Italia e Imperatore di Germania rendeva omaggio e faceva appello quando aveva bisogno del suo aiuto; ma poi, passato il pericolo, riaffermava la propria completa autonomia. Gli stessi Stati della Chiesa si trovavano col Re Imperatore in un rapporto che non venne mai definito e che ognuna delle due parti interpretava a modo suo. L'Imperatore considerava il Papa, per le cose temporali, un suo vassallo. Il Papa considerava se stesso sovrano assoluto. Quanto alle masse italiane, esse non avevano voce. Ma se ne avessero avuta, non l'avrebbero certo usata per articolare la parola «patria». La patria per loro era il villaggio, se non addirittura il casolare. E il Sovrano era il Conte o Marchese che vi esercitava il potere effettivo: la riscossione delle tasse, l'amministrazione della giustizia eccetera. Il concetto di patria si sviluppò più tardi, e non doveva mai superare, come nell'antica Grecia, le mura della città.

Gl'Italiani dell'anno Mille dovettero quindi accogliere con un certo stupore la notizia che a Pavia era nato un Regno d'Italia con un Re italiano che non s'identificava più con l'Imperatore tedesco, né era da lui delegato.

Un Imperatore tedesco in quel momento non c'era. Ottone III era morto senza eredi. E solo dopo un bel pezzo i grandi feudatari della Germania riuscirono a mettersi d'accordo sulla persona del successore: Enrico II, ultimo della dinastia di Sassonia. Fu appunto in questo intervallo che un signorotto piemontese si collocò sulla testa, senza chiederne il permesso a nessuno, la corona di Re d'Italia e pretese darle un significato d'indipendenza.

Questo «primo italiano», come poi lo chiamarono alcuni storici malati di nazionalismo, era Arduino d'Ivrea, e d'italiano non aveva nemmeno il sangue: apparteneva a una dinastia tedesca calata in Italia forse coi longobardi, forse coi franchi, e impiantatavisi da padrona per diritto di conquista. Arduino aveva ereditato dai suoi guerrieri antenati il coraggio, la rozzezza, la prepotenza e l'ambizione. Nella lotta per il potere sul suo Marchesato, aveva dovuto vedersela col Vescovo di Vercelli. Lo ammazzò, ne bruciò il corpo, ne distrusse la cattedrale e ne incamerò le terre, che gli erano state donate da Adelaide.

Ottone III, ancora vivo in quel momento, lo ammonì. Papa Silvestro II lo minacciò di scomunica. Ma Arduino non si lasciò intimidire né dall'uno né dall'altro. Spogliò dei suoi possedimenti anche il Vescovo d'Ivrea. E quando quello di Brescia si rifiutò di rendergli omaggio, lo prese per i capelli, lo sbatté a terra e lo riempì di calci. Questi erano i costumi e gli umori del tempo anche nel mondo dei grandi Signori.

Arduino non era affatto un patriota e non pensava minimamente all'Italia, quando se ne fece audacemente acclamare Re da un'assemblea di feudatari piemontesi. Era soltanto un arrivista che badava a innalzare il proprio rango. Però non gli mancavano né l'audacia né l'accortezza. Per trovare proseliti, aizzò i piccoli vassalli contro i grandi feudatari, il basso clero contro quello alto e i sentimenti xenòfobi del popolino contro i tedeschi. In parte ci riuscì. Quella lotta su due fronti, contro i Vescovi da una parte e la nobiltà imperiale dall'altra, gli valse parecchie simpatie nel piccolo ceto medio di città e di campagna. Nel 1003 batté un contingente tedesco mandato da Enrico II a saggiare il terreno, e lo costrinse a ripassare le Alpi. Ma quando l'Imperatore calò di persona alla testa di un forte esercito, Arduino si trovò solo.

Enrico venne a riprendersi la corona a Pavia nel 1004. Però, una volta in città, le sue truppe furono assalite dalla popolazione e costrette a ritirarsi. Rientrarono in forze il giorno dopo, saccheggiarono, incendiarono e uccisero. Arduino, arroccatosi nel suo castellaccio sopra Ivrea, non rinunciò al suo titolo né alle sue pretese. Partito Enrico, tornò a Pavia e seminò il terrore con le sue spedizioni punitive contro Vercelli, Novara, Como. Solo la vecchiaia e gli acciacchi vennero a capo della sua ostinazione. Stanco e malato, l'irriducibile mangiapreti bussò alla porta dell'abbazia di Fruttuaria che lo accolse caritatevolmente. Morì nel 1015, senza neanche lontanamente immaginare quale mito avrebbe fatto di lui la storiografia nazionalista.

La sua avventura getta un po' di luce sulla situazione italiana di quel periodo. Ma il panorama è estremamente complesso e confuso. Varia non da regione a regione, ma da chilometro a chilometro. E chiunque abbia tentato di ricostruirne le cosiddette «costanti», cioè i caratteri comuni a tutta la Penisola, è caduto nel generico e nell'astratto. È la sorte che aspetta anche noi. Ma lo sappiamo, e ne mettiamo in guardia il lettore. Quello che stiamo per fornire non è che un sommario grossolano abbozzo. Va preso con beneficio d'inventario. Cercheremo di ricostruirlo come dovette presentarsi agli occhi di Enrico II e del suo successore che, dopo essere calati in Italia, forse non ne seppero né ne capirono più di quanto ne sappiamo e ne capiamo noi a distanza di tanti secoli.

Enrico II era un Imperatore pio e sinceramente devoto. Riuscì a restarlo anche dopo aver visto di persona a cosa si era ridotta la Chiesa di Roma, dov'era venuto a farsi consacrare nel 1013. Il Papa che lo aveva coronato era quel Benedetto VIII della famiglia Crescenzi che esercitava una vera e propria satrapìa sull'Urbe e s'intendeva molto più di guerra e di rapine che di anime e di preghiere. Tuttavia Enrico rientrò in Germania abbastanza fiducioso. Lungo tutti gli itinerari della Penisola, Duchi, Marchesi, Conti e Vescovi erano venuti a rendergli omaggio. E l'unico che gli si era opposto, Arduino, era stato completamente debellato. L'autoritario e manesco Benedetto non gli era parso un Papa molto cristiano, ma in compenso si dimostrava buon generale. E lì soprattutto di un generale c'era bisogno, perché da Roma in giù era il caos.

I pirati saraceni non stavano tranquilli. Ogni poco le loro flotte partivano all'assalto delle coste càlabre e campane, a volte spingendosi fin nel Lazio e a Pisa. Nel Sud non c'erano potentati locali che potessero rintuzzarle. Un pezzo di Puglia, la Terra d'Otranto e parte della Calabria erano tuttora presidiate da guarnigioni bizantine, ma fatiscenti. Le popolazioni sopportavano male il puntiglioso fiscalismo dei loro funzionari e non stimavano i loro soldati che un pugno di Saraceni spesso bastava a volgere in fuga.

Per mettere ordine in questa confusione, cioè per profittarne, Enrico scese laggiù con un esercito di 50 mila uomini, più che sufficienti ad accendere nei cuori dei feudatari italiani il sentimento della fedeltà all'Impero. Tutti infatti gli s'inchinarono e gli resero omaggio: anche i Duchi di Benevento, che sempre lo avevano rifiutato agl'Imperatori.

Enrico mosse contro i Bizantini per sloggiarli definitivamente dalla penisola e unificarla sotto il suo scettro. Mise assedio a Troia in Capitanata, dove il grosso delle loro forze si era asserragliato, e l'espugnò dopo tre mesi. La popolazione evitò il castigo accogliendo il vincitore con un coro di bambini che intonavano il *Kyrie eleison*, e si vendicò di lui col colera.

Alla testa della sua truppa falcidiata, Enrico prese la via del ritorno lasciando a mezzo l'impresa. Fu un viaggio disastroso. I suoi uomini cadevano per strada. Egli stesso era afflitto dai calcoli renali che gli procuravano terribili coliche. Fece appena in tempo ad arrivare a Gottinga, dove morì. Era stato un curioso miscuglio di pietà, di castità e di ferocia. Aveva ucciso con lo stesso zelo con cui aveva pregato. La Chiesa dimenticò gli assassinî, ricordò le preghiere, e una ventina d'anni dopo lo canonizzò.

Appena la notizia della sua scomparsa giunse in Italia, Pavia si ribellò alla piccola guarnigione imperiale che c'era rimasta, e la folla assaltò il palazzo reale, convinta di trovarci chissà chi o chissà cosa. Non c'era nulla e nessuno. Gli insorti se la ripresero con l'edificio appiccandovi il fuoco e radendolo al suolo. Commisero un delitto perché si trattava dello storico palazzo di Teodorico. Ma il gesto era significativo. Dimostrava l'insofferenza delle popolazioni italiane verso ogni vassallaggio all'Impero tedesco, e nello stesso tempo la fragilità di questo giogo. Ma forse le popolazioni si ribellavano appunto perché il giogo era fragile.

L'esempio di Pavia comunque non era affatto indicativo dello stato d'animo nazionale, perché proprio mentre il palazzo di Teodorico si consumava tra le fiamme, una delegazione milanese si recava in Germania per offrire al successore di Enrico la corona d'Italia e invitarlo a scendervi. Il successore era Corrado II il Salico, che inaugurava una nuova dinastia: quella di Franconia. E il capo della delegazione milanese era l'arcivescovo Ariberto, un prelato in tono coi suoi tempi: ambizioso, autoritario e più esperto di armi che di preghiere.

Corrado scese in Italia nel 1026, e vi trovò le accoglienze più contraddittorie. Pavia gli chiuse le porte, ed egli dovette lasciarvi mezzo esercito per assediarla. Milano invece lo accolse con grandi feste e reclamò l'onore di coronarlo in Sant'Ambrogio. A Ravenna dove fece sosta, i popolani aggredirono i soldati tedeschi, e lo stesso Imperatore dovette intervenire di persona per sedare il tumulto. A Roma, lo attendevano pompose cerimonie protocollari da parte di papa Giovanni XIX che lo incoronò, e l'ostilità del popolino che attaccò i suoi soldati ammazzandone a grappoli. La rappresaglia fu sanguinosa. Molti romani furono decapitati e gettati nel Tevere. I sopravvissuti, per penitenza, dovettero sfilare a piedi nudi e con una corda al collo davanti a Corrado chiedendogli mercè.

Ma quanto poco il sentimento nazionale entrasse in questi episodi di ribellione, lo dimostra quello del famoso *Carroccio*, che la retorica patriottica ha completamente svisato.

L'arcivescovo Ariberto, lo abbiamo visto, era stato il più zelante sostenitore di Corrado e della causa imperiale tedesca. Non contento di averlo sollecitato a scendere in Italia, era tornato in Germania alla testa di un piccolo esercito lombardo per sostenerlo nella lotta contro un feudatario riottoso. Anzi, si era distinto sul campo di battaglia guadagnandosi gli elogi dei cronisti di lassù. Quando Corrado venne in Italia per la seconda volta, trovò Ariberto in guerra coi ceti medi che si erano ribellati al suo totalitarismo e reclamavano riforme sociali. Essi erano usciti dalla città, avevano formato la lega della Motta, e Ariberto n'era venuto a capo solo dopo una sanguinosa battaglia.

Corrado indisse una dieta a Pavia per ascoltare i rappresentanti dell'una e dell'altra parte. Dal dibattito capì che avevano ragione gl'insorti, e ordinò l'arresto dell'Arcivescovo. Ma costui riuscì a fuggire e, riparato a Milano, organizzò i popolani intorno al Carroccio, presentandolo come simbolo delle libertà municipali minacciate dall'invasore barbaro. In realtà si trattava di ben altro. Ariberto era un aristocratico di sangue tedesco anche lui, che voleva semplicemente salvare i propri immensi latifondi dalla riforma agraria che gl'insorti reclamavano. Era insomma una lotta non d'idealità nazionali ma d'interessi, e Ariberto era il campione di quelli più retrivi. Tuttavia riuscì a fanatizzare le masse, e Milano si dimostrò imprendibile, fornendo così buoni pretesti ai successivi esaltatori del sentimento nazionale.

Corrado se ne tornò in Germania piuttosto discreditato dall'insuccesso. Ma si lasciò dietro una legge rivoluzionaria, che scompaginò tutta l'impalcatura feudale della penisola: la *Constitutio de feudis*. Essa stabiliva che le terre concesse ai feudatari minori – valvassori e valvassini –, quando costoro morivano, non tornavano ai grandi feudatari concedenti, ma andavano agli eredi maschi dei defunti; e che le concessioni già fatte non potevano essere revocate senza un valido motivo: quello che oggi chiameremmo la «giusta causa». Era un colpo mortale ai latifondi e quindi alla potenza della grande aristocrazia che li monopolizzava. D'ora in poi valvassori e valvassini diventavano di fatto piccoli proprietari indipendenti. La società, fin qui divisa in una casta magnatizia e in una massa proletaria, si arricchiva di una classe media.

Questi contraddittori episodi ci fanno intravedere una situazione politica caotica e discorde che non si presta a nessun tentativo di ricostruzione unitaria. Non si può nemmeno dire che v'imperversa una lotta fra potere religioso e potere laico perché molti Signori laici si fanno paladini della Chiesa per battersi contro l'Impero che vorrebbe asservirli, mentre molti Vescovi e Arcivescovi si fanno paladini dell'Impero per trovarvi un sostegno ai propri privilegi.

Quella che divampava in Italia, nei primi decenni del Mille, era una sfrenata lotta d'interessi particolari, e basta. Inutile cercarvi un nesso. Tuttavia c'è un carattere che differenzia la Penisola da tutto il resto d'Europa: il fatto che il feudalesimo non vi ha mai completamente attecchito e non è riuscito a ruralizzare del tutto il Paese.

Anche nel periodo più buio, le città non sono scomparse. Sono decadute, si sono svuotate, hanno sonnecchiato, ma sono rimaste. Per il momento non sono che villaggetti in posizione subalterna nei confronti dei castellacci che li dominano dalle alture circostanti, roccheforti dell'aristocrazia terriera e guerriera, tutta di sangue tedesco, che vi si è impiantata da padrona con le invasioni. Ma stanno lentamente conquistando una autonomia sempre più larga ed elaborando degli ordinamenti che rozzamente si avvicinano a quelli democratici.

Il fenomeno è appena agl'inizi. Ma lo si comincia a intravedere specialmente là dove le circostanze lo consentono, o addirittura lo sollecitano. È il caso delle città marinare, all'avanguardia di questo processo per due motivi. Anzitutto perché si trovano fuori dai grandi itinerari degli eserciti tedeschi che calano in Italia al seguito degl'Imperatori: il che toglie ogni appoggio all'aristocrazia feudale. Eppoi perché queste città sono obbligate dalla minaccia dei corsari saraceni a una lotta che fa più rapidamente maturare nelle popolazioni una coscienza civica. Esse non possono sperare aiuto da nessuno: né l'Imperatore né il Papa possiedono flotte. L'unica garanzia di salvezza sta nella disciplina degli equipaggi. E questa presuppone la concordia dei cittadini e facilita l'uguaglianza fra di essi.

Anche qui la retorica nazionalista altera molto la realtà delle cose rappresentandoci Venezia, Genova, Pisa e Amalfi come sorelle unite nel nome di Cristo per la lotta contro l'infedele. Non furono unite mai, o quasi mai. Al contrario, ognuna di esse godeva degl'insuccessi dell'altra, e in varie occasioni vi collaborò dando una mano ai Saraceni. Genova osteggiò Pisa mentre questa combatteva il comune nemico in Sardegna. Pisa distrusse la flotta di Amalfi. Venezia non pensava che a se stessa. Ma queste città, più avanzate economicamente per via dei traffici marittimi, lo erano anche politicamente. In esse si stava formando qualcosa che somigliava a uno Stato di diritto.

La vita urbana dell'Italia ricominciava a palpitare lì.

CAPITOLO QUARTO
I NORMANNI

Un monaco dell'abbazia di Montecassino, scrivendo una cronaca degli anni a cavallo del Mille, raccontò che quaranta Normanni, di ritorno da un pellegrinaggio a Gerusalemme, passarono per caso da Salerno e la trovarono assediata dai Saraceni. Chiesero al principe Guaimaro, padrone della città, armi e cavalli, furono esauditi e ottennero una splendida vittoria. Il popolo li portò in trionfo, il Principe li colmò di doni e li pregò di restare al suo servizio. «Dicono i Normanni d'aver combattuto soltanto per amor di Dio e della Fede – continua la cronaca –, rifiutano i doni e vogliono ripartire. Allora il Principe, radunato il suo consiglio, fa accompagnare da ambasciatori gli ospiti che se ne tornano nella loro terra. E come Narsete aveva fatto coi Longobardi, spedisce in Normandia aranci, mandorle, noci candite, dorate armature equestri per allettare quella gente a venire nel paese dove si producevano tante squisitezze.»

Naturalmente le cose erano andate in maniera assai diversa. Ma non c'è da meravigliarsi che i cronisti del tempo le abbiano viste in una luce da *chanson de geste* perché l'impresa normanna, malgrado i suoi lati mercenari, fu effettivamente una *chanson de geste*, e anzi l'unica che si sia svolta in Italia. Ma i suoi protagonisti non erano italiani.

Normanni erano chiamati, genericamente, gli uomini del Nord, cioè gli scandinavi. Ma fra di loro essi si chiamavano *Vichinghi*, che vuol dire «guerrieri». Era una qualifica che meritavano. Pungolati dalla povertà delle loro terre, ne sciamavano in cerca di preda a bordo di esili navigli. Arrivarono dappertutto, in Inghilterra, in Francia, in Islanda, in

Groenlandia, e perfino in America del Nord, dove precedettero di sei secoli Cristoforo Colombo, ma senza rendersi conto che avevano scoperto un continente e senza trarne nessuna lezione.

Analfabeti e pagani, furono fra gli ultimi, in Europa, a convertirsi al Cristianesimo. Ma nemmeno questo bastò a smorzare la loro sete di avventure, di guerra e di saccheggio. Nel nono secolo abbiamo già visto un loro gruppo istallarsi in quella provincia francese, che d'allora in poi doveva portare il loro nome: la Normandia. Forse non erano che poche centinaia, ma bastarono a istituirvi un potentato che tenne col fiato sospeso tutto il territorio e ne condizionò la storia. Fu infatti per i meriti acquisiti nella sanguinosa resistenza ai Normanni che Eudo Capeto diventò Duca dei Franchi, come abbiamo già detto, e il suo pronipote Ugo si sostituì all'ultimo Re carolingio sul trono di Parigi.

Ma nemmeno quando ebbero a disposizione le pingui campagne normanne e gli sbocchi della Senna, del Rodano e della Loira per rifugio delle loro flotte corsare, diventarono sedentari. La legge del maggiorascato che imponeva la trasmissione di titoli e patrimoni di primogenito in primogenito, creava ad ogni nuova generazione una folla di diseredati cadetti, disponibili per qualsiasi avventura. Essi dovevano sbalordire il mondo per la loro forza conquistatrice, per la loro adattabilità a tutte le latitudini, e per la rapidità con cui si assimilarono ai popoli vinti e si persero in mezzo ad essi. Uno andò in Inghilterra, la sottomise e ne divenne Re. Altri finirono in Russia e vi fondarono i primi e più forti potentati. Un gruppo, ai primi del Mille, scese in Italia, forse per andare in pellegrinaggio a Gerusalemme, o vi fece sosta tornandone. O forse vi furono chiamati come mercenari dal Papa, o da qualche principotto del Sud.

Abbiamo già detto del caos che regnava laggiù per il solito giuoco dei satrapi in lotta per una impossibile supremazia. Pandolfo di Capua si allea ora con Bisanzio, ora con l'Impero, e li tradisce entrambi. La stessa tecnica seguono il Duca di Napoli, Sergio, e Guaimaro di Salerno. Nemmeno i *raids* musulmani riescono a mettere d'accordo questi turbolenti signorotti. E lo scompiglio dischiude le più allettanti prospettive a uomini di ventura come i Normanni che non combattevano affatto – come diceva l'ingenuo cronista di Montecassino – per amor di Dio e della Fede, ma per cupidigia di terre, castelli e titoli nobiliari.

Essi si installarono nel Sud, come oggi i meridionali si installano nel Nord, il fratello chiamandovi il fratello, e questi il cugino e il cognato. Il loro primo capo fu Rainulfo Drengot che, dopo aver combattuto contro Pandolfo, ottenne in ricompensa da Sergio le terre e la contea di Aversa. Fu il focolaio dell'infezione. Ora che ci avevano impiantato un'accreditata succursale, quei morti di fame cominciarono a piovere sempre più numerosi nel Sud. Ma – intendiamoci – non fu un'alluvione. Fu uno stillicidio. Muovevano dal natio paesello in piccole bande che arrivavano decimate perché per strada si dovevano guadagnare il pane arruolandosi nelle guerricciole che trovavano sul loro itinerario. In compenso, li aspettava un titolo e un podere perché Rainulfo li promuoveva subito baroni e col loro aiuto slargava i confini del proprio feudo. Infatti, di lì a poco, la Contea dei Drengot diventò Principato, e il villaggio di Aversa un piccola vivacissima capitale.

La metastasi fu rapida anche perché i Normanni italiani restarono fedeli al principio del maggiorascato che, concentrando titoli e patrimonio sul primogenito, imponeva ai cadetti di costruirsi la propria fortuna. Uno di loro s'impadronì di Capua scacciandone i Pandolfo, un altro di Gaeta, un terzo diventò signore di Acerenza, un quarto di Genzano. Dal Lazio al Gargano fu un fiorire di castelli normanni, un brulichìo di compagnie di ventura agli ordini di quegli spericolati capitani pronti a battersi contro qualunque nemico per una fattoria.

Un giorno arrivarono, tutt'insieme, sei fratelli che, dal loro villaggio di origine, si chiamarono Hauteville, in italiano Altavilla. Erano figli di un nobile spiantato che, provvedutili di uno scudo e di una lancia, gli aveva detto: «E ora arrangiàtevi». Si arrangiarono così bene che dopo pochi anni Guglielmo, detto Braccio di Ferro, era già Signore di Melfi e di Ascoli Piceno, Drogone di Venosa, Ulfredo di Mottola e Castellaneta. Ma la carriera più brillante la fecero gli ultimi due, Roberto e Ruggero che, oltre alle doti militari, mostrarono anche un autentico genio politico.

Roberto detto il Guiscardo debuttò come un capo brigante al servizio dei signorotti pugliesi tuttora in rivolta contro i Bizantini. Per dodici anni, con le sue sparute bande, egli non diede tregua alle guarnigioni di Costantinopoli e le ridusse a concentrarsi e a rinchiudersi in Bari. Poi le sloggiò anche di lì, espellendo definitivamente Bisanzio dalle residue sue teste di ponte in Italia. Era l'ultimo legame che ancora vincolava, sia pure stancamente, la nostra Penisola a Costantinopoli, e teneva in piedi la finzione del vecchio Impero di Costantino. Oriente e Occidente che lo scisma stava già per dividere sul piano religioso, divorziavano su quello politico.

A Roma, il papa Leone IX aveva seguito dapprima con favore le brillanti imprese di Roberto perché ai suoi occhi ormai i bizantini rappresentavano gli «eretici». Ma il Guiscardo dimostrò quanti pochi scrupoli di ortodossia si facesse, impadronendosi anche di alcuni territori pontifici. Egli teneva il Papa nello stesso conto in cui teneva i Signori pugliesi e calabresi che lo avevano assoldato e ch'egli spodestò uno dopo l'altro, compreso Gisulfo di Salerno che, per propiziarselo, gli aveva dato in moglie la figlia. Roberto si prese la ragazza, ma come dote reclamò e incamerò tutto il patrimonio. Così, salvo Napoli, rimase padrone di Calabria, Puglia e Campania.

Spaventato, Leone gli mosse guerra mettendosi egli stesso alla testa dell'esercito. Ma aveva la stoffa del Santo, non del generale. Fu battuto e catturato. Roberto, invece, oltre che del generale, aveva la stoffa dell'uomo politico. Trattò il prigioniero come ospite, se ne accattivò le simpatie, e lo rimandò a morire a Roma. Il nuovo pontefice Nicola II riconobbe il fatto compiuto, e nominò Roberto duca di Calabria.

Nel frattempo Ruggero, visto che suo fratello non aveva bisogno di lui per assicurare alla famiglia tutto lo stivale dalla Ciociaria in giù, aveva imboccato la strada della Sicilia.

Qui l'osso era più duro perché a presidiare l'isola non c'erano le stanche guarnigioni bizantine, ma i poderosi eserciti saraceni. Essi non tenevano più la Sicilia come terra di conquista. L'isola era ormai una provincia musulmana di pieno diritto, governata da una dinastia arabo-sicula, i Kalbiti, saggi e illuminati amministratori. Ma proprio in quegli anni l'unità che essi avevano instaurato si era rotta e anche lì lo Stato era stato sopraffatto dalle stesse forze centrifughe che nell'Europa cristiana avevano provocato il feudalesimo. Bentumne, signore di Siracusa, in lotta contro l'emiro di Agrigento, chiamò i Normanni, e Ruggero scese alla loro testa, ben deciso a ripetere coi Saraceni il giuoco che suo fratello aveva fatto coi Duchi pugliesi. Non si sa quanti uomini avesse al seguito. C'è chi dice una trentina soltanto. Forse erano qualche centinaio, ma non di più.

I Saraceni però capirono subito che sproposito avevano fatto ad assoldare quei mercenari. E cercarono di porvi rimedio facendo un fronte unico che tuttavia funzionò fino a un certo punto. Il «teatro dei pupi» siciliano rievoca ancora, infantilmente mitizzandole, le gesta dei conquistatori normanni. Ma l'epopea ha in realtà qualcosa di prodigioso, che l'avvicina a quella delle Crociate. La conquista di Messina, la «lunga marcia» su Castrogiovanni, le battaglie del Dittàino e di Cerami sono davvero altrettante *chansons de geste*.

L'impresa fu lunga. Anche dopo la capitolazione di Palermo nel 1072, gli Arabi seguitarono a resistere nel montagnoso cuore dell'isola, dove probabilmente gettarono e lasciarono il seme della «mafia». Ci vollero altri vent'anni di rastrellamenti e d'imboscate prima che Ruggero, con la presa di Noto e Butera, si sentisse definitivamente padrone. Ma poteva contentarsi. Nello spazio di una generazione, gli squattrinati Altavilla, venuti in Italia a fare i soldati di ventura, avevano messo insieme un regno, destinato a restare per ottocento anni la più stabile potenza italiana.

Il racconto della loro avventura ci ha obbligati ancora una volta a un anticipo sul nostro orario di marcia. Interrompiamone dunque il filo per riprendere quello degli altri avvenimenti della Penisola. Ma non senza trarne una conclusione piuttosto amara. I Normanni furono i primi mercenari che fecero capolino in Italia. E il loro folgorante successo dimostrò a che basso livello fossero scese le nostre qualità militari. Da allora l'Italia diventò la Mecca del mercenarismo europeo, e da allora prese il vizio di chiamare un invasore a liberarla da un altro invasore.

Abbiamo seguitato a farlo fino ai nostri giorni, nostri giorni compresi.

CAPITOLO QUINTO

IL GRANDE SCISMA

Da secoli i rapporti della Chiesa d'Occidente con quella d'Oriente erano puramente teorici. Il Vescovo di Roma e il Patriarca di Costantinopoli non avevano nemmeno potuto continuare un dialogo perché mancava tra loro ogni mezzo di comunicazione. I viaggi erano lunghi e difficili. Diventarono quasi del tutto impossibili dopo l'eruzione araba che fece del Mediterraneo orientale un lago musulmano. Solo quando l'impeto conquistatore dei Califfi e degli Emiri si fu placato, il clero d'Occidente e quello d'Oriente tornarono a incontrarsi. Ma stentarono a riconoscersi.

Anzitutto, non parlavano più la stessa lingua perché gli orientali avevano dimenticato il latino, mentre gli occidentali non avevano mai imparato il greco. Gli orientali pregavano in piedi, gli occidentali in ginocchio. Gli orientali battezzavano per immersione, gli occidentali per aspersione. Gli orientali avevano l'obbligo della barba e il permesso del matrimonio, gli occidentali l'obbligo di radersi e il divieto di sposarsi (anche se non lo rispettavano). In comune non avevano neppure il simbolo della Croce: quella degli orientali aveva le due braccia di uguali dimensioni, mentre quella degli occidentali aveva il braccio verticale più lungo. Anche la liturgia differiva: gli occidentali celebravano l'Eucarestia con pane non lievitato, e durante la quaresima potevano mangiare uova e formaggio: cosa che faceva inorridire gli orientali.

Su queste differenze, che potevano essere facilmente appianabili, se n'era innestata un'altra, che intaccava il dogma. Il primo Concilio Ecumenico che si era tenuto a Nicea nell'anno 325 aveva proclamato che, nel mistero della Trinità, lo Spirito Santo promana dal Padre: *ex Patre procedit*. E a questa decisione la Chiesa Orientale si era serbata fedele. Invece quella Occidentale, in un concilio tenuto a Toledo nel 589, aveva stabilito che lo Spirito Santo promana dal Padre e dal Figlio: *ex Patre Filioque procedit*. I teologi greci, quando lo seppero, considerarono questa interpretazione come eretica perché, dissero, lo Spirito Santo promana dal Padre *attraverso* e non anche *dal* Figlio. Di fronte a questa protesta, i Papi cercarono di non compromettersi. E la driatriba rimase sospesa in aria.

Ma il vero contrasto era di potere e di primato. Il Papa era, a Roma, un Sovrano, indipendente e assoluto, non soltanto nel campo spirituale, ma anche in quello temporale. Il fatto che ogni tanto venisse deposto, scacciato e anche sgozzato da qualche nobilastro locale, o dalla plebe inferocita, o da un Imperatore autoritario, non significa nulla: era una sorte che, a quei tempi, poteva capitare a chiunque. Giuridicamente, egli aveva un illimitato potere di decisione che, quando il Papato cadeva in mano a un uomo risoluto come un Gregorio Magno, si faceva sentire, eccome. Esso aveva avuto del resto l'avallo del più grande degl'Imperatori, Carlomagno, ch'era venuto a Roma, si era inginocchiato di fronte al Papa, e da lui si era fatto incoronare.

Il Patriarca di Costantinopoli era, al contrario, il cappellano dell'Imperatore. Questi non solo lo nominava e lo deponeva a suo piacere, ma aveva anche diritto d'indire i concili e d'intromettersi nelle questioni teologiche. Anche in questo caso non conta che talvolta un Patriarca risoluto abbia imposto la propria volontà al suo Sovrano, e lo abbia biasimato e magari disobbedito. Giuridicamente, restava un subordinato. E ciò aveva fatto sì che, mentre il clero occidentale, investito di grosse responsabilità temporali, aveva dovuto occuparsi più di politica e di amministrazione che di dottrina, quello orientale si era rifugiato nella teologia, aiutato anche dal grande retaggio della cultura greca che lo allenava alla speculazione filosofica, di cui l'Occidente era rimasto invece digiuno. I preti di Costantinopoli consideravano i loro colleghi di Roma con sovrano disprezzo, come dei parroci di campagna rozzi e ignoranti, e facevano rilevare con arroganza che la Chiesa doveva alla lingua greca anche i termini liturgici e gerarchici: *Battesimo, Eucaristia, Diocesi, Vescovo, Diacono, Monaco,* eccetera.

Una prima minaccia di scisma ci fu nella seconda metà del nono secolo, quando sul soglio di Roma salì Nicola I, un sacerdote della stessa stoffa di Gregorio Magno. I Papi avevano sempre sostenuto di essere, come diretti eredi di San Pietro, fondatore della Chiesa Romana, gli unici rappresentanti del Figlio di Dio in terra. Ma pochi avevano avuto la forza di comportarsi come se lo fossero realmente. Quando Nicola, nell'indossare la tiara, si proclamò Signore di tutti i cristiani, quali che fossero i loro titoli e gradi, tutti credettero che si trattasse d'un'affermazione puramente platonica. Ma Nicola la fece seguire dai fatti. Ordinò a Lotario, Re di Lorena, di riprendersi la moglie licenziando l'amante Gualdrada, e impose all'Arcivescovo di Reims, che l'aveva sempre fatta da padrone nella sua diocesi, di reinsediare un vescovo da lui deposto.

Il più refrattario ad accettare il primato del Papa su ogni altro potere era l'Imperatore d'Oriente: non solo perché da sempre abituato ad esercitarlo lui sulla Chiesa; ma soprattutto perché non intendeva rinunziare alla sua sovranità su Roma, anche se non aveva la forza di esercitarla. Il vero erede dell'Impero Romano seguitava a considerarsi lui, anche dopo che la corona era stata cinta da Carlomagno e da questi era passata ai suoi successori. Roma non era più che un villaggio. Ma questo villaggio portava un nome di risonanza universale.

La crisi scoppiò quando sul trono di Costantinopoli sedeva Michele III. Sua moglie Teodora fece eleggere al Patriarcato un monaco di fervida fede e d'indomito carattere, Ignazio. Questi denunziò per adulterio e incesto il primo ministro Cesare Bardas, che aveva scacciato la moglie e viveva con la vedova di suo figlio. Il potente Bardas depose Ignazio e nominò al suo posto Fozio. Era anche costui un uomo di alte qualità intellettuali e morali, un eccellente oratore, un amministratore scrupoloso, un sottile filosofo, autore di un'enciclopedia. Ma era anche un laico, e per di più eunuco. Su ordine di Bardas (e ciò dimostra quanto le autorità religiose fossero sottomesse a quelle politiche), in una corsa a tappe di sei giorni, i Vescovi lo consacrarono: prima monaco, poi lettore, vice-diacono, prete, e Patriarca. Ma Ignazio rifiutò di dimettersi e fece appello al papa Nicola.

Nicola mandò alcuni messi a Michele con una lettera in cui affermava il principio che, nei casi di grave contestazione, stava al Papa decidere. Michele, per tutta risposta, indisse un concilio che ratificò l'elezione di Fozio, e anche i messi del Papa l'approvarono. Al loro ritorno a Roma, Nicola li ripudiò, ordinò all'Imperatore di reinsediare Ignazio e, vedendosi disobbedito, scomunicò Fozio. Costui rispose con una dichiarazione sprezzante: «Degli uomini usciti dalle tenebre dell'Occidente hanno tutto corrotto con la loro ignoranza. Il colmo della loro empietà è stato quello di aggiungere parole arbitrarie al sacro testo riconosciuto dai Concili, dicendo che lo Spirito Santo non promana solo dal Padre, ma anche dal Figlio. E questa è una rinunzia al monoteismo cristiano». Da accorto polemista, Fozio aveva spostato la diatriba sul piano del dogma, dove sapeva di poter contare sulla solidarietà di tutt'i teologi orientali. Ma appunto su questo piano il conflitto diventava pericoloso.

Alla minaccia di Bardas di mandare un esercito a deporre il Papa, questi replicò con un proclama non meno sprezzante: «*Noi* non abbiamo invaso Creta, *Noi* non abbiamo spopolato la Sicilia, *Noi* non abbiamo calpestato la Grecia,

Noi non abbiamo bruciato le chiese fin nella periferia di Costantinopoli; eppure, mentre questi pagani (*gli Arabi*) conquistano, incendiano e saccheggiano (*i vostri territori*) noi, cristiani cattolici, ci vediamo esposti alla vana intimidazione delle vostre armi. Voi assolvete Barabba e uccidete Cristo.» A loro volta l'Imperatore e Fozio risposero indicendo un secondo concilio, dove vennero affrontati i due problemi più spinosi: quello del *Filioque*, e quello del celibato di cui i preti orientali furiosamente respingevano la regola. «I frutti di questo barbaro uso – disse Fozio che, come eunuco, sfuggiva al sospetto di difendere personali interessi coniugali – li vediamo nello stesso Occidente, dove legioni di figli di preti ignorano chi sia il loro padre.»

Il litigio sarebbe forse sboccato sin d'allora nel divorzio fra le due Chiese, se la morte non avesse quasi simultaneamente falciato i principali protagonisti. Nicola spirò nel proprio letto (867). Subito dopo l'usurpatore Basilio I, dopo aver assassinato Bardas, fece sparire anche Michele e s'installò al suo posto. Fozio, per quanto eretico agli occhi di Roma, non era uomo da avallare simili delitti. Come Sant'Ambrogio aveva fatto a Milano con Teodosio, egli scacciò Basilio dalla chiesa di Santa Sofia, dicendogli che le sue mani sporche di sangue non erano degne di tuffarsi nell'acquasantiera. Basilio lo depose e richiamò al Patriarcato Ignazio. Ma quando anche questi di lì a poco morì, restituì la carica a Fozio, che ormai si era guadagnato il rispetto di tutto il clero orientale.

Il successore di papa Nicola, Giovanni VIII, uomo di ben diversa e più molle tempra, mandò messi al Concilio di Costantinopoli che riconfermava Patriarca l'ex-scomunicato. Costoro gridarono coi Vescovi orientali: «Chi non riconosce Fozio, è con Giuda!» Come si vede, anche in fatto di religione, ortodossia ed eresia vanno secondo il calendario e gli umori di chi lo sfoglia. Fozio in seguito fece aggiungere agli atti del Concilio una lettera confidenziale del Papa che, a proposito del *Filioque*, diceva: «Noi la pensiamo come voi, e teniamo per trasgressori della parola di Dio chi sostiene che lo Spirito Santo promana dal Figlio oltre che dal Padre. Ma crediamo che la rinunzia a questa bestemmia si possa più facilmente ottenere col tatto e la persuasione». Questa lettera però era apocrifa.

Parve che il Papato avesse ceduto. Viceversa aveva solo preso tempo per superare il marasma in cui era precipitato e di cui abbiamo già detto. Silvestro II era riuscito solo a imporvi una tregua. Ma con l'elezione di Leone IX nel 1049, il conflitto si riaprì con Costantinopoli.

Qui nello stesso tempo era salito al Patriarcato Michele Cerulario: un uomo colto, di viva intelligenza e di forte volontà. Veniva da una famiglia nobile e ricca. E sebbene la vocazione lo avesse condotto in un ordine monastico, aveva trascorso la vita più nella politica che nella contemplazione. Da buon orientale, cresciuto in una città rimasta al riparo dalle invasioni barbariche, corrotta, ma raffinata, nutriva un certo disprezzo per l'Italia germanizzata e per il suo clero semianalfabeta. Prima di diventare Patriarca era stato Ministro. E il suo patriottismo era rimasto offeso dal fatto che il Papato si fosse appropriato dell'Esarcato bizantino di Ravenna e ora coronasse come Imperatori romani dei Re tedeschi, creando così un'autorità in concorrenza con quella di Costantinopoli, che ancora pretendeva a un primato temporale, sia pure platonico, su tutto il mondo cristiano.

Assunta la suprema carica religiosa, Michele fece compilare da un monaco greco un trattato in cui si criticavano aspramente come contrarie all'esempio apostolico tutte le riforme che papa Leone stava introducendo nella regola ecclesiastica: dalla Eucaristia con pane non lievitato all'obbligo del celibato e alla proibizione della barba. Ma tutto questo non era che un pretesto. Cerulario voleva semplicemente riaffermare il primato della Chiesa orientale costringendo Roma a riconoscerlo con un atto di sottomissione come ai tempi di Fozio.

Leone cercò di evitare l'urto e spedì legati a Costantinopoli. L'Imperatore, che laggiù rappresentava una specie di Corte di Cassazione delle dispute religiose, si mostrò conciliante. Ma Cerulario fu irremovibile. Forse i due si erano messi d'accordo per recitare le due parti in commedia. I Legati allora depositarono sull'altare di Santa Sofia una «bolla» che scomunicava il Patriarca. Questi rispose convocando a concilio i rappresentanti del clero orientale, che si dichiararono solidali con lui in tutto, compresa la barba.

Il grande scisma era consumato. Il mondo cristiano si era spezzato in due Chiese: quella romana che si chiamò «cattolica», cioè universale; e quella greco-orientale che si chiamò «ortodossa», cioè fedele al dogma. Correva l'anno 1054.

CAPITOLO SESTO

GREGORIO E ENRICO

Nello stesso anno 1054, Leone morì. La Chiesa lo santificò, in tal modo avallandone l'operato. E la Storia lo adottò come «il Papa dello scisma».

In realtà il vero protagonista di quel grande avvenimento era stato un piccolo monaco toscano dell'ordine benedettino: Ildebrando da Soana. Pochi in quel momento sapevano di lui, che non occupava nessuna carica in vista. Ma quest'uomo di corporatura meschinella, resa fragile dai digiuni, già esercitava sulla Curia un immenso potere, dovuto soltanto al suo personale prestigio.

Aveva debuttato come cappellano di Gregorio VI, uno dei Papi che si erano disputati la tiara dopo la fuga dello scandaloso Benedetto IX nel 1044 e che poi era stato a sua volta deposto. Ildebrando gli era rimasto fedele e si era rifugiato con lui a Colonia. Dopo, se ne perdono le tracce. Ma pare che si fosse ritirato a Cluny, del cui spirito riformatore era impregnato. Comunque, è certo che ricomparve a Roma al seguito del Vescovo cluniacense Egisheim-Dagsburg, eletto Papa col nome di Leone IX.

Ildebrando fu nominato preposto del Monastero di San Paolo fuori le mura. Ma il potere gli veniva dall'ascendente personale che esercitava sul Papa. Questi, da solo, non avrebbe osato la rottura col Patriarca di Costantinopoli. Era un sant'uomo, ma non molto risoluto. Ildebrando invece aveva l'intransigenza del guerriero della Fede, incapace di compromessi. Per lui la Chiesa era l'incarnazione di Cristo, e quindi non poteva essere che unica, sovrana e assoluta. Chi si ribellava al suo primato o lo metteva in dubbio era un eretico, e come tale da sconsacrare.

Morto Leone, Ildebrando rimase l'eminenza grigia della Curia. Fu lui che senza apparire in primo piano ne resse il timone per venticinque anni in una situazione politica estremamente ingarbugliata, che noi cercheremo di semplificare per comodità del lettore.

Corrado il Salico era scomparso nel 1039, e a lui era successo Enrico III, detto «il Nero»: un giovanotto religiosissimo, che aveva subito fatto pace con l'arcivescovo Ariberto e cercava di servire al meglio gl'interessi della Chiesa. Era stato lui che nel 1046 aveva eliminato lo scandalo dei quattro Papi che si contendevano il Soglio facendovi eleggere Clemente II. Tornò in Italia nel 1055 su invito di papa Vittore II, il successore di Leone, spaventato dalle minacce normanne al confine meridionale dei suoi Stati. Ma di pericoli, sul Papa, ne incombeva anche uno a Nord. Beatrice, rimasta vedova del marchese Bonifacio di Toscana, aveva risposato un avventuriero tedesco, Goffredo di Lorena detto «il Barbuto». Costui voleva dare un significato effettivo al titolo portatogli in dote dalla moglie. Il Marchesato si era, come dovunque, spezzettato in feudi. Ogni signorotto e ogni città facevano per conto proprio. Firenze, sebbene fosse un borgo di due o tremila abitanti, cacciò addirittura il vescovo Mezzabarba appunto perché faceva troppo gl'interessi del Marchese.

Goffredo trattò i ribelli con mano pesante, si annesse con la violenza buona parte dell'Emilia e delle Marche e il Ducato di Spoleto. E in quel momento era diventato, almeno sulla carta, il più forte Signore d'Italia insieme ai Normanni. Con costoro si era accordato in vista di una spartizione della Penisola. E naturalmente il più minacciato di tutti era il Papa, i cui Stati facevano da cuscinetto fra queste due forze.

Enrico scese per trarre Vittore da quella morsa. E la comparsa del suo poderoso esercito bastò a mettere in fuga il Barbuto che rientrò precipitosamente in Lorena. Beatrice fece atto di vassallaggio a Enrico, riconoscendo la sovranità imperiale sul suo Marchesato e restituendo il mal tolto ai legittimi titolari emiliani, marchigiani e spoletani. Enrico risalì le Alpi giusto in tempo per morire in patria nel 1056. Lasciava un erede di sei anni, che fu proclamato ugualmente Imperatore con il nome di Enrico IV sotto la reggenza di sua madre, Agnese di Poitiers.

Alla Dieta che gli conferì il titolo parteciparono anche papa Vittore e il Barbuto. Ambedue rientrarono subito dopo in Italia, ma con opposte intenzioni: Vittore ben deciso a restar fedele all'Imperatore, suo puntello; il Barbuto intenzionato ad approfittare della sua minore età per condurre a termine i propri disegni. Gli se ne offrì subito il destro perché Vittore morì sulla strada del ritorno. Goffredo ne approfittò per imporre sul Soglio un proprio fratello, Stefano IX. Il piano era chiaro. Goffredo dava a Stefano la tiara di Papa. Stefano avrebbe dato a Goffredo la corona d'Italia. Ma non fece in tempo perché anche Stefano morì.

Successe uno dei soliti parapiglia. Goffredo fece eleggere un altro suo accòlito col nome di Nicola II. I nobili romani, per riprendere il controllo della situazione, elessero uno dei loro col nome di Benedetto X. Vinse Nicola con la forza, cioè con le bande armate di Goffredo. E non governò male. Ma fece gl'interessi del suo protettore e dei suoi alleati normanni a detrimento del partito filoimperiale. Questo aveva il suo più autorevole esponente in Guido, Arcivescovo di Milano. Il Papa lo scomunicò. E non c'è dubbio che queste manovre furono suggerite o almeno avallate da Ildebrando.

Esse continuarono, anzi si fecero più vigorose, sotto il successore di Nicola, il Vescovo di Lucca Anselmo da Baggio, salito al soglio col nome di Alessandro II e con l'appoggio di Goffredo. La Corte imperiale non fu nemmeno informata della elezione, e non la riconobbe. L'undicenne imperatore fu spinto da sua madre e dai suoi consiglieri a indire una Dieta a Basilea, che annullò la nomina di Alessandro, «eletto non dai Romani, ma dai Toscani e dai Normanni», cui contrappose il Vescovo di Parma, Cadalo, col nome di Onorio II. I due Papi si scomunicarono a vicenda, eppoi si affrontarono con la forza delle armi. Vinse Alessandro grazie ai lanzichenecchi di Goffredo.

L'Italia in quel momento era più che mai divisa. La minaccia di una spartizione fra il Barbuto e i Normanni che rappresentavano le due potenze più forti, aveva fatto rifiorire specialmente nel Nord delle simpatie per l'Impero. A covarne era soprattutto Milano, la città del «Carroccio», che si faceva gloria di aver sconfitto e ricacciato i tedeschi di Corrado. E ciò basta a farci capire quanto poco l'ideologia entrasse in questa lotta. Ogni potentato italiano, piccolo o grande che fosse, giuocava fra la Chiesa e l'Impero secondo l'opportunità del momento, ma senza mai rinunziare ai propri particolari interessi. Le comuni tendenze filoimperiali non impedirono a Milano e a Pavia di farsi tra loro una guerra fratricida per ragioni di primato commerciale.

E intanto si preparava il grande urto.

Nel 1073 Alessandro morì, e il popolo e il clero romano acclamarono Papa il monaco Ildebrando. Questi, secondo alcuni cronisti, avrebbe cercato di sottrarsi all'elezione. Ma noi crediamo che, anche se lo fece, fu solo per finta. Era un uomo che aveva la vocazione del potere, e da una trentina d'anni teneva in allenamento le sue qualità carismatiche. Quando salì al Soglio col nome di Gregorio VII, aveva già compilato l'indice di un trattato che aveva intenzione di scrivere, ma soprattutto di applicare. In esso infatti è condensato tutto un programma di riforme, e basta leggerne i sottotitoli per capire di che cosa si tratta.

Eccone qualcuno: «Come solo il romano Pontefice sia giustamente detto universale. – Come egli solo possa deporre o riabilitare i Vescovi. – Come il suo Legato abbia la precedenza su tutti i Vescovi in Concilio, anche se è loro inferiore di grado, e come possa pronunciare contro di essi sentenza di deposizione. – Come solo al Papa spetti l'uso delle insegne imperiali. – Come soltanto al Papa tutti i Principi debbano baciare il piede. – Come solo il suo nome debba invocarsi in chiesa. – Come sia facoltà del Papa deporre gl'Imperatori. – Come nessuna decisione del Papa possa venir revocata, mentre Egli solo può revocare tutte quelle da altri pronunciate. – Come la Chiesa Romana mai abbia errato, né mai in perpetuo, per testimonianza delle scritture, errerà. – Come il Papa può sciogliere dall'obbligo della fedeltà i sudditi dei Principi iniqui».

Era l'avvio a un regime totalitario e monolitico con tutti i suoi estremismi, compreso il culto della personalità. Come incarnazione di una Chiesa infallibile per divina investitura, il Papa era un sovrano assoluto, sottratto a ogni sindacato non solo del potere laico, ma anche di quello ecclesiastico. Gli stessi Vescovi suoi pari si riducevano a semplici comparse e la loro autorità non era più che un riflesso di quella del Pontefice. D'ora in poi, in tutti i campi, sia quello spirituale che quello temporale, non ci sarebbe stato posto che per delle «staffette» del Papa, suoi portavoce e esecutori d'ordini.

Che non si trattasse solo di enunciazioni teoriche, lo si vide dalla prima misura che Gregorio adottò: l'obbligo del celibato per tutti gli ecclesiastici. Altri Papi ne avevano già sostenuto la regola, ma senza forzarne l'applicazione anche perché gli avversari avevano dalla loro parte nientemeno che San Paolo. «Abbia ciascuno la propria moglie – aveva predicato l'Apostolo – ... Siano i diaconi mariti di una sola moglie, educhino i figli bene e sorveglino la propria casa... Sceglierai per preti, come ti dissi, cristiani di buona condotta, con una sola moglie...»

Ma sebbene tutto questo stesse scritto nero su bianco, Gregorio non se ne curò. Le proteste furono violente. I preti romani sposati che si trovavano di fronte alla dura scelta: o la moglie o il «posto», aizzarono la folla che nella notte di Natale del 1075 aggredì Gregorio mentre celebrava la messa in Santa Maria Maggiore. Il Papa fu salvo a stento, ma nemmeno di questo si curò. In lui lo spirito puritano cluniacense aveva trovato il proprio Robespierre. Pier Damiani lo chiamò «vento aquilonare» e anche «Santo Satana». Aveva ragione. La Fede, quando si miscela col sangue toscano, sprigiona una fiamma che puzza di zolfo luciferino.

Mentre l'obbligo del celibato creava il marasma nei ranghi ecclesiastici, nei circoli laici si spargeva l'inquietudine per altri provvedimenti. Gregorio infatti aveva censurato cinque Principi della famiglia imperiale tedesca, minacciato di scomunica il Re di Francia, Filippo, e lanciato l'anatema contro Roberto il Guiscardo. Tutti per il medesimo motivo: perché si erano arrogati il diritto d'investire Vescovi e Arcivescovi, come del resto avevano sempre fatto. Cinque di questi alti prelati vennero da lui deposti. E siccome l'Imperatore non se ne diede per inteso, Gregorio gli mandò un'ambasceria segreta per avvertirlo in confidenza che, se non si fosse ravveduto, lo avrebbe scomunicato.

Enrico IV ora aveva venticinqu'anni, ed era cresciuto in una Corte dove aveva sentito sempre ripetere che il Papa stava scalzando il prestigio dell'Impero in Italia. In lui era maturato un sordo odio per Roma e la Curia. Impulsivamente, rese pubblica la comunicazione confidenziale di Gregorio, appellandosi ai suoi Vescovi e ai suoi sudditi, che infatti ne furono impressionati e indignati. Sfruttando questo stato d'animo, prima che il Papa potesse replicare, indisse due Diete, una a Worms, l'altra a Piacenza. Il verdetto fu stilato in una lettera al Pontefice che si apriva con questo indirizzo: «Enrico, Re non per usurpazione ma per volere di Dio, a Ildebrando, non Papa, ma monaco falso». La diplomazia, si vede, non era il forte di nessuno dei due contendenti.

Il messaggio fu recato a Roma e letto davanti a centodieci Vescovi italiani e francesi, che minacciarono di linciare il postino. Fu Gregorio che s'intromise di persona per sottrarlo alla loro furia. Egli rispose tuttavia con un Concilio che pronunciò la scomunica contro Enrico IV e la dispensa ai suoi sudditi dall'obbligo di fedeltà a un Imperatore «spergiuro, adultero e falso apostolo». La guerra fredda sboccava in quella calda.

Enrico vi si era disposto nella convinzione di avere dalla sua i Principi tedeschi. Ma costoro a quei tempi non erano molto diversi da quelli italiani e non avevano per la testa che un'idea: impedire al potere centrale, comunque e da chiunque incarnato, di diventare effettivo. Essi videro in quel conflitto col Papa un buon pretesto per ridimensionare Enrico e, invece di seguirlo, l'obbligarono a cercare un compromesso invitando il Papa a una Dieta che avrebbe dovuto tenersi a Augusta.

Gregorio, che non aveva paura di nulla e di nessuno, si mise in viaggio. Ma per strada ricevette la notizia che il giovane Imperatore gli veniva incontro per raggiungere con lui un accordo che non gli facesse perdere la faccia di fronte ai suoi vassalli. Allora si fermò a Canossa, ospite della marchesa Matilde di Toscana, figlia di Beatrice e di Goffredo il Barbuto; e lì attese l'Imperatore.

Questi giunse il 25 gennaio, con poco e inerme seguito. Era un inverno rigidissimo. Malgrado il freddo, Enrico «si presentò alla porta del castello scalzo e con abiti dimessi, umilmente impetrando perdono. Seguitò a farlo per tre giorni muovendo a compassione tutti quelli che stavano intorno a noi. Si fecero costoro a intercedere per lui con molte preghiere e lacrime, stupiti della insolita durezza dei nostri intendimenti, dicendo che c'erano in noi non l'austerità dell'apostolico zelo, ma quasi la crudeltà del tirannico rigore. Alla fine, vinti dalla costanza del suo pentimento e dalle suppliche di tutti i presenti, sciolto il vincolo dell'anatema, l'accogliemmo nella grazia della Comunione e nel grembo di Santa Madre Chiesa, ricevendo da lui le assicurazioni qui riportate per iscritto, con garanzie di mano dell'abate di Cluny, delle nostre figlie Matilde e contessa Adelaide, d'altri Principi, Vescovi, Abati e altri la cui sottoscrizione ci parve opportuna».

Questo comunicò Gregorio in una lettera ai Principi tedeschi per significar loro che Enrico era perdonato, ma anche debitamente ridimensionato. Enrico, da parte sua, scrisse: «Io, Enrico Re, impartirò il castigo o il perdono a Arcivescovi, Vescovi, Duchi, Conti e altri Principi del Regno teutonico che mi sono stati ostili, secondo la decisione e il consiglio del papa Gregorio. Inoltre, se il signor Papa vorrà andare oltre le Alpi o altrove, potrà farlo senza pericolo da parte mia e di tutti coloro che mi devono obbedienza».

Ci fu evidentemente un voluto malinteso. Gregorio interpretò Canossa come una resa senza condizioni. Enrico la interpretò come un compromesso che lo impegnava ad accettare l'arbitrato del Papa nei conflitti interni del suo regno e a portarsi garante della sua libertà di movimento; ma niente altro. I nodi dell'equivoco vennero subito al pettine. L'inchiostro era ancora fresco sul documento che la lotta riprendeva più violenta di prima.

Timorosi delle rappresaglie, i Principi ribelli rifiutarono la riconsacrazione di Enrico, lo deposero e nominarono suo successore Rodolfo di Svevia. Enrico mosse guerra all'usurpatore. L'esito della battaglia di Merseburg fu incerto, ma Rodolfo vi perse la vita, proprio mentre da Roma gli giungeva il riconoscimento del Papa.

Assetato di vendetta contro quel Pontefice che lo aveva umiliato a Canossa e ora si era schierato col suo rivale, Enrico indisse tre concili di Vescovi tedeschi. Costoro proclamarono che la vittoria di Merseburg doveva essere interpretata come il giudizio di Dio contro Gregorio «eretico, esecrando perturbatore delle leggi divine e umane, vero serpente il cui soffio velenoso ha contaminato la Chiesa e l'Impero».

In forza di questo verdetto, Enrico scese in Italia alla testa di un forte esercito per deporre il Papa e insediare al suo posto l'Arcivescovo di Ravenna col nome di Clemente III. Giacché passava di lì, volle dare una lezione a Matilde. Ma i castelli di Canossa resistettero. L'Imperatore puntò su Firenze che gli chiuse le porte. E allora dirottò su Lucca che invece gliele aprì con molto entusiasmo appunto perché Firenze gliele aveva chiuse. Roma imitò Firenze solidarizzando col Papa. Enrico vi pose assedio, ma non volle attaccarla e si ritirò a Pavia. Solo due anni dopo, nel 1084, l'Urbe si arrese. Ma non si arrese l'intrepido Gregorio, che si chiuse in Castel Sant'Angelo dopo aver lanciato un appello a Roberto il Guiscardo.

Nel giorno di Pasqua Clemente pose la corona imperiale sulla testa di Enrico, che subito dopo levò le tende e si rimise in marcia per la Germania. Roberto stava per sopraggiungere con un esercito molto più forte di quello imperiale. Esso trovò le porte aperte, ma ciò non valse a disarmare l'ùzzolo di saccheggio di quelle soldataglie. Ci furono, pare, migliaia di morti, interi quartieri distrutti, donne violentate, uomini deportati e venduti come schiavi. Non c'è da meravigliarsene perché la truppa era composta prevalentemente da Saraceni, assoldati dal Guiscardo in Sicilia.

L'indignazione della città si volse contro Gregorio che aveva chiamato quei feroci mozzateste. Liberato da loro, il Papa dovette seguirli per sfuggire alla furia del popolino. Così si chiudeva il primo capitolo di quel conflitto: coi due protagonisti entrambi in fuga da Roma, l'uno verso Nord, l'altro verso Sud.

Gregorio non resse a quell'ultima terribile prova. Abbandonato a Salerno dal suo micidiale alleato, vi morì solo e disperato, con la convinzione di aver perso la partita. Spirando, si dice che mormorasse: «Muoio in esilio perché amai la giustizia e odiai l'iniquità». Più che la giustizia, aveva amato la Chiesa. L'aveva amata fino all'iniquità.

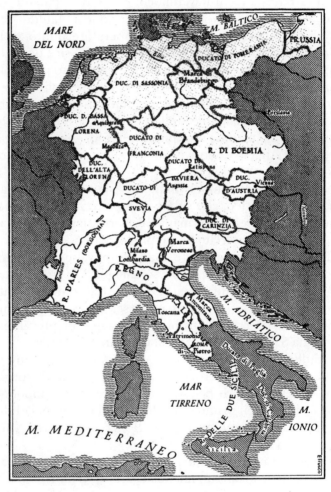

L'Impero al tempo degli Hohenstaufen.

CAPITOLO SETTIMO

LA CONTESSA MATILDE

Apriamo, nel filo di questi avvenimenti, una parentesi dedicata alla contessa Matilde. C'induce a farlo non solo la singolarità del personaggio, ma anche il fatto che nelle vicissitudini sue e della sua casata si riassume e riflette esemplarmente tutta l'anarchia dell'Italia feudale.

L'abbiamo già incontrata e presentata nel capitolo precedente, questa figlia di Beatrice e di Goffredo il Barbuto, che aveva offerto ospitalità a papa Gregorio e gli aveva messo a disposizione il suo castello per ricevervi e umiliarvi Enrico IV. Ma da quali titoli ereditari venissero alla sua famiglia tanto prestigio e potenza, è difficile ricostruirlo nel bailamme dei secoli bui.

Un'antica tradizione popolare attribuisce a Carlomagno il merito e la gloria di aver ricostruito Firenze ridotta dagl'invasori barbari, cioè goti e longobardi, a un mucchio di rovine. E quando la città diventò uno Stato importante, ogni volta che un suo ambasciatore andava a Parigi, non mancava mai di accreditarsi come figlio di una città che a sua volta si considerava figlia di «Monsignor San Carlomagno». Al che, il Re francese di turno rispondeva regolarmente ricordando tutto ciò che Monsignor San Carlomagno aveva regalato a Firenze: una nuova cerchia di mura, i borghi e i castelli circonvicini, le decorazioni del Battistero, un frammento della Santa Croce, e perfino il nome che da «Flurenzia» egli aveva trasformato in «Fiorenza».

Tutto questo faceva parte del rituale diplomatico, ma non conteneva nulla di vero. Per due volte, di ritorno da Roma, Carlomagno e sua moglie Ildegarda si erano fermati sulle ri-

67

ve dell'Arno dove allora, ai primi dell'800, si ammassavano alcune casupole con poche centinaia di abitanti. Firenze non era che questo, e l'Imperatore non le diede mai di che diventare qualcosa di più. Sembra soltanto che in una di queste occasioni ricevesse alcuni monaci dell'abbazia di Sant'Ilario. Essi chiedevano giustizia contro un certo Gudibrando che aveva loro rubato una stalla con alcuni buoi.

Questo Gudibrando era un longobardo che i suoi Re avevano investito del titolo di Duca di Flurenzia. Carlomagno gli tolse questa investitura, abolì il Ducato longobardo di Firenze trasformandolo in una contea franca, e ne nominò titolare un nobile del Lago di Costanza, Scrot. Costui deve la sua celebrità all'osso di un Santo. Si trovava a Roma, quando da Gerusalemme arrivarono le spoglie dei martiri Genesio e Eugenio. Egli ne organizzò la traslazione a Firenze, chiedendo come compenso un femore di San Genesio. Il Papa glielo diede. Ritenendosi lautamente ricompensato, Scrot ripassò le Alpi e si ristabilì nel suo paese d'origine con quella reliquia, che naturalmente cominciò subito a operare i consueti miracoli e conferì a Scrot l'aureola del benefattore. Altro, di lui non sappiamo.

Fu certamente nell'epoca carolingia che il Conte di Firenze divenne a poco a poco Conte di Toscana, o come allora si diceva di Tuscia. Ma chi ne fossero i titolari, di quali diritti godessero sulle terre che ne facevano parte, e entro quali confini queste terre fossero delimitate, nessuno storico è stato in grado di ricostruirlo con precisione. Probabilmente il potentato si sviluppò per spontaneo amalgama. Il suo primo legame Firenze lo stabilì con Fiesole. I due villaggi erano indipendenti l'uno dall'altro, e a propiziare l'unione fu la comune minaccia dei Saraceni, che nelle loro scorribande pirate risalivano l'Arno con le loro flotte leggere, predando e saccheggiando. Per meglio coordinare la propria difesa, i villaggi si unirono. E così si formò un «Comitato», cioè una Contea, che andava pressappoco dal Mugello al Casentino. Era il più grosso Contado dell'Italia centrale, e la sua importanza è attestata dal fatto che comprendeva due Vescovadi: quello di Firenze e quello di Fiesole.

Chi fossero i titolari della Contea, non sappiamo. Sappiamo soltanto che si facevano rappresentare da *Vicecomites*, cioè da Visconti. Costoro erano i depositari dell'autorità secolare, ma ne esercitavano ben poca. La Contea, nel suo insieme, faceva parte del Regno d'Italia, che a sua volta faceva parte dell'Impero. Però da certi documenti risulta che le città avevano col Re Imperatore rapporti diretti, non attraverso il Visconte e il Conte. Per cui non si capisce bene quali poteri, se non di rappresentanza, fossero connessi al titolo. Una sola cosa è certa: che di questa indeterminatezza e fluidità di «competenze» le città si servirono per affermare sempre più la loro indipendenza dal Conte. E in linea generale si può dire che in questo trovarono un valido aiuto nel Vescovo.

Ottone III assegnò il titolo di Conte a un suo favorito, Ugo, che rimase nella leggenda popolare come l'incarnazione della giustizia e della bontà. Anche Dante lo esaltò come il «gran barone». A fargli questa fama erano stati soprattutto preti e monaci, che Ugo aveva protetto e beneficato. Si dice che battesse la Toscana in incognito attaccando discorso coi poveri contadini e adescandoli a lamentele contro se stesso non per castigarli del loro scontento, ma per conoscerne i motivi, riparare i torti e ristabilire la giustizia. Noi abbiamo qualche dubbio sulla impeccabilità della sua condotta. Lo storico Davidsohn ha rintracciato documenti da cui risulta che Ugo una volta risolse un processo per fratricidio incamerando i beni dell'ucciso e dandoli in usufrutto all'uccisore. Sembra che anche la sua fedeltà all'Imperatore, cui doveva titolo e patrimonio, non sia stata sempre cristallina. Tant'è vero che, quando morì, Ottone tirò un sospiro di sollievo, e proruppe nelle parole del Salmista: «Rotta è la corda, e noi ci siamo liberati!»

69

Ottone lo seguì nella tomba un mese dopo senz'avere avuto il tempo di dargli un successore (Ugo, di suo, non ne aveva lasciati). E il nuovo imperatore Enrico di Baviera affidò la Contea a un cadetto dei Duchi di Spoleto, parenti del morto: Bonifazio. Costui, preso possesso del patrimonio, si accorse ch'esso era stato devastato dai regali del suo predecessore ai preti. Il convento di S. Michele, grazie a quei donativi, possedeva ora terre superiori, come estensione e ricchezza, a quelle del Conte. Bonifazio si riprese ciò che Ugo aveva dato. E siccome l'abate protestava, lo scacciò coi suoi monaci e si riannesse il convento col suo prezioso vasellame d'oro e d'argento.

Bonifazio era un uomo avido, prepotente e accorto, che riuscì sempre a conservare il potere, e anzi ad accrescerlo, pur nelle procelle di quel periodo agitato. Egli non solo respinse le intrusioni dei preti negli affari laici, ma s'intromise in quelli della Chiesa sfruttando abilmente la lotta, che già cominciava a delinearsi, tra il basso clero puritano e quello alto, mondano e simoniaco. Si schierò, si capisce, dalla parte del primo, non per ideali evangelici, ma perché ciò gli forniva un pretesto a espropriare vescovadi e abbazie. Era stato Pier Damiani a portare in Toscana quel vento di riforma, che a Firenze s'incarnò nel monaco francese Maurilius. Bonifazio protesse quel fraticello, lo fece abate, lo difese dalle insidie del clero conservatore. Il suo autoritarismo non conosceva remore. Nessuna donna, nei suoi domini, poteva sposarsi senza il suo assenso. Le brutte dovevano pagarlo in moneta; le giovani e belle con prestazioni – diciamo così – in natura.

Questo ci dice quanto tutti i rapporti, a quei tempi, fossero arbitrari. Le città della Toscana, che sotto Ugo avevano goduto di notevole autonomia, sotto Bonifazio se la videro annullata. Lucca, che un tempo era stata la capitale della Contea, fu sottoposta a iniqui balzelli. A Firenze Bonifazio inflisse l'umiliazione di nominarvi come Visconte, cioè come suo rappresentante, un proprio servo. E fu proprio da costui che ebbe origine quella famiglia Donati ch'era destinata a svolgere una parte così decisiva nella vita fiorentina e in quella di Dante, che dei Donati fu insieme parente e vittima.

Bonifazio pagò con la vita questi soprusi: una freccia avvelenata lo trafisse durante una partita di caccia. Chi fosse, fra tanti nemici, quello che gliel'aveva scagliata, non si è mai saputo. Negli ultimi tempi era stato colto dal rimorso, o per meglio dire dalla paura dell'Inferno. Ed era andato a confessarsi e a chiedere l'assoluzione all'abate Guido di Pomposa. Per ottenerla, promise un pellegrinaggio in Terrasanta e offrì le spalle nude, sull'altare di Maria, al flagello.

La vedova Beatrice era una duchessa di Lotaringia che, rimasta sola con un figlio e due figlie, si trovò in una difficile situazione. Il marito le aveva lasciato in eredità terre e castelli a josa, ma anche innumerevoli nemici, esterni e interni. Il clero toscano era in subbuglio, le città in rivolta, l'imperatore Enrico furente contro la Contea sfuggitagli di mano. Più che un marito, Beatrice cercò un protettore. E ne scelse uno che molto somigliava a quello morto: il suo compaesano Goffredo il Barbuto.

Anche costui lo abbiamo già incontrato nel capitolo precedente. E già abbiamo detto della parte che ebbe nelle faccende italiane. Nel 1055, quando Enrico III scese in Italia, di dove Goffredo era fuggito, e fece tappa a Firenze, ad attenderlo c'era anche Beatrice: non nelle vesti fastose di Contessa di Toscana, ma in quelle umili della ribelle pentita. Essa si era portata al seguito la figlia Matilde. Questa assisté alla umiliazione di sua madre, che si proclamò estranea alle malefatte di Goffredo. Ma l'Imperatore non le credette, la prese prigioniera insieme alla bambina, e se le rimorchiò entrambe in Germania. Ad aggravare il colpo giunse loro, durante il viaggio, la notizia che il figlio e l'altra figlia, messi al riparo nel castello di Canossa, vi erano improvvisamente morti. Come e di che, non si è mai saputo. Ma il sospetto di Beatrice e di Matilde dovette appuntarsi su Enrico.

L'anno dopo, la posizione si era rovesciata. L'Imperatore morì, lasciando a sua volta una vedova e un bambino di sei anni, il futuro Enrico IV, in critica posizione. Per stornare i pericoli, si dovette patteggiare coi grandi feudatari, fra i quali c'era Goffredo. Costui, in cambio della propria subordinazione, si fece riconoscere i diritti sulla Lorena e sulla Toscana, dove subito tornò insieme alla moglie e alla figliastra per ricominciare a intrigare. Per Firenze, fu un colpo duro. Essa era stata promossa da Enrico «città dell'Impero», cioè sottoposta direttamente all'Imperatore e quindi sottratta al potere (e alle vessazioni) del Conte di Toscana. Ma Goffredo abolì immediatamente quello statuto, e il suo Visconte o Gastaldo sostituì il Vicario imperiale.

Il resto lo abbiamo già raccontato. Alla morte di papa Vittore II, Goffredo fece eleggere il proprio fratello, Stefano IX, certamente con l'intenzione di farsi coronare da lui Re d'Italia. Ma Stefano morì e i Signori romani innalzarono al Soglio il loro candidato, Benedetto X. Tutti i conclavi che seguirono furono pretesti d'intrighi fra Goffredo e i Normanni da una parte, e la nobiltà romana dall'altra: l'Imperatore era troppo giovane per potervi interferire.

Nel 1073, quando il monaco Ildebrando fu consacrato Papa col nome di Gregorio VII, Goffredo era morto da quattro anni. Ma ora Beatrice non aveva più bisogno di protezione perché già godeva di quella più autorevole di tutte. Il Papa era un uomo suo. Essa lo aveva ospitato e aiutato quando da monaco era venuto a Firenze a sostenervi con Pier Damiani la causa della riforma cluniacense. E certamente l'appoggio della potente Contessa non gli era mancato nemmeno nella sua elezione al Soglio.

Gregorio se ne sdebitò aiutando anzitutto Beatrice a combinare un buon matrimonio per Matilde, che assicurasse la continuazione di quella dinastia tradizionalmente fedele alla Chiesa e nemica dell'Impero. E il prescelto fu il figlio di primo letto di Goffredo, che si chiamava Goffredo anche lui. Non era un incesto perché fra i due non correva parentela di sangue. Ma non correvano nemmeno simpatie. Esuberante e appassionata, Matilde, che ormai aveva ventiquattr'anni, detestava quel suo fratellastro che, oltre tutto, era gobbo. Ma si arrese alla ragion di Stato, che consigliava la riunificazione del Ducato di Lorena con la Contea di Toscana per la lotta contro l'Imperatore; e soprattutto all'esortazioni di Gregorio, di cui la ragazza era un'autentica «pasionaria».

Forse il connubio avrebbe potuto reggersi se avesse procurato un erede. Ma non ne nacque nulla. E probabilmente non fu nemmeno consumato per la ripugnanza di Matilde a quel suo deforme sposo. I due si separarono; poi si riunirono per le insistenze di Beatrice. Infine si separarono di nuovo e irrevocabilmente, stavolta con la piena approvazione del Papa che aveva cambiato idea da quando aveva saputo, pare, di un certo testamento. Beatrice infatti era morta lasciando la sua bella Contea a Matilde che, essendo senza eredi, ne aveva predisposto, il giorno in cui anche lei fosse scomparsa, il passaggio alla Chiesa.

Era una disposizione facilmente impugnabile perché la Contea era un titolo laico, la cui investitura spettava all'Imperatore. Ma nella lotta che già si preparava fra i due poteri, alla Chiesa faceva comodo accampare quel titolo di successione, che infatti oltre due secoli dopo Bonifacio VIII sbandierò come prova di un diritto acquisito.

Ora Gregorio non aveva più alcun interesse che quel matrimonio durasse. E non solo non fece nulla per puntellarlo, ma anzi fece di tutto per distruggerlo. Egli dominava completamente il cuore della giovane donna che forse sfogava in estasi, visioni e rapimenti i repressi appetiti sessuali. Matilde si accusò dinanzi a lui di «viziosi rapporti» con suo marito, e il Papa la esortò a interromperli. Il gobbo fu messo definitivamente alla porta, e se ne tornò in Lorena. Ma, avendo capito da che parte gli era venuto il colpo, se ne vendicò propalando le più calunniose dicerìe su Gregorio e sulle sue relazioni con Matilde. Pare che su queste voci si fondassero le accuse che poi il Concilio di Worms, indetto da Enrico IV, formulò contro il Papa per giustificarne la deposizione. Ma il gobbo la pagò cara: poche settimane dopo fu raggiunto dal pugnale di un assassino. Il Papa fece dire messe in suffragio dell'anima sua. Ma chiamò «amato figlio in Cristo» il Principe di Frisia cui la voce pubblica attribuiva il delitto.

Rimasta sola, la giovane donna impegnò tutte le sue energie, ch'erano immense, al servizio della Chiesa. Gregorio le aveva messo accanto, come confessore e consigliere, il vescovo Anselmo che i lucchesi filo-imperiali avevano scacciato dalla loro città. Anselmo era un cluniacense intriso, come Gregorio, di spirito riformatore e missionario. Egli esercitò su Matilde il fascino di un casto Rasputin, e naturalmente di lei fece il braccio secolare del Papa. La tenne in uno stato di continua esaltazione mistica. E a tal punto ella gli si era abbandonata che, quando aveva la febbre, bastava che Anselmo le toccasse la mano perché se ne sentisse guarita. Questa specie di sortilegio durò anche dopo ch'egli fu morto. Afflitta da un eczema, la Contessa lo curava stendendosi nuda sul tavolo su cui era stato lavato il cadavere del suo amico. Contro il tremito nervoso che ogni tanto l'assaliva, palpava l'anello vescovile del defunto. E in suo nome sostenne con tutti i mezzi, pacifici e violenti, la causa dei poteri religiosi, e soprattutto dei conventi, contro quelli laici. Nei suoi rescritti si firmava «Mathilda, per grazia di Dio, se ella è qualche cosa».

Fu per questo che gli storici, o per meglio dire gli agiografi della Chiesa (che di storici non ne ha) la chiamarono Deborah e accreditarono la leggenda della sua santità, presentandola, dice Davidsohn, come un'esangue figura di semi-monaca esclusivamente dédita alla preghiera e alla carità. Questa leggenda giunse fino agli orecchi di Dante, che pone Matilde nel Paradiso Terrestre come simbolo della Fede militante.

Ma è un falso smaccato. Matilde fu una donna di carne e di passioni violente, che mise al servizio della Chiesa una smania di dedizione delusa dal matrimonio sbagliato. Come tutte le creature umane, era un groviglio di contraddizioni. Umilissima di fronte a Dio e a coloro ch'essa considerava i suoi legittimi rappresentanti in terra, era di uno smisurato orgoglio di fronte agli uomini. Essa non dimenticò mai l'affronto subìto da Enrico, quando con sua madre la condusse prigioniera in Germania. E trascorse la sua vita, che fu abbastanza lunga, a vendicarsene, lottando contro l'Impero. Volle nel suo castello di Canossa l'incontro fra il Papa e Enrico IV perché ci vide un trionfo personale, come se l'Imperatore avesse chiesto perdono più a lei che a Gregorio. In chiesa dove andava ogni mattina all'alba per confessarsi, si presentava vestita come una popolana penitente. Ma quando montava a cavallo, infilava speroni d'oro. Nel suo disadorno ma imponente maniero, l'etichetta era puntigliosa. Esigeva che le sue ancelle fossero tutte di nobile famiglia. E i Signori che passavano per le sue terre, fossero anche Principi di sangue reale, erano tenuti a renderle omaggio piegando il ginocchio davanti a lei come alla loro sovrana. Era insieme animosa e preda di scoramenti, priva di umorismo e facile al pianto: insomma un personaggio drammatico e a tutto rilievo, in tono col tempo in cui visse e con le vicende in cui si trovò mescolata; non privo di grandezza, ma soltanto umana.

Quando Gregorio morì nel suo rifugio di Salerno (1085), Anselmo era ancora vivo e Matilde a cavallo coi suoi speroni d'oro per tentare la riscossa contro Clemente III che anche in Toscana, e specialmente a Lucca, aveva molti fautori. L'Imperatore, rientrato precipitosamente in Germania, organizzò di là una spedizione di suoi seguaci lombardi contro la ribelle Contessa. Ma costei non si lasciò sorprendere. Alla testa dei suoi uomini, mosse incontro al nemico e gl'inflisse una sanguinosa disfatta a Sorbaia nel modenese. La gioia di quella vittoria le fu amareggiata dalla morte di Anselmo, di cui Gregorio aveva sperato di fare il proprio successore, e a cui, spirando, aveva mandato la mitria.

Matilde si sentì sola come mai prima di allora, e sprofondò in una depressione che, a quanto pare, non le consentì stavolta d'interferire nella successione al Soglio.

Questa si svolse nella solita maniera affannosa. Oltre quello di Anselmo, ormai scomparso, Gregorio aveva fatto, prima di morire, il nome di altri tre papabili. I romani, rovinati dall'incursione normanna e ridotti alla fame, scelsero il candidato che sembrava più in grado, per la sua potenza e ricchezza, di rimettere un po' in sesto la città: Desiderio, abate di Montecassino, che non era solo un convento come oggi, ma anche la più vasta e opulenta fattoria dei dintorni. Avevano fatto però i conti senza l'oste, cioè senza lo stesso Desiderio, che non aveva punta voglia di lasciare quel comodo posto, dove viveva in pace e nell'abbondanza, amato e riverito da tutti, per cacciarsi nei guai di quella città affamata e tuttora occupata da Clemente III, il Papa dell'Imperatore, e dai suoi lanzichenecchi tedeschi. Si disse pronto a mettere a disposizione dei romani tutti i suoi raccolti, ma non a indossare la tiara, e stavolta non si trattava di demagogia e di falsa modestia. Era veramente deciso a tornarsene a casa. E anche quando, dopo settimane di suppliche e di minacce, ebbe accettato l'elezione e preso il nome di Vittore III, «la tiara – scrive Pietro Diacono – non ci fu verso di fargliela accettare».

Superata la propria crisi, Matilde si rifece viva quando Vittore, non avendo potuto entrare in Vaticano perché le guardie di Clemente gliene sbarravano il passo, riprese la strada di Cassino e ci rimase un anno. La Contessa lo mandò a ripescare inducendolo, con le buone e con le cattive, a rientrare a Roma. Qui si svolse una vera battaglia. Con l'aiuto dei Matildiani, Clemente fu sloggiato da San Pietro, ma si barricò nella città leonina. Vittore tentò ancora una volta di tornare a Cassino, e ancora una volta Matilde lo costrinse a riprendere il suo posto. La città rimase divisa in due e per un altro anno fu teatro di zuffe e di ammazzamenti. San Pietro, ridotta a trincea, fu conquistata e perduta quattro volte. Alla fine lo svogliato Vittore se ne tornò definitivamente a Cassino, e ci morì.

Come successore, una quarantina di Vescovi, Cardinali e Abati, sostenuti dalle milizie di Matilde, scelsero il Vescovo francese di Ostia, Ottone di Lagéry, che prese il nome di Urbano. Non sappiamo se la Contessa lo conosceva. Ma certamente lo favoriva perché anche lui veniva da Cluny, ne portava addosso lo zelo puritano, incarnava la Chiesa assoluta e la Fede militante. Era così povero e frugale che, anche dopo aver indossato la tiara, seguitò a vivere di elemosine, e a procurargli il cibo dovettero provvedere le signore romane. La lotta con Clemente, tuttora trincerato nella città leonina, continuò. Ma con prospettive assai diverse perché Matilde era decisamente passata alla controffensiva.

L'irriducibile Contessa aveva ordito contro Enrico il peggiore dei colpi. Lo scomunicato Imperatore non si era fatto vivo perché stava cercando penosamente di ricucire il proprio potere sui ribelli feudatari d'Italia e di Germania. E per garantire la continuità della sua dinastia, vagheggiava di far conferire il titolo di Re d'Italia al suo primogenito Corrado. Matilde invitò a Canossa quel ragazzetto, cui pare che quella prospettiva avesse un po' montato la testa, e lo circuì facendogli balenare la possibilità di una corona cui non corrispondesse solo un titolo, ma un'effettiva autorità sulla Penisola.

Il giovane non seppe resistere al miraggio. E nel 1093 Matilde e altri Signori ostili all'Impero inscenarono una sontuosa cerimonia a Monza, dove l'Arcivescovo di Milano pose il ferreo monile di Teodorico sulla testa del Principe che, da successore, si trasformò così in rivale del-padre. Enrico, che adorava quel figlio in cui aveva riposto tutte le sue speranze, ne fu mortalmente ferito. E ad aggravare il trauma venne la fuga della sua seconda moglie, la principessa russa Prassede, che abbandonò il marito per raggiungere il figliastro a Canossa, covo della mortale nemica di suo marito.

Ne seguì una violenta campagna di reciproche accuse. Prassede, per giustificare il proprio gesto, disse che Enrico l'obbligava per libidine a prostituirsi ai propri paggi. Enrico ritorse che a prostituirsi era lei, volontariamente e incestuosamente, con Corrado. Forse erano fandonie da una parte e dall'altra. Ma discreditarono tutti i protagonisti e ne affrettarono la catastrofe.

Prassede, dopo un po', tornò in Russia dove pare che si chiudesse in un convento a finirvi i suoi giorni. Corrado fece presto ad accorgersi che la sua corona valeva meno del rozzo metallo in cui era intagliata. Papa Urbano, per compensarlo della sua fellonìa, venne apposta a Cremona per conferirgli anche il titolo d'Imperatore romano, da cui la Chiesa considerava Enrico decaduto. Matilde assisté tripudiando alla scena del giovane che teneva umilmente la staffa del Pontefice per aiutarlo a scendere da cavallo. Il piccolo Imperatore di cartapesta, che gl'italiani ribattezzarono spregiosamente «Cono», non aveva neanche un plotone, e per mangiare faceva l'ospite di professione presso questo o quel Signore. Per trarlo dai guai economici, Urbano gli combinò un buon matrimonio con la figlioletta di Ruggero, il Re normanno di Sicilia: la ragazza non aveva che dodici anni, ma si diceva oberata da una ricchissima dote. Il matrimonio fu fastosamente celebrato a Pisa nel 1095, ma la dote si rivelò meno sostanziosa del previsto, una miseria addirittura.

La coppia n'ebbe soltanto di che vivacchiare modestamente in un disadorno castellaccio di Borgo S. Donnino, l'attuale Fidenza. Da quella poco regale dimora, Corrado non svolse mai nessuna parte di rilievo nella politica italiana. Lì per sei accidiosi anni covò i rimorsi verso suo padre e il rancore contro Matilde che lo aveva indotto al più nero tradimento, sedotto con le più false speranze, eppoi abbandonato. Nel 1101, all'età di ventisette anni, morì. Il referto ufficiale attribuì il decesso a febbri malariche. La voce del popolo lo mise sul conto di Matilde. Ma non si vede perché costei lo avrebbe fatto sopprimere. Il povero Cono ormai non dava più fastidio a nessuno.

Quanto a Enrico, il suo calvario non era finito. Dopo la defezione del primogenito, egli aveva riposto tutti i suoi affetti e speranze sul cadetto, che si chiamava Enrico come lui. Ma nel 1104 anche il secondo figlio abbandonò il padre e passò nel campo della Chiesa, di cui disse che non poteva sopportare la condanna. Egli sorprese proditoriamente il derelitto Imperatore in viaggio verso Magonza, gli strappò con la forza la rinuncia al titolo e lo gettò prigioniero in una torre. Malgrado l'ottusa moralità di quei tempi, il gesto provocò l'indignazione delle masse popolari, che insorsero, liberarono il prigioniero e gli diedero un esercito per castigare il figlio fellone. Ma Enrico non ce la fece. Stroncato da tante sciagure, morì prima d'impegnare battaglia con l'usurpatore, a Visè, nel 1106. Spirando, chiese i sacramenti. E il suo confessore gliel'impartì.

Anche Urbano in quel momento era morto, da ben sette anni. Ma da trionfatore, alla testa di una Chiesa così forte e prestigiosa che aveva potuto lanciare tutto il mondo cristiano, unito nel suo nome, nella più poetica avventura, religiosa e militare, di tutt'i tempi: la Crociata

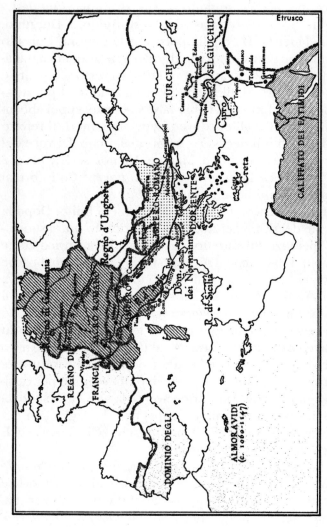

Prima Crociata (1096-1099). Due corpi di spedizione: Goffredo di Buglione da Buillon (Belgio); Baldovino di Fiandra, cui si uniscono Boemondo e Tancredi, da Vezelay.

CAPITOLO OTTAVO

LA PRIMA CROCIATA

Nel 1088, riferisce una vecchia cronaca, un pellegrino di ritorno dalla Terrasanta, Pietro l'Eremita, portò al papa Urbano una lettera di Simeone, Patriarca di Gerusalemme. In termini drammatici, vi si descrivevano le persecuzioni dei musulmani contro il gregge cristiano e s'invocava l'aiuto di Roma.

I musulmani non erano gli Arabi. Erano i Turchi. Questa popolazione mongolica, di pastori nomadi e di guerrieri ferocissimi, si era lentamente spostata nei secoli, alla ricerca di pascoli e di preda, dalle steppe asiatiche al Caucaso. Qui si erano trovati in contatto con gli Arabi, allora in piena frenesia espansionistica. E alcuni di essi, convertitisi all'Islam, si erano arruolati sotto le sue bandiere come mercenari. Con le qualità militari che li distinguevano (e che ancora li distinguono), avevano fatto splendide carriere. Una loro dinastia, quella dei Selgiuchi, si era poi ribellata al Califfo di Bagdad, aveva fondato un Emirato indipendente in Asia Minore, e nel 1070 si era impadronita di Gerusalemme.

Gerusalemme, fino a quel momento, era stata trattata dagli Arabi come una specie di «città aperta». Essi si erano mostrati molto tolleranti verso le altre due religioni – quella ebraica e quella cristiana – che lì avevano la loro culla, e ne avevano rispettato le sinagoghe e le chiese. Ma i Selgiuchi erano neòfiti dell'Islam, vi portavano un fervore bigotto e uno zelo intransigente. La persecuzione incrudelì. E le vittime si rivolsero invano a Costantinopoli, cui la provincia aveva appartenuto prima della conquista araba.

Ridotto a un cantuccio di Asia Minore, l'Impero d'Oriente incontrava già parecchie difficoltà a mantenere la propria indipendenza. Bulgari e Russi erano dilagati nelle sue province europee. E i Selgiuchi, istallatisi da padroni a Edessa, Antiochia, Tarso e Nicea, si erano ormai affacciati sul Bosforo. L'esercito imperiale, mandato a sloggiarli, era stato annientato a Manzikert. Gerusalemme ormai era isolata dalla sua vecchia capitale. E il suo Patriarca, sebbene lo scisma avesse fatto di lui un eretico agli occhi di Roma, si rivolse al Papa.

L'idea di una spedizione in Terrasanta per la conquista della patria di Gesù aveva già tentato altri Pontefici. Silvestro II, che da buon tedesco amava programmare in grande, ne aveva anche bandita una che, mal preparata e diretta, era abortita in Siria subito dopo il Mille. Gregorio VII ne avrebbe certamente lanciata un'altra, se la lotta con Enrico IV glielo avesse consentito. «Preferirei rischiare la vita per la liberazione dei Luoghi Santi – aveva detto – che regnare sull'universo». Insomma, il progetto non era nuovo. La lettera di Simeone gli ridiede attualità. Ma forse a rendere allettante l'appello ci furono anche altri motivi.

Il primo era di carattere strategico. Sebbene i suoi Califfi fossero ormai dediti più alle arti che alla guerra, l'Islam incombeva sempre dal Medio Oriente, dall'Africa e dalla Spagna, come una minaccia sull'Europa cristiana. Per quanto scarse fossero a quel tempo le nozioni di geografia, era abbastanza chiaro che se Costantinopoli cadeva, cadevano i Balcani, dove sarebbe stato più difficile fermare la mareggiata, ora che i Selgiuchi le avevano ridato mordente. Meglio quindi bloccarla sulle basi di partenza asiatiche, prendendo l'iniziativa.

Un secondo motivo fu probabilmente di concorrenza con la Chiesa greco-ortodossa. Questa sarebbe stata discreditata agli occhi di tutti i cristiani, se i Luoghi Santi, che pure le appartenevano, fossero stati liberati in nome di quella cattolica. Nelle guerre di religioni, lo scismatico, si sa, è più odiato dell'infedele. E in questo caso, combattendo l'uno, si debellava l'altro.

Un terzo motivo erano le ambizioni delle Repubbliche Marinare italiane, Genova, Pisa, Amalfi, ma soprattutto Venezia che, già padrone del Mediterraneo occidentale, volevano diventarlo anche di quello orientale, tuttora dominato dalle flotte musulmane. Erano in giuoco i commerci fra l'Est e l'Ovest: la più ghiotta delle poste.

Ma naturalmente nessuna di queste sollecitazioni fece capolino nell'infiammata oratoria di Urbano. Quel Papa francese era un grandissimo tribuno e conosceva i suoi polli. Sapeva che l'impresa era rischiosa e che un suo fallimento sarebbe stato un duro colpo per il prestigio della Chiesa. Bisognava quindi presentarla come voluta da Dio e senz'altro obbiettivo che di rendere servizio a Lui.

Nel 1095, a un concilio di Vescovi a Piacenza, i messi di Bisanzio chiesero a nome dell'Imperatore Alessio l'aiuto dell'Occidente contro i Selgiuchi. Era già un trionfo morale per il cattolicesimo. Urbano sostenne vigorosamente la richiesta e se ne fece il portavoce. Per tutto l'anno, instancabilmente, batté l'Italia e la Francia predicando la Crociata dai pulpiti di tutte le chiese. L'entusiasmo si propagò di città in città. Quando il Concilio Ecumenico si riunì a Clermont Ferrand per le decisioni definitive, migliaia di persone accorsero da ogni parte, piantarono le tende, e attesero. Urbano diede il grande annuncio a una vasta folla inginocchiata. Descrisse a tinte apocalittiche le persecuzioni musulmane contro i fratelli cristiani di Gerusalemme. Ricordò ai francesi, stuzzicandone l'orgoglio, che essi erano i figli prediletti del Signore. Rammentò loro l'antica epica lotta contro l'Islam di Spagna, Carlomagno, Rolando, il sangue di Roncisvalle che tuttora aspettava un vendicatore. Li invitò a dimenticare il resto: le loro inutili vanità e discordie, i loro meschini interessi, le loro proprietà, perfino le loro famiglie. Qualcosa di più grande, disse, vi aspetta: la liberazione del Santo Sepolcro e insieme quella delle vostre coscienze dai peccati che le macchiano. Chiunque si arruoli per questa impresa, concluse, si è guadagnato il Regno dei Cieli.

La folla inginocchiata rispose: «*Dieu li volt*», Dio lo vuole. E i nobili lì presenti, prosternandosi ai piedi del Papa, fecero solenne rinuncia ai propri beni per consacrarsi unicamente al servizio di Dio.

Urbano seguitò a predicare per mesi e mesi, suscitando proprio una febbre da Crociata. Essa snidò dai loro conventi monaci ed eremiti che accorsero per rivestire l'uniforme dettata da Urbano, e d'altronde molto somigliante al loro saio: una specie di sacco con cappuccio e una croce disegnata sul petto. Perfino Roma, di solito così renitente a questi fervori e suggestioni, stavolta ne fu contagiata e accolse Urbano, al suo ritorno, con oceaniche e deliranti manifestazioni.

Il primo pericolo che minacciò la Crociata fu l'entusiasmo dei suoi zelatori. Urbano ne aveva rimandato all'anno dopo la partenza per dar tempo ai capi di elaborare un piano. Ma bande di impazienti mossero per conto proprio, e mezza Europa ne fu messa a soqquadro. Fra di essi c'erano di certo gli infervorati di Dio. Ma forse più numerosi erano quelli sospinti da più terrestri moventi. C'erano i servi cui era stata promessa la libertà. C'erano i contribuenti che stavano per perderla per via delle tasse, da cui l'arruolamento li esentava. C'erano i criminali cui si consentiva di commutare la condanna, anche di morte, nel servizio a vita in Palestina. C'erano i mercanti attirati dalla prospettiva di qualche buon affare. C'erano i fannulloni e gli spostati in cerca di una «cinquina». Ma c'erano soprattutto gli uomini cui sorrideva l'avventura: cadetti di famiglie nobili, specialmente normanne, smaniosi di conquistare un titolo e di diventare a loro volta capostipiti, e Cavalieri senza impiego ora che specialmente in Francia l'anarchia feudale stava per cedere il posto all'ordinamento statale che sottraeva la guerra alla libera iniziativa.

Una turba di 12.000 persone prese avvio nel marzo sotto la guida di Gualtiero Senzadenaro (e il nome dice tutto) e di Pietro l'Eremita, colui che aveva portato la lettera di Simeone a Urbano. Un'altra di 5.000 partì dalla Germania al comando del prete Gottschalk. Una terza scese dalla Renania, sotto i vessilli del Conte di Leiningen. Non avevano servizi logistici, né oro, né idee chiare sugl'itinerari da percorrere. Alla vista di Praga, chiesero se quella era Costantinopoli. La risposta negativa li deluse e irritò, anche perché non avevano più nulla da mangiare. Trattarono ugualmente la città come se fosse stata preda bellica, e per giustificarsene di fronte a Dio gl'immolarono le comunità ebraiche: tanto, erano «infedeli» anche quelli. Le popolazioni reagirono chiudendo le porte dei borghi. E i Crociati se ne rivalsero saccheggiando il contado. Non era un esercito. Erano delle orde. Vi erano intruppate anche le mogli e i bambini perché le donne avevano saputo che, vestite da Crociati, c'erano anche molte prostitute cui non volevano lasciare il campo.

Come Dio volle, questa nuvola di cavallette raggiunse Costantinopoli. Alessio si mise le mani nei capelli, e per disfarsene mobilitò la flotta per traghettare oltre il Bosforo gl'incomodi alleati. Raccomandò loro tuttavia di aspettare rinforzi, prima di prendere iniziative. Ma quei disperati, forse a corto di vettovaglie, marciarono ugualmente su Nicea. La guarnigione turca non ebbe difficoltà a aggirarli e annientarli. Gualtiero fu ucciso. Fra i pochi scampati ci fu Pietro l'Eremita che, deluso e disgustato, piantò tutto e tornò a casa.

Frattanto l'esercito vero si era ammassato. Fra i suoi capi non c'era nessuno dei grandi Sovrani d'Europa, né Filippo I di Francia, né Guglielmo II d'Inghilterra, né l'imperatore Enrico IV, anche perché tutti per una ragione o per l'altra scomunicati. In compenso c'era il fior fiore della cavalleria francese, perché francese era la Crociata a cominciare dal Papa che l'aveva predicata. Non per nulla nel vicino Oriente ancor oggi gli europei sono chiamati «i Franchi». C'era il duca Goffredo di Buglione, c'era il conte Boemondo di Taranto, figlio di Roberto il Guiscardo, c'era suo nipote Tancredi d'Altavilla, c'era il conte Raimondo di Tolosa.

Nemmeno costoro somigliavano molto ai puri e disinteressati eroi che più tardi il Tasso doveva celebrare nella *Gerusalemme Liberata*. Tuttavia erano esperti e prodi condottieri. E il loro fervore religioso era sincero, anche se coabitava con altri moventi e ambizioni. Mezzo monaco e mezzo soldato, Goffredo era convinto che l'unico modo di guadagnarsi il paradiso fosse quello di spedire all'inferno quanti più infedeli si poteva. E questo fanatismo fece di lui un capo crudele e in molti casi ottuso. Boemondo non aveva, quanto a coraggio e sagacia militare, nulla da invidiare a suo padre Roberto. Ma, più che a liberare il Santo Sepolcro, pensava da buon normanno a procurarsi un Reame in Palestina. Tancredi era forse il meno calcolatore. A lui piaceva l'avventura per l'avventura e aveva tutto per diventarne il protagonista: l'atletica bellezza, la spavalderia, la generosità, la teatralità. È giusto che il Tasso ne abbia fatto l'Eroe del suo poema. Quanto a Raimondo, che aveva già combattuto contro i musulmani in Spagna, la sua pietà era in continua lotta con l'avarizia, e non sempre ne usciva trionfante. Forse era questa contraddizione che lo rendeva così spigoloso e irascibile.

La concordia di questi uomini, da cui dipendeva l'esito della spedizione, fu subito messa a dura prova dalla proposta di Boemondo di cominciare la guerra da Costantinopoli, impadronendosene. Goffredo, che godeva autorità di capo, rifiutò. Ma l'idea rimase nell'aria, e l'imperatore Alessio dovette averne qualche sentore. La raffinata e imbelle società bizantina accolse senza simpatia quei Cavalieri dal grande nome ma semianalfabeti e di modi rozzi. Costoro rimasero stupefatti, ma anche scandalizzati dal lusso di quelle case, di quelle chiese, di quella gente ai loro occhi effeminata. Ognuna delle due parti sospettava l'altra di duplicità. Probabilmente c'era anche un grosso malinteso. Alessio si era rivolto all'Occidente per chiedere solo dei rinforzi. E si vedeva piovere addosso un esercito, di cui ora si sentiva prigioniero. Più che a liberare Gerusalemme, badò a liberare se stesso, e lo fece con bizantina diplomazia. Offrì generosamente provviste, sussidi, mezzi di trasporto alle truppe, e versò laute mance nelle tasche dei quattro comandanti, esigendone in cambio l'impegno a riconoscere la sua sovranità su tutte le terre che essi avrebbero liberato. Addolciti dall'oro, i quattro comandanti giurarono. E ai primi del 1097 presero il via fra acclamazioni, crediamo, molto più sincere di quelle che li avevano accolti all'arrivo.

Non erano più di 30 mila uomini, ma trovarono un valido aiuto nelle rivalità che dividevano il campo nemico. La vecchia dinastia araba dei Fatimidi, ch'era stata rovesciata dai Selgiuchi, fece il giuoco dei Crociati, e l'Armenia si ribellò alleandosi con loro. Nicea si arrese dopo breve assedio, e di lì la marcia riprese su Antiochia. Un esercito turco fu battuto in una sanguinosa battaglia. Ma il nemico più duro non era quello. Erano il caldo e la sete che gli europei incontrarono sulle petraie dell'Asia Minore. Era luglio, e bisognava battere cinquecento miglia in quel deserto, su cui furono seminati molti cadaveri di uomini, di donne e di cavalli.

Sul Tauro sembrò che l'impresa dovesse arenarsi per dissoluzione. Raimondo, Boemondo e Goffredo si spartirono l'Armenia, ognuno badando a occupare la propria fetta e a fondarvi un Reame. Baldovino, fratello di Goffredo, si appropriò Edessa e vi fondò il primo Principato Latino dell'Est. Ma la truppa mostrò tale malcontento verso i suoi capi, che costoro ricomposero i ranghi e ripresero la marcia.

Chiusa nelle sue mura, Antiochia resistette per otto mesi.

E a salvare gli assedianti affamati fu lo zucchero, ch'essi allora conobbero per la prima volta. Tuttavia i disagi avevano abbattuto il morale. Sicché, quando giunse notizia dell'imminente arrivo di un'armata turca, molti Crociati disertarono. L'imperatore Alessio, che accorreva di rinforzo col suo esercito, incontrò questi sbandati, credette che fossero i resti di una battaglia già persa, e tornò indietro per difendere l'Asia Minore. I Crociati non credettero all'equivoco, lo presero per un tradimento, e non glielo perdonarono.

Essi frattanto erano rimasti vincitori grazie a due miracoli, uno vero e uno finto. Il primo fu la resa di Antiochia pochi giorni prima che l'armata turca arrivasse. Il secondo fu quello inscenato da un prete di Marsiglia, Bartolomeo, che per ridare fiducia ai suoi disse di aver trovato la lancia che aveva trafitto Gesù. Alla vista di quella reliquia, i Crociati ritrovarono il loro impeto aggressivo e riportarono una vittoria decisiva. Solo dopo ci ripensarono e accusarono di frode Bartolomeo, che chiese la prova del fuoco per dimostrare la sua innocenza. Si gettò correndo dentro una pira e ne riemerse apparentemente salvo. Ma l'indomani mattina lo trovarono stecchito nel suo giaciglio.

Antiochia diventò la capitale di un secondo Principato Latino che venne assegnato a Boemondo. Secondo il giuramento questi dapprima lo governò in nome dell'Imperatore. Ma poi si dichiarò, come Baldovino, esentato da ogni impegno di vassallaggio.

Non erano più di 12 mila i Crociati che nel luglio del 1099, dopo tre anni di campagna, si accamparono sotto le mura di Gerusalemme. La loro commozione alla vista della sacra città si trasformò in stupore quando la guarnigione musulmana si dichiarò pronta a trattare un armistizio. Quella guarnigione non era turca, ma araba, perché l'anno prima Gerusalemme era stata ritolta ai Selgiuchi dai Fatimidi, che non avevano mai avversato i Franchi. Ma costoro non intesero ragioni forse perché pensarono che un finale negoziato e incruento avrebbe rovinato l'epopea. E chiesero la resa senza condizioni.

I difensori – un migliaio d'uomini in tutto – resistettero quaranta giorni. Poi capitolarono. «E allora – riferisce un testimone oculare, Raimondo di Agiles, famoso per il suo zelo e la sua pietà – si videro cose meravigliose. I musulmani furono decapitati, o trafitti di frecce, o gettati giù dalle torri. Altri furono torturati per giorni e giorni, e poi bruciati. Le strade erano lastricate di teste, di mani e di piedi mozzi.»

Queste cose meravigliose durarono fino a consumazione completa dei 70 mila abitanti di Gerusalemme, ivi compresi gli Ebrei. Costoro furono ammassati e arrostiti dentro le sinagoghe. Poi i Crociati si riunirono nella grotta del Santo Sepolcro che aveva ospitato i resti del Signore venuto al mondo per predicare la misericordia, e lì piansero di gioia sentendosi finalmente degni di Lui.

Goffredo di Buglione, che di quei masnadieri era certamente il migliore, diventò in pratica il padrone di Gerusalemme in qualità di «difensore del Santo Sepolcro». Onorò il suo titolo battendo un'armata araba venuta alla riscossa, e lo lasciò al fratello Baldovino che gli preferì quello di Re.

Questo «Regno Latino di Gerusalemme» durò fino al 1143, diviso in quattro Principati: Gerusalemme, Antiochia, Edessa e Tripoli, che si resero sempre più autonomi sino a farsi delle piccole guerre tra loro. Il clero greco-ortodosso fu cacciato e sostituito con quello cattolico reclutato in speciali ordini allo stesso tempo religiosi e guerrieri: i Cavalieri Teutonici, i Templari e gli Ospitalieri. Ma questa è una vicenda che esula dal nostro tema. Quelli che a noi interessano sono soprattutto gli effetti che la Crociata ebbe sulla politica, sulla società e sul costume dell'Occidente, e specialmente dell'Italia. Cerchiamo di riassumerli rapidamente.

Il primo e più immediato fu l'apertura del Mediterraneo orientale alle flotte e ai traffici di Venezia e di Genova. Con uno scarso contributo di navi per i servizi logistici della Crociata, le due Repubbliche avevano fatto un grosso affare. Poterono compilare eccellenti carte geografiche di quei mari e di quelle coste, istallare fondachi sul Bosforo e in Mar Nero, e avviare traffici.

Ma molto più importanti furono le conseguenze indirette sul piano politico, sociale e del costume. Anzitutto, l'impalcatura feudale ne usciva dovunque indebolita. Per finanziare la spedizione, l'aristocrazia, che n'era stata la vera protagonista, aveva venduto i propri possedimenti o li aveva ipotecati a profitto di una nascente borghesia di banchieri. La terra aveva dovuto essere barattata in denaro. E il denaro era l'arma dei ceti urbani e mercantili contro la nobiltà terriera. Per di più molti coloni, già ridotti allo stato di servi della gleba, per arruolarsi sotto la bandiera del loro Signore, ne avevano ottenuto in cambio l'affrancamento del podere. E molti feudi si erano così sgretolati.

Ma del feudalesimo si era sovvertita anche l'etica. Il Cavaliere sin allora non aveva riconosciuto altro impegno di vassallaggio che al suo Signore. Con l'arruolamento nella Crociata, aveva contratto un altro obbligo, ancora più alto: quello verso Dio. Nell'alto Medio Evo non ci poteva essere incompatibilità fra il vassallaggio temporale e quello spirituale: la Chiesa non era mai diventata un ufficio di reclutamento militare, non aveva mai bandito «guerre sante», non ne aveva mai combattute materialmente. Il primo a fare eccezione a questa regola millenaria era stato Leone IX, che aveva guidato un proprio esercito contro i Normanni, e ciononostante era stato santificato. Fu il primo caso di «Crociata», ma contro dei cristiani. E finì male perché i Normanni sconfissero il Papa e lo presero prigioniero. Ma fu la Crociata vera che istaurò la nuova regola. I Cavalieri che partirono per la Terrasanta si erano arruolati sotto le bandiere di Cristo, un Cristo per la prima volta militare e conquistatore. La loro lealtà andava prima di tutto a Lui e a chi lo rappresentava in terra, cioè si spostava dall'autorità laica a quella ecclesiastica.

Un secondo vantaggio la Chiesa lo trasse sul piano economico. Essa si era assunta il compito di reclutare l'esercito e di organizzare i servizi. Per procurarsene i mezzi, il clero aveva reclamato e ottenuto dalle autorità temporali il diritto di tassare la popolazione. Non ci andò con mano leggera. Le esazioni furono così esose che provocarono forti risentimenti da parte delle vittime. Fu il primo seme di quell'odio contro la Curia romana che qualche secolo dopo doveva contribuire alla Riforma protestante. Ma per allora quel rastrellamento di oboli fece della Chiesa la più forte potenza economica d'Europa. Gli oboli non andarono tutti alla Crociata. La maggior parte rimasero nelle tasche degli esattori. Arcivescovati e Monasteri se ne impinguarono.

Lo spirito di Crociata sopravvisse anche dopo la fine dell'impresa. D'allora in poi tutt'i pretesti furono buoni per lanciarne, non solo contro i musulmani, ma anche contro i cristiani eretici. Ci fu quella contro gli Slavi nella Germania orientale, quella contro gli Albigesi, e perfino, come vedremo, quella contro i tedeschi Hohenstaufen. Da questo momento infatti gli specialisti di diritto canonico cominciano a elaborare la teoria della «guerra giusta». Per essere giusta, una guerra bastava che fosse dichiarata o sostenuta dal Papa.

La Crociata fu insomma un grosso trauma. I reduci ne tornarono con un concetto della civiltà musulmana assai diverso da quello con cui erano partiti. In molte cose l'avevano trovata superiore e più tollerante di quella cristiana e ne importarono in Europa le testimonianze: il compasso, l'arte della stampa e del vetro, i tappeti, le spezie, nonché il costume, che molti di loro avevano adottato, di radersi. Attraverso i loro racconti, molte parole arabe e le favole orientali giunsero all'orecchio dell'Occidente.

Non era che un seme. Ma fiorì.

CAPITOLO NONO

WORMS

Mentre in Terrasanta si svolgeva la Crociata, in Occidente la lotta delle investiture aveva ripreso con più furore di prima.

Enrico V, che si era ribellato al padre perché – aveva detto – non poteva sopportare la scomunica, appena poté, ne ricalcò puntualmente le orme. E stavolta non aveva di fronte un uomo della tempra di Gregorio né la Deborah toscana che ne aveva sostenuto la causa con fanatico zelo. La grande Contessa viveva ancora, appollaiata nel suo castello di Canossa. Ma l'età e gli acciacchi non le consentivano più di salire a cavallo. E sulla cattedra di S. Pietro sedeva un timido presule, Pasquale II.

Costui forse non avrebbe nemmeno osato riaprire la partita se non vi fosse stato provocato da Enrico che aveva riempito i Vescovati e gli Arcivescovati del suo Paese di uomini suoi senza chiederne a Roma l'autorizzazione: la Chiesa tedesca si avviava a diventare, cioè a ridiventare una Chiesa di Stato come quella orientale.

Pasquale non protestò direttamente. Ma, spintovi dal partito gregoriano tuttora fortissimo nella Curia, iniziò un giro di propaganda presso i grandi Signori laici dell'alta Italia per garantirsi il loro appoggio in caso di bisogno, e andò a Parigi a sollecitare anche quello del Re di Francia. Qui anzi tenne, a Chalons-sur-Marne e a Troyes, due concili in cui perentoriamente si ribadiva l'esclusivo diritto del Papa all'investitura dei Vescovi: regola che un terzo concilio, tenuto in Laterano nel 1110, dichiarò, come si direbbe oggi, «irrinunciabile».

Enrico rilevò il guanto di sfida, e nell'autunno di quello

stesso anno calò in Italia con trentamila armati e un folto codazzo di amministratori e di giuristi destinati, nelle sue intenzioni, a governare in suo nome le città italiane. Le accoglienze furono quelle che l'Italia sempre riserba al padrone straniero, quando è forte. Vercelli lo ricevette come un sovrano. Novara, che accennò a fare qualche resistenza, fu privata per castigo delle sue mura, e l'esempio bastò a disarmare i recalcitranti. Secondo un versaiòlo del tempo, Donizone, Milano negò a Enrico onori e denaro. Ma nelle cronache si legge invece che l'accoglienza fu festosa, e fastosa la cerimonia della imposizione della ferrea corona di Re d'Italia sulla testa dell'Imperatore da parte dell'arcivescovo Crisolao.

Anche la terribile Contessa stavolta si mostrò ragionevole. Sentendosi invecchiare, essa aveva nel frattempo cercato di associarsi un uomo al potere. Dapprima si era comprato come marito un giovanissimo duca, Guelfo, che aveva trenta anni meno di lei, già cinquantenne, e gli aveva dato il titolo di Marchese di Toscana. Ma naturalmente anche questo secondo matrimonio non era durato. Dopo un paio d'anni Guelfo aveva disertato quella moglie ingombrante per passare nel campo nemico. E c'e da compatirlo. Ora la Contessa aveva al fianco un altro uomo: Guido Guerra. Ma, invece di sposarlo, più saggiamente lo aveva adottato come figlio. E una volta tanto aveva scelto bene: Guido veniva da una famiglia della piccola nobiltà terriera e militare del Casentino, di origine longobarda o franca. Non sapevano fare che la guerra. Ma quella la facevano così bene che Guerra era diventato addirittura il loro cognome, mentre come pseudònimo portavano ancora quello di «Bevisangue» che si era guadagnato un loro antenato, per quali meriti è facile immaginare.

Guido, la cui casata d'allora in poi doveva svolgere una parte sempre più cospicua nella storia della Toscana, ebbe da Matilde il titolo di Margravio e probabilmente la promessa di conservarlo come feudatario del Papa quando, come disponeva il testamento della Contessa, la Toscana sarebbe diventata parte degli Stati della Chiesa. Ma il testamento, lo abbiamo già detto, non era valido, perché la Toscana era feudo dell'Impero, e all'Impero doveva tornare in caso di vacanza. È quindi molto probabile che Guido stesso inducesse Matilde ad annacquare la sua ostilità a Enrico, di cui domani egli poteva aver bisogno per farsi convalidare il titolo. Comunque è accertato che a Parma un'ambasceria di Canossa venne incontro all'Imperatore per assicurargli che la Toscana lo avrebbe accolto come un sovrano. Enrico reciprocò con fredda cortesia confermando i diritti di Matilde sulle sue terre, ma senza impegnarsi per il successore.

Effettivamente la marcia dell'esercito tedesco incontrò pochi ostacoli. Pontremoli, un piccolo borgo, ebbe il coraggio di chiudersi a testuggine e procurò parecchi guai agl'imperiali. Ma costoro furono amichevolmente accolti da Pisa e Lucca, e la vigilia di Natale posero il campo sotto le mura di Firenze, dove lo spettacolo di quel mare di tende illuminate nel crepuscolo risuscitò il ricordo di un altro pacifico assedio natalizio: quello di Carlomagno, che tre secoli prima era passato di lì. «Con dimostrazioni straordinarie di gioia e con giubilo infinito – dice un cronista – Enrico solennizzò a Firenze la nascita di Nostro Signore. E i cittadini non avevano mai assistito a una festa di tanto splendore e così piena di onori.»

Resistenze, l'Imperatore non ne incontrò ancora che ad Arezzo, ma per motivi che non avevano nulla a che fare con le investiture. Gli aretini si erano ribellati al loro Vescovo che, arroccato nel castello di San Donato fuori delle mura, pretendeva tenere in soggezione la città e ostacolare lo sviluppo dei suoi liberi istituti comunali. Gli avevano distrutto la residenza e l'avevano obbligato a stabilirsi nel centro urbano. Avvicinandosi Enrico, gli mandarono un'ambasceria per chiedergli di riconoscere il fatto compiuto.

Enrico, che veniva a Roma per trattare col Papa, naturalmente rifiutò. Gli aretini decisero la resistenza a oltranza. E con ciò salvarono la loro dignità, ma non le loro vite e le loro case. Torri e mura vennero abbattute, il resto dato alle fiamme. L'esercito imperiale, riprendendo la sua marcia, si lasciò alle spalle un cumulo di fumanti macerie.

A Roma, l'Imperatore ebbe il tatto di non entrare. Si acquartierò a Sutri, e lì il Papa gli venne incontro per discutere l'accordo e il rituale dell'incoronazione. Fu una trattativa lunga e difficile. Alla fine fu stabilito che il rito si sarebbe svolto in San Pietro il 12 febbraio (1111), che l'Imperatore avrebbe rinunciato a nominare i Vescovi e che costoro, a loro volta, avrebbero rinunciato a tutti i privilegi temporali di cui l'Impero li aveva investiti e su cui si basava la loro potenza politica ed economica. In parole povere, il potere laico diceva a quello religioso: «I Vescovi sono tuoi, ma smettano d'interferire negli affari miei».

Naturalmente ai Vescovi tedeschi questa soluzione non piacque. E fu certo per le loro mene che il 12 febbraio, sul più bello del rito che si stava svolgendo in tutta la sua solennità, Enrico lo interruppe alla lettura dei patti già concordati e che ora dovevano essere firmati, dicendo che prima doveva interpellare i suoi dignitari. Costoro rifiutarono l'accordo. Il Papa a sua volta si rifiutò di continuare l'incoronazione. E la cerimonia finì in un parapiglia coi Duchi tedeschi che, sguainata la spada, arrestavano Pasquale, e i soldati e i popolani che fraternizzavano nel comune impegno di saccheggiare vasi e paramenti.

Il Papa restò prigioniero due mesi, durante i quali Roma fu teatro di zuffe e ruberie. Poi si arrese senza condizioni. Riconobbe all'Imperatore il diritto d'investire i Vescovi, e si rassegnò a incoronarlo il 3 aprile.

Enrico ripartì da trionfatore, ma in Laterano scoppiò il finimondo. I gregoriani parlarono di tradimento e di eresia. «Tu non hai concesso un privilegio. Hai commesso un pravilegio!» gridarono al povero Pasquale, che fu costretto a ritrattarsi. Messi furono spediti in Germania, dove Enrico era frattanto tornato, per avvertirlo che l'accordo era invalido perché estorto con la violenza, e che le investiture imperiali sarebbero state considerate nulle.

Si ricominciava.

Telecomandati da Roma, i monaci e il basso clero tedeschi, ch'erano a diretto contatto delle masse, vi seminarono la ribellione. Enrico ebbe il suo daffare a domarla. Ma appena vi fu riuscito, riprese la via delle Alpi alla testa di un altro esercito, la cui robustezza lo esentò dal farvi ricorso. Ricevette l'omaggio delle città lombarde, deviò per una puntata diplomatica a Venezia, dove il Doge lo accolse con molti onori. E fece sosta in Toscana per raccogliere e regolare, non certo in conformità al suo testamento, la successione di Matilde morta l'anno prima. Egli trattò quella Contea o Marchesato (i documenti la qualificano nell'uno e nell'altro modo) come feudo imperiale, e ne investì Margravio un tedesco del suo seguito, un certo Rabodo. Costui morì poco dopo, e fu rimpiazzato da un altro tedesco, Corrado, probabilmente della famiglia bavarese degli Scheier. Insomma era chiaro che Enrico considerava l'Impero una cosa seria e l'Italia una sua legittima provincia.

Roma, donde il Papa era fuggito per rifugiarsi a Benevento, lo salutò festosamente. L'Imperatore ne percorse le strade a cavallo, con l'Imperatrice al fianco, a cavallo anche lei, fra gli applausi del popolino. E autoritariamente s'intromise nelle risse delle famiglie aristocratiche romane che, come al solito, si disputavano la successione al Soglio. Ma non poté condurre a termine la manovra perché fra i suoi soldati scoppiò un'epidemia che lo indusse a riprendere precipitosamente la via del Nord.

Altrettanto precipitosamente Pasquale tornò: in tempo per impedire l'elezione di un antipapa e per morire con la tiara addosso. Essa si era appena trasferita sulle spalle del successore, Gelasio II della famiglia Caetani, che Enrico, invertita la marcia, ripiombava su Roma. Gelasio fuggì prima a Pisa, poi a Cluny, rimasta sempre la roccaforte del puritanesimo e dell'assolutismo teocratico. Enrico gli contrappose un antipapa che prese il nome di Gregorio VIII. E fu la solita guerra di reciproci anatemi e scomuniche fino a quando Gelasio morì, lì in Francia, dove elessero come suo successore, col nome di Calisto II, l'arcivescovo Guido di Borgogna.

Era un uomo solido, coraggioso e pieno di buon senso. Comprese che non poteva trattare con l'Imperatore se non a Roma. Vi tornò scacciandone Gregorio. Alla meglio vi rimise un certo ordine. E riallacciò buoni rapporti con l'alto clero tedesco, che in fondo rappresentava la posta del giuoco. Esso voleva salvare i suoi privilegi. Calisto glieli garantì in cambio della collaborazione al raggiungimento di un concordato.

Una intesa preliminare fu raggiunta a Wurzburg nel 1121. L'anno dopo il Papa e l'Imperatore s'incontrarono a Worms dove i patti vennero siglati. L'Imperatore rinunciava all'investitura diretta. La Chiesa dal canto suo consentiva che in Germania Vescovi, Arcivescovi e Abati fossero eletti dal clero locale, ma in presenza di un delegato imperiale cui, in caso di dissensi, spettava la scelta definitiva. L'Imperatore poi si riservava la facoltà di dare al prescelto un'investitura laica con la concessione di beni e dei diritti connessi.

Era, per la Chiesa, una ritirata dalle posizioni estreme di Gregorio. Con qualche giro di parole per salvare la faccia, essa riconosceva sostanzialmente la dipendenza dell'alto clero dal buon volere imperiale. Ma solo per la Germania. Calisto aveva compreso che la situazione non consentiva di vincere. Permetteva solo di limitare la sconfitta in attesa che la situazione cambiasse e il tempo si mettesse al meglio per la Chiesa e al peggio per l'Impero.

Enrico non sopravvisse che tre anni al trattato di Worms. Nel 1125 morì a Utrecht e volle essere sepolto a Spira accanto al padre, di cui aveva tradito l'affetto e continuato la politica.

CAPITOLO DECIMO

LA SECONDA CROCIATA

L'aristocrazia tedesca aveva largamente approfittato della lotta in cui Enrico IV si era trovato coinvolto col Papato per rendersi sempre più indipendente dal potere centrale. E alla morte di Enrico V, che non lasciava eredi, gli aveva dato il colpo di grazia sostituendo al principio ereditario quello elettivo. D'allora in poi chiunque volesse cingere la corona di Re di Germania e di Sacro Romano Imperatore doveva contrattarla coi protervi feudatari del suo Paese. E le *Diete* tedesche dove si procedeva a quella elezione rivaleggiarono, quanto a manovre e intrallazzi, coi Conclavi romani che designavano il Papa.

La rivalità fra Lotario e Corrado e la loro impotenza furono appunto il frutto di questa confusione. Lotario di Sassonia fu scelto come successore di Enrico nel 1125 appunto perché aveva sempre sostenuto il principio elettivo contro quello dinastico della casa di Franconia. Ma naturalmente, appena salito al trono, si trovò prigioniero di coloro che ce lo avevano issato appunto come campione e tutore delle loro autonomie. Ora era tenuto a rispettarle. E d'altronde non era uomo da tentar di rovesciare la situazione con la forza, anche perché aveva già sessantacinqu'anni: un'età che induce più a navigare fra gli ostacoli che ad affrontarli.

Ma nemmeno contentandosi di tergiversare riuscì a regnare in pace più di tre anni. Nel 1128 Corrado di Svevia gli contestò la corona per tentare di farne l'appannaggio ereditario della sua casa Hohenstaufen.

Dapprincipio era parso che quest'impresa dovesse fallire. Il potente Duca di Baviera issò lo stendardo della lotta

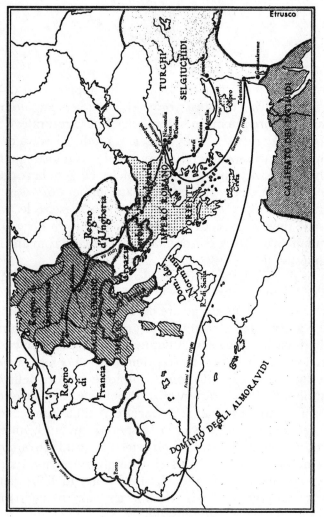

Seconda Crociata (1147-1149).

contro Corrado e il principio dinastico ch'egli incarnava. E con lui si schierarono, a favore di Lotario, buona parte dei feudatari tedeschi, a cominciare dal suo potente zio Welf. Fu anzi allora che si formarono i due grandi partiti del secolo, o che per lo meno se ne coniarono i nomi. Perché fu al grido di *Hi Welf!* che gli avversari dell'unità e del primato imperiale si lanciarono contro i suoi assertori che invece gridarono *Hi Weibling!* dal nome del castello svevo di cui gli Hohenstaufen erano originari. Queste due parole, *Welf* e *Weibling*, emigrando in Italia, vi diventarono rispettivamente *Guelfo* e *Ghibellino*.

Naturalmente la Chiesa, interessata all'indebolimento dell'Impero, fu subito per i Guelfi. Alla sua testa, ora, non c'era più Calisto, il Papa rinunciatario di Worms, ma Onorio II. Costui capì (e non ci voleva molto) che Corrado, venuto frattanto a farsi coronare Re d'Italia a Milano, avrebbe continuato la politica dei due Enrichi. Lanciò l'anatema contro di lui. E invitò Lotario a Roma.

Era un dialogo fra impotenti. Corrado, col marasma che imperversava in Germania, non aveva la forza di ridurre Onorio alla ragione. Lotario, per gli stessi motivi, non aveva quella di correre in suo aiuto. E Onorio stesso era paralizzato dalla rivalità nuovamente accesasi fra i Pierleoni suoi sostenitori, e i conti di Segni e di Ceccano. Il Papa morì nel 1130 senza che a Roma si fossero visti né Corrado né Lotario. E il Soglio fu di nuovo la posta di un giuoco di fazioni. L'antica e orgogliosa dinastia dei Frangipani, il cui stemma rappresentava un nobile a cavallo che distribuisce pane al popolo affamato, elevò al Soglio Innocenzo II. Ma sembra che l'elezione avvenisse, come lasciò scritto un Cardinale contemporaneo, «di nascosto, sotto banco e nelle tenebre».

I Pierleoni, più recente ma potentissima casata di banchieri mezzo ebrei, la invalidarono, contrapponendo a Innocenzo Anacleto II, ed ebbero la meglio in mezzo alle solite violenze.

Innocenzo fuggì, e dalla Francia inviò lettere pietose a Lotario invocandone la protezione, senza rendersi conto che quel povero Imperatore non ne aveva meno bisogno di lui. Andò anche a Liegi a scongiurarlo di persona. E Lotario si lasciò commuovere. Attraversò le Alpi, ma con un esercito «assai tenue rispetto al suo decoro», come scrisse un cronista contemporaneo. Così tenue, che gl'italiani si sentirono esentati dal rendergli omaggio, e molte città gli chiusero le porte in faccia. In Toscana egli riconobbe al Papa che lo seguiva il diritto all'eredità di Matilde, e a Roma ne fu ripagato con l'incoronazione.

Ma, appena ripartito, Anacleto riprese il sopravvento e Innocenzo la via dell'esilio. Stavolta si rifugiò a Pisa, e ci rimase fin quando Lotario tornò a prelevarlo. L'Imperatore aveva ormai settantasei anni e più che guidare si lasciava rimorchiare dai suoi, e specialmente dal suo genero, il Duca di Baviera. Costui ricevette a saldo delle sue brillanti prestazioni militari il Marchesato di Toscana, che fu così tolto al Papa. Ma non ci rimase, forse anche perché capiva che quel titolo era ormai del tutto platonico. Proseguì per Roma, dove l'impresa finì in un litigio generale. Il Papa voleva che i tedeschi scacciassero anzitutto Anacleto, trincerato in Castel Sant'Angelo e in San Pietro. Il Duca voleva una spedizione contro i Normanni di Puglia e Calabria, la fece per conto suo, e ci guadagnò soltanto un'epidemia di tifo petecchiale. Lotario non voleva nulla. Voleva soltanto riportare le sue ossa a casa, e non ci riuscì. Dopo una marcia a ritroso alla testa dei soldati febbricitanti che cadevano per strada come mosche, fra le insidie di una popolazione ostile, spirò a Trento nella bicocca di un contadino. Il Muratori ha scritto che tutti lo piansero come un sovrano esemplare per prudenza, giustizia e pietà.

Rimasto senza protettore, Innocenzo avrebbe forse perso la partita se Anacleto non fosse morto. Tuttavia dovette ancora vedersela coi Normanni, che lo ritenevano responsabile dell'incursione del Duca di Baviera nel Sud. Essi organizzarono una delle solite spedizioni punitive, presero prigioniero Innocenzo, come già avevano fatto con Leone IX, e lo rilasciarono solo quando il Papato ebbe riconosciuto una volta per tutte il Regno normanno nella sua interezza, cioè da Cassino alla Sicilia.

In Germania frattanto seguitava a imperversare la solita guerra civile. Alla morte di Lotario, Corrado era riuscito a farsi riconoscere Imperatore. Ma i bavaresi non avevano disarmato e si rifiutavano di sottometterglisi. Gl'italiani ne approfittarono per soddisfare la loro vocazione al reciproco scannamento. La Toscana vi rifulse. I senesi mossero in forze all'attacco del contado fiorentino e vi furono sterminati. Le carceri di Pisa rigurgitavano di prigionieri lucchesi e quelle di Lucca di prigionieri pisani. Questi ultimi fanno guerra a Genova e a Venezia, e ci rimettono la flotta. «Miseranda e infelice Tuscia dove le cose umane e quelle divine si confondono nel più completo disordine!» scrive l'abate Pietro di Cluny. Ma tutta la Penisola presenta lo stesso spettacolo. Modenesi e bolognesi si affrontano e si massacrano nella valle del Reno. La lotta imperversa fra Verona e Vicenza, tra Padova e Venezia, tra Venezia e Ravenna. Una vera festa all'italiana.

Anche Roma volle parteciparvi. Stanca di vedersi dilaniata dalle fazioni in lotta per la conquista del Papato, la città decise d'istituire un potere civile che potesse, all'occorrenza, mantenere e ristabilire l'ordine. O per meglio dire furono i Pierleoni, stirpe borghese e mercantile, che pensarono di opporre al patriziato di Curia un Senato laico. Il glorioso istituto repubblicano non era mai scomparso, ma aveva perso ogni funzione. I Pierleoni gliene diedero una, vi preposero uno dei loro, fratello del defunto Anacleto. E costui indirizzò una lettera a Corrado invitandolo a venire nell'Urbe e ad assumervi la corona imperiale non più in nome della Chiesa, ma di Roma.

Non era che retorica, si capisce. Ma questa retorica aveva il suo concime in un profondo sentimento di rivolta anticlericale che provocò conseguenze sostanziose, come spiegheremo più dettagliatamente nel capitolo che dedicheremo alla figura di Arnaldo da Brescia. Innocenzo concluse la sua vita in mezzo a un popolo in tumulto. Il successore Celestino II non poté mai uscire dalla fortezza dei Frangipani che lo avevano eletto. Lucio II, che di lì a poco ne prese il posto, si rivolse inutilmente a Corrado perché venisse a trarlo dalla condizione di prigioniero in cui praticamente i romani lo tenevano. Nemmeno quando al Soglio salì Eugenio III, uomo di notevole stoffa, la situazione si chiarì. E ne fanno fede le lettere che San Bernardo, l'uomo di più alto prestigio di quel tempo, inviò al popolo dell'Urbe dal suo eremo di Chiaravalle. Alcune sono di rispetto e di esortazione, altre di dispetto e di anatema. Egli tratta i romani da cialtroni, calunniatori, anarchici, fedifraghi, strumenti del Demonio. Ma non sembra che i romani se ne lasciassero scuotere. Il Senato prima ingiunse a Eugenio di ritirarsi nell'abbazia di Farfa. Poi lo mandò esule in Germania e in Francia.

E fu allora che il Papa, per riguadagnare all'estero l'autorità che aveva perso a Roma, bandì una seconda Crociata contro i musulmani tornati all'attacco del Regno cristiano di Gerusalemme.

Il colpo riuscì per una serie di favorevoli coincidenze. Sul trono di Francia sedeva un sovrano che aveva dirazzato dai suoi antenati capetingi, rimasti sin allora ligi al principio che i Re di Francia dovevano badare soltanto alla Francia. Filippo I si era rifiutato di partecipare alla prima spedizione, anzi ne aveva riso. Ma suo nipote Luigi VII si sentiva cristiano prima ancora che sovrano. Era così devoto che sua moglie Eleonora soleva dire di lui con una certa acredine: «Credevo di aver sposato un Re, e invece mi sono trovata in letto un monaco». Se n'era vendicata riempiendolo di corna. Ma l'idea della Crociata entusiasmò anche lei sia pure per ragioni ben diverse da quelle di lui. Essa ci vide, come oggi si direbbe, una «evasione», il pretesto di una bella avventura. Spinse il marito ad arruolarvisi e ce l'accompagnò, contribuendo validamente a trasformare quell'impresa in ciò che poi sfortunatamente divenne.

Ma anche Corrado sposò con fervore la causa. Un po' perché anche lui era un cristiano di sincera fede. E molto forse per motivi analoghi a quelli del promotore Eugenio. Il povero Imperatore si trovava in Germania pressappoco nelle stesse condizioni del Papa a Roma. Come costui, aveva bisogno di un successo in campo internazionale per guadagnare un po' di prestigio in patria, tuttora divisa dalla guerra civile. La Crociata gli forniva un pretesto per ottenere una tregua dai suoi indocili vassalli, ben lieti di vederlo imbarcarsi in quell'avventura.

Nel 1147, alla testa di settantamila armati, Corrado cominciò a discendere il Danubio. Al suo seguito non era venuto nessuno dei grandi feudatari tedeschi. Di personaggi importanti ce n'erano solo due: un nipotino dell'Imperatore di nome Federico, destinato a passare alla storia col nomignolo di Barbarossa e a morire in un'altra crociata; e un volontario fiorentino di nome Cacciaguida, dai cui lombi, dopo cinque generazioni, doveva nascere Dante Alighieri.

Questo forte esercito trovò ad attenderlo un contingente francese più ricco di donne, di carri per i loro complicati bagagli, e di «trovatori» per i loro divertimenti, che di soldati. Quanto agl'italiani, n'era venuto un plotone per ragioni di famiglia. Era la truppa personale del marchese di Monferrato, arruolatosi perché cognato di Corrado. Tutto il resto della Penisola era rimasto estraneo all'impresa, comprese Genova, Pisa e Venezia, che nelle Crociate si contentavano di lucrare.

L'avventura cominciò subito male, fra litigi di capi e chiacchiericci di donne. Corrado volle seguire la solita strada dell'Asia Minore, e subì una dura disfatta. Ai francesi, le navi bizantine chiesero un tale prezzo per il trasporto delle truppe che Luigi ed Eleonora dovettero rinunziare al grosso e giunsero a destinazione con poche centinaia di uomini. Baldovino III, ultimo Re di Gerusalemme, dichiarò che la riconquista della città era impossibile e diede il segnale dello sbandamento.

Questo clamoroso insuccesso ebbe gravi conseguenze per tutti: per la Fede che ne uscì indebolita, per la Chiesa che ne risultò discreditata, per l'unificazione della Francia che subì un arresto, e infine per Corrado. Costui rientrò in patria talmente umiliato da sembrare che la causa dell'Impero e della casa Hohenstaufen fosse per sempre liquidata. E invece proprio in quell'emergenza doveva trovare il suo più grande campione.

Ma prima di affrontarne la vicenda, vediamo cos'era successo nel nostro Paese e come vi erano evoluti la società e il costume.

PARTE SECONDA
LA SCENA ITALIANA

CAPITOLO UNDICESIMO

«VICINANZE» E «POPOLI»

Apriamo la finestra sul paesaggio di un tipico «Comitato» italiano, quello di Firenze-Fiesole, che può fare da «campione» di tutta la penisola. Le sue dimensioni non superano quelle di un moderno circondario. Eppure nella sua ristretta area si affollano in quest'epoca oltre duecento castelli: ogni altura ne ha uno, arrampicato sul cocuzzolo, con le sue mura arcigne, la sua torre di guardia, il suo ponte levatoio. L'inquilino è un vassallo del Margravio di Toscana. Egli amministra il suo distretto, composto di un certo numero di poderi, in nome di questo Margravio, Conte o Marchese che lo si voglia chiamare, il quale a sua volta vi rappresenta teoricamente l'autorità imperiale.

Questo è pressappoco l'ordinamento che Carlomagno aveva dato al suo immenso Reame. Ma ha funzionato solo finché a governarlo era lui. Poi si è decomposto, anche se rimane «sulla carta». Arroccati nei loro castelli, i vassalli sono diventati sempre più indipendenti dal Margravio, specie da quando la *Constitutio de feudis* promulgata da Corrado il Salico ha concesso loro di tramandare ai discendenti il titolo nobiliare con le terre che vi sono connesse, cioè di disporne come di un bene patrimoniale. La disponibilità ereditaria ne ha fatto dei padroni di pieno e assoluto diritto. Ogni tanto riappare un Margravio abbastanza forte e autoritario per rifar valere la sua autorità: è il caso di Ugo, di Bonifacio, di Matilde. Ma poi la decomposizione ricomincia e si accentua.

I motivi del fenomeno sono facili da capire. Anzitutto, l'autorità del Margravio dipende da quella del potere imperiale su cui si appoggia e che si era fatta sempre più intermittente. Eppoi, egli non può contare sul sostegno delle cosiddette «masse», con le quali non ha nessun contatto immediato. Il contadino che ara il campo lungo le pendici non conosce e non riconosce, come padrone, che il «suo» castellano: quello che abita lassù, nella turrita rocca in cima al colle. Perché è costui che interferisce nella sua vita privata, svolgendovi due compiti, uno gradito, e l'altro sgradito, ma entrambi decisivi: quello di protettore e quello di esattore. Lassù bisogna portare un terzo del raccolto, e di questo il contadino farebbe volentieri a meno. Però lassù, dietro quelle salde mura, egli può anche rifugiarsi con la famiglia e il bestiame, se all'orizzonte appaiono – come a quei tempi frequentissimamente succede – bande di saccheggiatori ungheresi, normanni o saraceni.

Tutto questo crea, fra il Signore e il contadino, un rapporto complesso. Il castello sovrasta torvamente e domina le casùpole che gli si accucciano ai piedi. Spesso il suo inquilino commette soprusi e angherie, magari riducendo con la forza un piccolo libero proprietario dei dintorni allo stato servile. Però la vista del maniero infonde fiducia in questi tempi tribolati, in cui la giustizia non può nulla contro la violenza. Tutti cercano di starvi vicino quanto più possono. E quando ne vedono crollare o pericolare un muraglione, si arruolano gratis come manovali per ricostruirlo. Accorrono a dare una mano anche i preti e i monaci delle chiese e dei conventi della zona. Perché anch'essi, in caso di pericolo, hanno il diritto di rifugiarsi nella rocca.

Questa non è dunque soltanto la dimora privata di un esoso padrone. Ma anche la fortezza di tutti. E, come tale, un bene della collettività. Tant'è vero, che anche il servizio di guardia, o di «guaita», è volontario e gratuito. I contadini si distribuivano fra loro i turni di giorno e di notte. E dai documenti non appare che abbiano mai protestato contro queste prestazioni. Anzi, anche molti «liberi» si offrivano per assolverle.

I Signori erano tutti discendenti dei guerrieri longobardi e franchi che avevano conquistato l'Italia. Ma anche quelli franchi avevano adottato la regola longobarda, che li autorizzava a esigere dai soggetti un terzo dei prodotti della terra. I soggetti non erano soltanto i contadini. Erano anche gli abitanti delle borgate che, quando non vivevano di agricoltura, dovevano fornire un terzo del loro reddito in denaro. Costoro avevano col castellano un rapporto assai diverso. Non vedevano nel castello un rifugio, perché la borgata di solito aveva mura per conto proprio e si difendeva da sé. Quindi il castellano, per loro, era solo un rastrellatore di oboli.

Oltre al terzo del prodotto o al suo equivalente in denaro, il Signore poteva, o si arrogò il diritto d'imporre al borghigiano altri obblighi: per esempio quello di «albergaria», cioè di alloggiare gratuitamente i suoi ospiti di passaggio quando, poniamo, il castello era pieno. E il Vescovo di Batoni nel pistoiese, per esempio, che era anche feudatario della zona, esigeva dai poveri contadini delle sue terre che gli fornissero tre volte alla settimana un pasto che ci riempie d'invidia per i suoi succhi gastrici.

Questo ed altri piccoli episodi, che lo storico Davidsohn ha ripescato nei documenti dell'epoca, ci dimostrano che le regole contavano fino a un certo punto. Un tratto caratteristico del Medio Evo è proprio la facilità con cui un abuso poteva tramutarsi in diritto acquisito. E fu appunto il bisogno di mettersene al riparo che sviluppò fra i soggetti il sentimento della solidarietà. Essi non si trovano tutti nella medesima condizione giuridica: il «servo», cioè l'antico abitatore di cittadinanza romana, non era che un «oggetto», il quale veniva venduto insieme al podere o al castello, come risulta da certi contratti: il convento di Passignano per esempio acquistò nel 1163 «un uomo di nome Giovanni insieme con i suoi eredi». Il «libero», che quasi sempre discendeva da un soldato franco o longobardo non riuscito a far carriera, non si poteva vendere. Ma, a parte questo, anche lui era tenuto a pagare gli stessi tributi ed esposto a subire le stesse «angherie»: parola che in origine significava «servizio obbligatorio e gratuito dei trasporti per conto del Signore». E questo creò fra le due categorie una comunanza d'interessi che permise loro di fare un fronte unico e facilitò quella «integrazione» fra conquistatori e conquistati che Goti e Longobardi avevano cercato di evitare con discriminazioni razziali.

La incubatrice di questo solidarismo fu la più microscopica delle cellule sociali, sia in campagna che in città: la «vicinanza». E la parola basta a spiegare di che si tratta. La democrazia americana si regge tuttora sulla vicinanza o «good neighbourhood». Il buon vicino è quello che, invece di badare solo a se stesso, aiuta il suo vicino, e insieme a lui collabora al mantenimento dell'ordine, alla riparazione della pubblica fogna, insomma al bene comune. Questo avvenne anche nell'Italia del Medio Evo (e magari si potesse dire altrettanto di quella d'oggi!), dove il senso della vicinanza era così vivo che per esempio un creditore aveva il diritto di far prigioniero il vicino del suo debitore. Erano i vicini, non i familiari, che portavano sulle spalle la bara del morto al cimitero. E quando fra loro sorgeva una contestazione, non la rimettevano al giudice ufficiale delegato dal Signore, ma a due «buoniuomini» scelti di comune accordo dentro la vicinanza.

Questa fu la cellula del Comune italiano, e nacque in campagna prima che in città, anche perché la campagna in quel momento contava più della città. Il vicino fu il primo «cittadino», sia pure di una minuscola comunità. Fu lui a dare l'avvio a certi diritti consuetudinari che non avevano nulla a che fare con la legge ufficiale e ad alcuni usi civici che si sono tramandati fino a oggi. Dapprima badarono a regolare i loro reciproci diritti al di fuori e spesso all'insaputa del Signore e dei suoi «gastaldi» o funzionari. Ma poi li affermarono anche contro di lui, come fecero i fiesolani quando, ribellatisi nel 1130 al loro Vescovo che basava la pretesa di certe decime su documenti latini che i soggetti non sapevano decifrare, costoro fecero valere la regola che la testimonianza orale aveva prevalenza su quella scritta: ch'era una rivolta bella e buona contro il monopolio della Legge da parte della ristrettissima minoranza che sapeva leggerla e probabilmente l'applicava secondo il proprio tornaconto ai danni degli analfabeti, i quali rappresentavano il novantanove per cento della popolazione.

Il primo istituto della democrazia comunale fu l'«adunanza dei vicini» ch'era già in uso al tempo dei Longobardi, ma che dopo il Mille diventò consuetudinaria. Questo rudimentale Parlamento aveva la sua sede nel sagrato della chiesa, e il suo simbolo e feticcio nell'olmo che di solito vi sorgeva in mezzo. Specie in Toscana l'olmo è un albero sacro come lo è il tiglio in Germania, proprio per questo: perché rappresenta il più antico cimelio della democrazia comunale. Quando gli aretini assalirono Firenze nel 1288, la cosa contro cui più si accanirono fu l'olmo davanti alla chiesa di San Donato in Collina.

Ma, oltre che della democrazia, questa fu anche l'origine della forza politica della Chiesa in Italia. La «pieve» e il suo parroco si trovarono al centro di questi piccoli parlamenti alle cui vicende si mescolarono fin dalla nascita. Erano essi che gli fornivano l'alloggio sotto il loro olmo. Ed era al suono della campana che l'adunanza si riuniva.

Tema d'obbligo dei dibattiti erano i rapporti col Signore, làico o ecclesiastico che fosse. Perché era proprio per difendersi dai suoi soprusi che si era sviluppato tra i soggetti quel sentimento di solidarietà, cioè il civismo. E dai documenti risulta che queste assemblee, per quanto formate da poveri analfabeti, non si abbandonavano alla demagogia e al massimalismo. Le adunanze del contado fiorentino riconoscevano per esempio che i soggetti erano obbligati alla

buona manutenzione del castello e a fornirgli il portinaio e la guardia. Essi s'impegnano a immagazzinarvi vino, granaglie e legumi, ma non il bestiame, che ognuno ha il diritto di tenere nella propria stalla. Spetta al Signore determinare le bilance, i pesi e le misure con cui fare la spartizione, ma sotto il controllo di due delegati della «vicinanza».

Ogni vicinanza forma un «popolo» che può nominare come suoi rappresentanti dei «buoni uomini». E costoro a loro volta possono trattare in nome della collettività col Signore o col suo «gastaldo», ma non coi rappresentanti di altri «popoli». In parole povere, possono svolgere un po' di politica interna; ma quella estera è ancora monopolio del Signore. Però i liberi Statuti hanno già preso l'avvio.

Ora puntiamo il cannocchiale sulle città. Città per modo di dire. Non sono che borghi. Ma il fenomeno vi si ripete tal quale, stimolato dal diverso stato d'animo nei confronti del Signore che qui appare, l'abbiamo già detto, solo nella esosa veste dell'esattore d'imposte. I rapporti con lui quindi sono più acri, ma seguono pressappoco la stessa evoluzione che nelle campagne perché il punto d'origine è sempre il medesimo: la vicinanza. Alla quale però il processo d'integrazione si ferma.

Ecco un fenomeno quasi inesplicabile, data la sua contraddizione con l'urbanistica del tempo, quasi sempre accorpata e compressa nel ristretto perimetro delle mura. Ciò avrebbe dovuto provocare o almeno favorire la fusione delle varie vicinanze o «contrade» come si chiamavano a Siena. Invece, no. Firenze, subito dopo il Mille, avrà avuto sì e no tremila abitanti. Ma essi erano divisi in quattro «quartieri» che prendevano il nome dalle quattro porte della città (Duomo, San Pancrazio, Santa Maria e San Pietro) con quattro ben distinti «popoli» che seguivano, sì, la stessa evoluzione, ma ognuno indipendentemente dall'altro.

Ogni popolo faceva capo alla propria chiesa, e in un certo senso vi sovrintendeva affiancando al parroco un «rettore» laico. Era lui che prelevava le imposte, impegnando i contribuenti con giuramento sull'altare a dichiarare lealmente i propri redditi. Solo in rare ed eccezionali occasioni i popoli si adunavano per comuni delibere. Ma anche in questo caso ogni popolo vi s'impegnava per conto suo. Lo stesso accadeva per i pubblici servizi. Ogni popolo pensava alla manutenzione delle sue strade e alla ripulitura dei suoi fossi di scolo. A una «pianificazione» cittadina non si riuscì ad arrivare quasi mai.

Fu solo molto più tardi e non senza gravi opposizioni che si formarono dei poteri centrali. Ma essi non furono che la somma di quelli particolari di quartiere. E fu questo il motivo della endemica inefficienza degl'istituti democratici medievali. La unificazione fu raggiunta solo al vertice, quando i rettori si trasformarono in «consoli» e si costituirono in un corpo che però non funzionò mai perché ogni popolo ne aveva quattro che badavano più a paralizzare gli altri dodici che non a collaborare con loro. A questa svogliata e zoppicante centralizzazione si era giunti solo per ragioni fiscali. Firenze aveva, agli occhi del suo contado, soppiantato il castello usurpandone le funzioni, cioè diventando essa stessa castello, solo più grande e popoloso, ma altrettanto guarnito di mura. Essendosi sostituita al Signore nella prestazione di questo servizio, si sentì autorizzata a sostituirglisi anche nell'esazione delle imposte. Essa riconosceva alla gente del contado diritto di alloggio in città in caso di pericolo. Ma se lo faceva ripagare con una tassa, di cui non siamo del tutto sicuri che fosse meno esosa di quella che imponeva il castello. Ora, questo compito fiscale non potevano svolgerlo i singoli popoli o quartieri. Doveva assumerlo la città nel suo insieme. Fu dunque anzitutto la «Vanoni» che unificò alla meglio Firenze e ne fece un «Comune».

Ma un'altra spinta venne dalla lotta contro il Signore per lo sviluppo delle autonomie. Questo Signore era il Margravio in persona, perché nessuno dei suoi feudatari aveva abbastanza potere per esercitarlo su una città come Firenze, per quanto piccola ancora fosse. Questo Margravio, lo abbiamo visto, era un signore lontano, che trascorreva gran parte del suo tempo alla Corte imperiale e il resto nelle sue terre perché, da buon militare tedesco, preferiva il castello al palazzo e la caccia al salotto. Quando voleva fare una capatina in città, andava a Lucca, perché era quella la sua capitale. A Firenze teneva soltanto dei visconti o gastaldi, cioè dei funzionari, ad amministrarvi in suo nome una giustizia che rare volte si differenziava dall'arbitrio.

È impossibile assegnare una data alla ribellione, che del resto non fu mai tale anche perché nemmeno il servaggio fu mai tale. Un po' di autonomia Firenze l'aveva goduta fin dai tempi dei Longobardi. I documenti sono molto incerti. Ma ce n'è uno del 1160 che ci consente una certa retrospettiva. È la richiesta ufficialmente rivolta dai fiorentini a un nuovo Margravio perché venga a raccogliere il loro giuramento di fedeltà a Firenze «secondo consuetudine». I fiorentini chiedevano il rispetto di questo rituale perché esso sottintendeva che il giuramento di fedeltà da parte loro veniva reciprocato da parte del Signore con l'impegno a rispettare i diritti della città.

Lo sviluppo di questi diritti è incerto appunto perché fu abbastanza pacifico. Nel 1046 Firenze per esempio aveva già un suo servizio postale a mezzo di corrieri a cavallo. Alla fine del secolo aveva un'Intendenza delle Belle Arti: il che ci dimostra l'esistenza di un bilancio e di un patrimonio di edifici pubblici, soprattutto chiese. In un primo momento la loro costruzione era stata finanziata solo con lasciti privati. Ora cominciavano a sorgere per sottoscrizione di tutti i cittadini. Non risulta che il visconte o gastaldo si sia ingerito in queste faccende. La cittadinanza faceva per suo conto, e con soldi suoi.

Ma la grande svolta, nei rapporti fra città e Margravio, fu

l'identificazione dei rappresentanti dell'una con quelli dell'altro. Anche in questo caso l'evoluzione fu lenta. Le vicinanze, abbiamo detto, avevano espresso la burocrazia dei buoniuomini. E costoro si erano già guadagnati un riconoscimento dal Margravio, facendosi chiamare da lui come assistenti e coadiutori nei suoi tribunali. Ma la loro competenza si limitava al popolo che li aveva eletti, non si estendeva a tutta la cittadinanza. In nome di questo popolo essi trattavano coi rappresentanti degli altri popoli. Ma il potere esecutivo restava in mano del gastaldo o visconte. Fu quando ebbero conquistato anche quello, che i buoniuomini si trasformarono in «Consoli». Certamente quest'ultimo traguardo non fu raggiunto senza lotta col Margravio e i suoi gastaldi. Lo dimostra lo stesso compromesso cui si scese ai tempi di Matilde, quando l'autoritaria Margravia nominò suo visconte a Firenze un certo Pietro che ne era anche Console, cioè avallò e riconobbe come suo rappresentante quello che i fiorentini si erano già scelto come rappresentante loro.

Ecco come si era conclusa per il momento la lotta. I cittadini eleggevano i loro Consoli, cioè il loro governo. Il Margravio li riconosceva affidando la presidenza del loro collegio a uno di essi col titolo di Visconte, che quindi esercitava il suo ufficio per conto dei sudditi e in nome del Margravio. Costui, con questa trovata, salvava la faccia, ma niente altro. Non era ancora la piena indipendenza. Formalmente, essa non fu mai raggiunta, perché il Margravio rappresentava un Impero che mai rinunciò ai suoi platonici diritti su quelle ch'erano state le terre di Carlomagno. Ma sostanzialmente essa diventò completa con l'istituzione, avvenuta però assai più tardi, della suprema magistratura: il Podestà.

Questa faticosa conquista dell'autonomia i fiorentini poterono completarla grazie anche a un potente alleato, di cui seppero servirsi con un'accortezza pari alla spregiudicatezza: il Vescovo. E la manovra va spiegata perché in essa si riassume tutto lo svolgimento della situazione politica italiana durante il conflitto fra la Chiesa e l'Impero.

Nel contado, lo abbiamo già detto, il parroco, la sua cappella e il suo olmo si trovarono fin da principio mescolati alla evoluzione delle «vicinanze» e alla formazione dei primi rudimentali istituti democratici. La «vicinanza» non era che la parrocchia, e il suo centro la «pieve».

Altrettanto avvenne nella città, che immediatamente s'identificò nella diocesi. Fu per questo che fin da principio i fiorentini pretesero esercitare un'ingerenza negli affari del Vescovato, e ci riuscirono. L'unico Vescovo che, a quanto se ne sa, cercò di opporsi appoggiandosi sul margravio Bonifacio, fu Mezzabarba, che perciò nel 1068 venne scacciato dal popolo inferocito. Dai documenti risulta che i suoi successori accettarono una collaborazione laica, che voleva dire anche un controllo sulle loro faccende patrimoniali. Il «consiglio dei laici» o dei «fedeli laici» doveva essere interpellato dal Vescovo non solo per l'alienazione di beni della diocesi, o per l'erezione o il restauro di chiese; ma anche per la nomina di abati e parroci, il che rappresentava un'aperta violazione delle leggi canoniche.

I fiorentini tenevano molto a esercitare questa interferenza per vari motivi. Prima di tutto perché i confini della città o, come oggi meglio si direbbe, della «provincia», si confondevano con quelli della diocesi; e quindi ogni cessione o acquisto di beni della diocesi era una diminuzione o un ingrandimento della provincia. Era perciò abbastanza legittimo che i fiorentini rivendicassero un sindacato su queste alterazioni di territorio.

Ma essi non si limitarono a questo. Ne presero anche pretesto per una politica di espansione, che si poteva svolgere solo al coperto e con la complicità del Vescovo. Tutta la Toscana infatti faceva parte della stessa Contea o Marchesato.

E quindi il Margravio che vi era preposto difficilmente avrebbe consentito che una delle sue città s'ingrandisse a spese dell'altra. Ma nemmeno lui poteva impedire al Vescovo, e meno ancora alla sua cattedrale, di ricevere castelli e borgate come «donazioni» da parte dei fedeli.

I fiorentini ne approfittarono senza scrupoli. Uno dopo l'altro i piccoli villaggi dei dintorni furono assaliti, occupati e posti davanti alla scelta: o essere saccheggiati e spianati al suolo, o fare «offerta» di se medesimi alla cattedrale di Firenze e al suo Vescovo «per buona e spontanea volontà, senza nessuna costrizione», come veniva sfrontatamente scritto nei relativi documenti. E per accreditare il mendacio, il giorno di San Giovanni, patrono della città, gli abitanti dei borghi sottomessi dovevano venire a Firenze a fare offerta di ceri, cioè a fare atto di sudditanza.

Così, volenti o nolenti, i Vescovi fecero da prestanome alla politica espansionistica del Comune; ma così ne diventarono anche protagonisti. E questo spiega la fedeltà di molte città italiane alla Chiesa nella sua lotta contro l'Impero, e l'intima connessione del potere laico con quello ecclesiastico. Le chiese di Santa Reparata e di San Giovanni erano il centro non soltanto religioso, ma di tutta la vita fiorentina. Il Vescovo non era soltanto il capo spirituale, ma anche uno dei grandi magistrati del Comune, i cui interessi, compreso quello dell'autonomia, coincidevano con quelli suoi e della diocesi.

CAPITOLO DODICESIMO

LA RIVOLUZIONE ECONOMICA

L'economia feudale era imperniata sulla «corte», ch'era il complesso degli edifici e dei latifondi gravitanti sul castello o sull'abbazia, e perciò si chiamava «curtense». Alla corte era estraneo ogni concetto di profitto o di scambio, poiché ciò che si produceva era destinato quasi esclusivamente al fabbisogno interno. L'Italia era una sterminata costellazione di «corti» autarchiche, immobili e inalienabili, in mano a Conti, Vescovi e Abati, coltivate da schiavi e da servi della gleba.

La *Constitutio de feudis*, concedendo l'ereditarietà del feudo ai valvassori, o vassalli minori, frantumò la grande proprietà in un pulviscolo di minifondi. Ma la piccola proprietà era improduttiva perché la rudimentale tecnica di allora non consentiva culture intensive. Perciò molti proprietari preferirono affittare le terre ai coloni, inurbarsi e dedicarsi al commercio. Così la società feudale entrò in crisi.

L'esodo dalla campagna accelerò lo sviluppo della città, che dovette ampliare la cinta delle sue mura e adeguare i servizi alle nuove esigenze. Villaggi di mille anime si trasformarono in metropoli di trentamila, che diventavano vieppiù popolose nei giorni di mercato quando dal contado affluivano in città derrate alimentari, richiamandovi in massa gli abitanti dei borghi vicini. I mercanti diventarono il ceto cittadino dominante. Sul principio del XII secolo, con le corporazioni di arti e mestieri, associazioni libere sul tipo dei nostri sindacati di categoria, essi si diedero una struttura e uno statuto. Le corporazioni comprendevano i maestri di ciascuna arte, i lavoratori veri e propri e gli apprendisti, che avevano la bottega sulla strada. Di qui l'origine della toponomastica medievale: via degli Orefici, via dei Coronari, via degli Spadari, via dei Fabbri. Era la corporazione (o *guilda*, come si chiamava nel Nord), che fissava i salari e gli orari di lavoro, disciplinava la produzione, regolava l'acquisto e l'impiego delle materie prime, dettava i prezzi e stabiliva le modalità di vendita.

Il mondo era affamato di beni di consumo. L'industria tessile assunse fin dall'inizio una struttura semicapitalistica. I mercanti, che disponevano di liquido, acquistavano la materia prima, la distribuivano a lavoranti a domicilio e poi rivendevano i manufatti. L'opificio o stabilimento in senso moderno nacque più tardi anche perché l'angusta topografia urbana non ne consentiva l'istallazione entro le mura. Anche l'industria edilizia prese rapidamente l'aire e le città pullularono di cantieri. La prima cartiera fu importata dalla Spagna, e a Venezia spuntarono le prime vetrerie. A Genova, a Venezia, e a Pisa si sviluppò l'industria navale. Dai cantieri di queste Repubbliche uscirono le galere che portarono i crociati in Terrasanta. Nel Bresciano e nel Bergamasco sorsero le prime fabbriche di armi: spade, lance, elmi, corazze. Le miniere di ferro che le rifornivano erano scarse, ma il loro sfruttamento era relativamente progredito. Attraverso pozzi o piani inclinati, i minatori si calavano nelle gallerie dotate di speciali impianti per l'aerazione, di canali e di uscite di sicurezza. Il minerale veniva estratto a colpi di piccone nella roccia, resa più friabile da fuocate di legna. La manodopera era in prevalenza tedesca.

Ma fu il commercio, più dell'industria, a dare l'impronta alla vita economica italiana dopo il Mille. Il mercante medievale era audace e intraprendente, e le sue iniziative non conoscevano confini. Le coste del Mediterraneo, del Mar Nero, del Caspio erano disseminate di fondachi genovesi, pisani e veneziani, che facevano concorrenza a quelli ebrei, siriani e greci. Alcuni mercanti s'avventuravano nel cuore dell'Asia, spingendosi fino in India, Mongolia e Cina, di dove tornavano con preziosi carichi di spezie, tappeti, ori e damaschi che rivendevano a Re, Principi e Papi. In Africa, i bazar del Cairo e del Marocco erano importanti centri di scambio, mentre ancora inesplorato era il cuore del continente. Siviglia era il più prospero e cosmopolita mercato spagnolo, e in gran numero vi affluivano gli italiani. In Francia, in Germania e nei Paesi Bassi essi detenevano il primato delle vendite e godevano di speciali privilegi.

I viaggi erano lunghi, scomodi e perigliosi, e non solo quelli in paesi lontani. Anche i trasferimenti da città a città erano pieni d'incognite. Le strade battute dai briganti e i mari infestati dai pirati obbligavano a viaggiare in carovana o in convoglio. Ci si spostava di giorno, e al calar delle tenebre si faceva tappa. Le invasioni barbariche avevano gravemente danneggiato la superba rete viaria romana. Alcuni comuni riattivarono vecchie strade e costruirono nuovi ponti, ma limitatamente al loro territorio, senza curarsi dei raccordi e delle cosiddette infrastrutture. Nell'Italia del Nord e del Centro fu la Chiesa dapprincipio a provvedere alle comunicazioni attraverso i «fratelli pontefici», confraternite di volontari i quali, in cambio della loro opera, ottenevano la remissione dei peccati. Furono essi, all'inizio del Duecento, a innalzare sul Gottardo il primo ponte sospeso della storia, che agevolò enormemente il traffico tra l'Italia, la Germania e la Francia.

Le comunicazioni in pianura si svolgevano per le vie fluviali, più rapide e meno insidiose di quelle terrestri. L'Arno, per buona parte dell'anno, era navigabile da Signa a Pisa, mentre tra Lucca, Pisa e il mare il traffico veniva disimpegnato, attraverso canali artificiali, da agili battelli.

La navigazione sul Po era intensa, specie nel tratto tra Piacenza e l'Adriatico. Cremona e Reggio scavarono un canale di sessanta chilometri tra Guastalla e la foce del Panaro. Piccoli porti e arterie fluviali artificiali furono costruite da Milano, Bergamo, Brescia, Modena, Bologna.

Dopo i fiumi, le vie di comunicazione più sicure e convenienti erano quelle marittime. Con i bastimenti si trasportavano facilmente merci pesanti e voluminose. La stazza non superava, almeno fino al XIII secolo, le cinquecento, seicento tonnellate. Rudimentali e poco agevoli erano i veicoli terrestri: carri traballanti trainati da buoi o cavalli. Se le piste erano scoscese e accidentate, i trasporti avvenivano a soma o a spalla d'uomo. Per andare da Firenze a Napoli, passando per Terni, l'Aquila, Sulmona e Teano, e cavalcando dall'alba al tramonto, s'impiegavano una quindicina di giorni. Più celeri erano i servizi postali, affidati a corrieri a cavallo che, a brevi intervalli, si davano il cambio; una lettera, spedita da Venezia, in sette-otto giorni veniva recapitata a Bruges.

Più difficoltose erano le comunicazioni con la Francia, la Germania, i Paesi Bassi e quelli dell'Est. Per gran parte dell'anno i valichi alpini erano impraticabili, e anche nella buona stagione le mulattiere non erano di facile transito. I viaggi erano lunghi, e costosi i trasporti, affidati agli abitanti dei comuni montani che si attraversavano, ai quali si pagava uno speciale pedaggio.

Gli spostamenti erano frequenti, specialmente in occasione delle grandi fiere internazionali di Reims, di Bruges, di Francoforte, di Colonia, di Novgorod in Russia. Gli stati le favorivano e talvolta essi stessi le promuovevano. Municipi e privati concedevano ai mercanti vitto e alloggio gratis, le chiese mettevano a loro disposizione i sagrati per l'esposizione della mercanzia, e i signorotti i magazzini dei loro castelli. Il dazio e l'*ige* venivano abbuonati. Persino i banditi s'astenevano dalle rapine.

In Italia le fiere più importanti erano quelle di Piacenza, Bologna, Ferrara, Trento e Bolzano. Queste città, gravitando sull'Adige e sul Po, potevano facilmente ricevere e smistare le merci. Le fiere si tenevano di solito due volte l'anno a Pasqua e a San Martino, e notevole era l'afflusso di stranieri, specialmente per il commercio di panni e pelli.

Vigeva allora la cosiddetta «proprietà di relitto» che attribuiva al signore del luogo il carico della nave che colava a picco o il bagaglio che accidentalmente cadeva dal carro. C'era chi, per provocare i naufragi, faceva dalla costa alle navi false segnalazioni luminose e chi, per facilitare ribaltamenti di carri, scavava buche mimetizzate lungo le strade. Per non subire questi soprusi, alcuni commercianti ebrei elaborarono una «legge mercantile», che non senza difficoltà imposero a Re e Principi. Poiché costoro poco si curavano di farla applicare, le unioni mercantili inviarono nei vari Stati loro rappresentanti, o Consoli, col compito di sottrarre i loro clienti alla legge locale per farli giudicare da quella «mercantile».

Quella del mercante diventò una professione ambita e assai redditizia. Essa esigeva un tirocinio lungo e faticoso. Chi la sceglieva doveva possedere un piccolo gruzzolo, avere qualche nozione di aritmetica e contabilità e conoscere le lingue. I mercanti trattavano di solito più di un articolo, dal piombo alla noce moscata, dalle pelli ai tappeti.

L'economia comunale rilanciò la circolazione monetaria che sostituì il baratto in natura, tipico dell'età feudale. Fino al XIV secolo, la moneta di maggior corso fu il denaro d'argento, impiegato però esclusivamente sul mercato interno. Fuori, i pagamenti s'effettuavano in moneta d'oro, araba o bizantina, ch'era la valuta pregiata del tempo, come oggi il dollaro o la sterlina.

Conseguenza della rinascita monetaria fu lo sviluppo del credito, che diventò monopolio degli ebrei e dei toscani. Ma fu solo con la «Compagna» che nacque il credito commerciale vero e proprio. La Compagna (che letteralmente viene da *con pane*) o «Commenda» era un'associazione di famiglie che affidavano il loro denaro a un mercante, in cambio di una partecipazione agli utili. Era insomma ciò che oggi si chiama «società anonima». Nel 1171 la banca di

Venezia istituì la «lettera di credito», grazie alla quale i capitali diventarono più facilmente mobilitabili.

Fino al Mille il credito, sotto forma di vero e proprio strozzinaggio, era stato praticato in esclusiva dalla Chiesa, sebbene San Girolamo avesse condannato il prestito a interesse e Sant'Ambrogio avesse definito «usura» tutto ciò che «viene aggiunto al capitale». Quando i Comuni strapparono alla Chiesa il monopolio del denaro, essa rispolverò gli antichi divieti, che i banchieri regolarmente eludevano con ingegnosi stratagemmi e cavillosi sofismi. L'usura – essi sostenevano – è peccato se praticata da singoli individui, che possono macchiarsene l'anima. Ma una ditta l'anima non l'ha, e quindi non può andare all'inferno. Molti teologi convalidarono questa tesi, e Innocenzo III disse che a scomunicare gli usurai si sarebbero vuotate le chiese non solo del gregge ma anche dei pastori.

L'economia monetaria mise in crisi l'aristocrazia feudale, la cui ricchezza era tutta terriera. Se i nobili più intraprendenti si inurbarono trasformandosi in mercanti, la maggior parte, per boria o per inerzia, non s'adattò ai tempi che cambiavano, restando così esclusa dal potere politico che passò nelle mani della borghesia mercantile. L'aristocrazia del denaro soppiantò quella del sangue e gettò le basi dell'economia capitalistica.

Vediamo ora il teatro di questa rivoluzione: la città.

CAPITOLO TREDICESIMO

LE LUCI DELLA CITTÀ

La città medievale era in realtà una «cittadella». Sorgeva di solito sul cocuzzolo di un monte, cinta da alte mura in pietra, frastagliate da merli. Sui lati s'ergevano snelle torri, comodi punti d'osservazione lanciati nella pianura circostante, e robusti speroni facevano da contrafforti. Con l'esterno comunicava attraverso una serie di massicce porte di legno, chiodate e grondanti di borchie, anelli e catene. La notte i guardiani le sbarravano e a custodirle restavano alcune sentinelle munite di torce e armate fino ai denti. All'alba venivano riaperte; e contadini, mercanti, pellegrini e cavalieri sciamavano nelle viuzze con le merci più disparate. Accanto alla porta erano istallati il dazio e la dogana e, in tempo di guerra, per varcarne la soglia, bisognava munirsi di uno speciale lasciapassare. Addossate alle mura erano le taverne, le osterie e i bordelli, abituali luoghi di ristoro e di sosta.

Inoltriamoci lentamente dalla periferia verso il centro, e facciamo insieme il giro dell'abitato. Non c'è da stancarsi. Una città era considerata metropoli quando raggiungeva le cinquemila anime. Le strade naturalmente non erano asfaltate. I romani avevano pavimentato l'Appia, l'Aurelia, la Flaminia con lastre di pietra, e queste grandi vie di comunicazione avevano sfidato l'usura dei secoli e i guasti dei Barbari. Ma fuori di queste arterie, carri e pedoni nel Medio Evo marciavano sulla terra battuta che d'estate sollevava nugoli di polvere, e quando pioveva diventava palude. Le strade anche negli abitati erano strette, tortuose, tutte gomiti e gibbosità. Queste viuzze a zig-zag proteggevano dal vento ma erano propizie agli agguati e alle imboscate che infatti erano all'ordine del giorno. Poiché non esistevano fogne, i rifiuti si buttavano per le strade. In mezzo ad essi grufolavano i maiali, starnazzavano i polli e giocavano i bambini.

Le case che s'affacciavano su questi angiporti, quasi soffocandoli, non avevano più di due o tre piani. I materiali da costruzione più in uso erano la pietra, il graticcio e l'argilla. I tetti furono dapprincipio di paglia, ma poi i frequenti incendi consigliarono l'uso delle tegole che li rendevano anche più impermeabili all'acqua. La fronte era disadorna, priva di fregi e di decorazioni, e senza balconi. La luce filtrava attraverso le finestrelle simili a bocche di leone e dotate di robuste inferriate. Poiché mancavano di vetri, la pioggia e il gelo vi penetravano facilmente, e a poco servivano la tela e la carta con cui gli inquilini cercavano riparo dalle intemperie. All'interno si accedeva attraverso un portone buio e angusto dal quale partiva una scala cupa e scoscesa che si arrampicava ai piani. Un corridoio conduceva a un piccolo orto posto nel retro che aveva al centro una rozza garitta che faceva da cesso. Non tutte le case ne erano dotate, ma solo quelle dei ricchi. I poveri si servivano dei campi, dei fossi, e in caso di supremo bisogno, anche delle piazze. Per la notte c'erano i pitali e ogni famiglia ne aveva almeno un paio a disposizione. Dopo l'uso, si rovesciava il contenuto dalla finestra e nessuno, di solito, si curava d'avvertire i passanti. I ricchi avevano una seggetta mobile e maneggevole che si portavano appresso anche in viaggio.

La casa degli artigiani, che formavano il grosso della popolazione urbana, aveva una bottega dalla quale si accedeva a un'ampia stanza dove nella più assoluta promiscuità, vivevano, stipate come acciughe, intere famiglie: quella del padrone, quella dei servi, quella degli operai. La crisi degli alloggi era endemica per via della compressione dei nuclei urbani dentro le loro mura. Poco caso si faceva all'arredamento, scomodo, semplice e sommario. Le suppellettili fondamentali erano il letto, il tavolo, la credenza, le sedie, le panche e il cassettone. Il letto consisteva in un monumentale pagliericcio posato su tavole di legno o su tralicci, senza testiera. Chi poteva, vi stendeva sopra un materasso di lana o almeno di crine; solo i nobili l'avevano di piume. Non esistevano lenzuola e le coperte dovevano essere scarse, se i cronisti dell'epoca riferiscono che d'inverno ci si coricava vestiti con cappotti, cappelli e scarpe, mentre d'estate s'andava a dormire completamente nudi. I letti dovevano essere affollati come i nostri tram nelle ore di punta. I padroni dormivano coi servi, i vecchi coi bambini, i figli coi genitori. In queste alcove poteva accadere, e infatti accadeva, di tutto. Pochi privilegiati possedevano talami individuali, protetti da cortine che s'alzavano e s'abbassavano, e sormontati da baldacchini di legno con tanto di stemma.

Ai piedi del letto e al centro della stanza stava un grande braciere. Il primo camino a muro fu istallato a Venezia nel 1227. Il tavolo era una specie di catafalco di legno squadrato con l'accetta, tarchiato e disadorno. Ai lati erano disposte panche, sedie e sgabelli, e a una delle pareti era addossato il cassettone che faceva da comò, guardaroba e forziere. In esso si custodivano gli abiti, i gioielli, le pergamene e i messali. Non mancava una madia per la farina e il pane che si cuoceva in casa. Naturalmente c'era anche una credenza con mensole di legno sulle quali erano allineati i piatti, le pentole, i bicchieri, le ampolle per l'olio e l'aceto e le piccole botti di vino. Le stoviglie erano di legno e intagliate in modo assai rudimentale. I ricchi disponevano di vasellame d'argento, di peltro o addirittura d'oro, ma solo nelle grandi occasioni ne facevano sfoggio. Per tutti i giorni s'accontentavano anche loro di piatti e di scodelle di legno, o tutt'al più di terracotta. La tavola s'apparecchiava semplicemente con tazze, cucchiai e una rustica tovaglia ai cui lembi i commensali si pulivano la bocca e le mani. Le forchette erano sconosciute e invece del coltello s'usava il pugnale che ciascuno portava con sé, e non solo per mangiare. I pasti si svolgevano la mattina alle dieci e il pomeriggio alle quattro. Solo gli ecclesiastici che dovevano celebrare la messa e fare la comunione ritardavano la colazione alle undici e mezza.

Il ceto dettava le diete. La plebe s'accontentava di un tozzo di pane, una fetta di lardo come companatico e un po' di verdura. La minestra veniva servita in un'immensa zuppiera alla quale tutti attingevano con cucchiai che avevano la sagoma e la capacità di mestoli. Il pane era di varie qualità: bianco, nero, casareccio, e vari erano gl'ingredienti: l'orzo, la spelta o la farina di grano. Il menù era più abbondante e succulento la domenica e i giorni festivi. Allora anche sulle mense dei poveri compariva la carne che poteva essere di pollo, di vitello, o più spesso di porco perché non c'era famiglia che non avesse il suo.

Non mancava la selvaggina in un'età in cui molto si praticava la caccia: lepri, quaglie, pernici, tortore, pavoni e fenicotteri, la cui lingua era un piatto assai prelibato. A differenza di quella romana, la cucina medievale faceva pochissimo uso di pesci, e fra questi preferiva le murene, le triglie e le sogliole. Il popolino s'accontentava di aringhe sotto sale che mangiava col pane e innaffiava con un bicchiere di vino. A Firenze si mangiavano in abbondanza le castagne. Il castagnaccio è stato probabilmente il primo dolce nazionale. Veniva venduto per le strade in quei recipienti rotondi di metallo coi bordi molto bassi e senza manico che ancora si chiamano teglie.

I musulmani avevano portato in Sicilia la pasticceria, e i normanni ne diffusero le squisitezze, confezionate con miele, marmellata e grasso. I cuochi di Federico II furono tra i migliori del tempo, e le loro ricette fecero il giro d'Europa. Solo i monaci e le carmelitane seppero eguagliare la loro raffinata arte culinaria.

Tra le bevande il posto d'onore era tenuto dai vini, che

s'intitolavano al luogo di produzione o alla qualità del vitigno. Ce n'erano di bianchi e di rossi, dolci, secchi, sulla vena, dal Sorrentino all'Albano, dal Falerno al Cecubo, ch'era il più pregiato. Alcuni osti per invecchiarlo l'affumicavano e altri per aumentare la produzione l'annacquavano. I tempi – come si vede – non cambiano mai. Vini speciali si ottenevano con misture di miele, assenzio, zafferano o mirra, ma essi comparivano solo sulle mense dei ricchi. In Germania e in Inghilterra si beveva in abbondanza la birra da noi quasi sconosciuta, salvo in alcune taverne del Veneto e della Lombardia, che l'acquistavano dai mercanti del Nord. Il caffè, che deriva dalla parola araba *Gahwah* che i turchi pronunciavano *Gahvè*, fu introdotto in Italia dai veneziani solo nel Quattrocento, ma comunque assai prima del tè che la Compagnia olandese delle Indie importò per prima in Occidente.

Durante i pasti non solo si beveva copiosamente, ma si cantava allegramente. Ogni momento della giornata era buono per far baldoria specie nei castelli. Alla fine del XII secolo risalgono le prime corti imbandite che evocavano i banchetti di Trimalcione descritti da Petronio nel *Satiricon*. Il cronista Donizone narra che Bonifacio di Canossa, in occasione delle sue nozze con Beatrice, madre della contessa Matilde, invitò decine di conti e duchi ai quali fece servire ettolitri di vino tratto da pozzi con secchi d'oro. Per le nozze della figlia, un conte lombardo offrì un pranzo di diciotto portate che comprendevano, tra l'altro, porcellini dorati, lepri, capponi, storioni, anguille, capretti, pavoni. Da un vitello arrosto o da una torta poteva a un tratto balzar fuori un osceno nanerottolo che cantava, ballava e lanciava lazzi scurrili. Ogni signore aveva la sua piccola corte di giullari, giocolieri e buffoni che s'importavano di solito dall'Oriente ed erano pagati a peso d'oro. I più applauditi erano gli acrobati, i ballerini, i ventriloqui e gl'imitatori. Ce n'era uno, per esempio, che sapeva ragliare come un asino e imitare il canto della capinera. Le dame impazzivano per lui e lo colmavano di doni.

Spesso i banchetti erano allietati dalle danze di giovani e avvenenti baiadere, accompagnate da orchestrine di musici vaganti che suonavano l'arpa, la cetra, la lira, gli strumenti più in voga nel Medioevo. Sovente il tutto degenerava in orgia e qualche volta ci scappava anche il morto. Ci scappava anzi regolarmente quando il padrone di casa voleva sbarazzarsi di un rivale. Il veleno in una coppa di vino era un'arma più silenziosa e micidiale del pugnale, e con esso si compivano le vendette.

Per ovviare a questi piccoli inconvenienti, fu istituito il cosiddetto «assaggio». L'anfitrione metteva a disposizione dell'ospite un servo che pregustava i cibi. Se costui moriva, le mense si trasformavano in veri e propri campi di battaglia. Fu così giocoforza escogitare nuovi inganni e si cominciò a cospargere d'arsenico i tovaglioli, i piatti, gli stuzzicadenti e specialmente il sale. Si diffuse allora l'uso delle saliere personali munite di lucchetto e di chiave. I più superstiziosi portavano in tasca amuleti e talismani credendo in questo modo di essere immuni dai veleni.

I cronisti contemporanei ci hanno lasciato circostanziate descrizioni dei banchetti medievali che allietavano i parti, i battesimi, i matrimoni e i funerali. I figli si scodellavano in casa col solo ausilio della levatrice. La puerpera, dopo essersi sgravata, era circondata dalle amiche e festeggiata. Poi, con l'aiuto della comare, si calava nuda in una tinozza. Se tra le presenti c'erano donne sterili, costoro s'immergevano nella stessa vasca perché era diffusa la credenza che l'acqua in cui s'era bagnata una partoriente propiziasse la fecondità. La puerpera stava a letto almeno un mese, e s'alzava solo per cambiarsi e indossare le più belle camice del suo corredo. Se era molto ricca, la sua stanza era addobbata con tendaggi e cortine di damasco e il suo letto ricoperto di lenzuola ricamate e trapunte d'argento. I colori più usati per questi addobbi erano il rosso, il verde e l'azzurro; ma se il neonato moriva durante il parto, si parava la camera di nero. Davanti al letto era collocata una credenza, colma di ogni ben di Dio: frutta, dolci, vini, poiché gli ospiti festeggiavano il lieto evento con pantagrueliche mangiate e omeriche bevute.

Il neonato veniva a sua volta lavato con acqua e erbe aromatiche, o con vino rosso, oppure con una mistura d'acqua e uova sbattute: usi che ancora sopravvivono in alcune regioni d'Italia, specialmente nel Sud. Poi la nutrice lo deponeva in una culla pavesata di nastri colorati. Il battesimo avveniva dopo una decina di giorni e si svolgeva in chiesa al cospetto dei padrini che erano almeno una dozzina, ma potevano ascendere anche a cinquanta. Ogni chiesa aveva il suo registro battesimale, nel quale il neonato veniva regolarmente iscritto. Gli s'impartiva un nome ch'era di solito quello di un santo o di un martire, e un cognome ch'era quello della famiglia e spesso derivava da una caratteristica fisica o morale come per esempio i Bonomi, i Boccaccio, i Piccolini, i Bujardo. Nella Roma del tardo Medioevo si cominciò a scommettere sul sesso dei nascituri. Gli allibratori facevano combutta con le levatrici e le balie, e alcuni diventarono molto ricchi. Il gioco fu proibito dai Papi, ma continuò a prosperare clandestinamente.

Fino al Mille, almeno in Italia, il matrimonio si svolse secondo l'uso longobardo. Successivamente gli antichi istituti romani ripresero il sopravvento. Fra questi il più importante era la dote. Ancora nel X secolo era lo sposo che, secondo l'uso germanico, la portava alla sposa. Il connubio veniva combinato dal padre della ragazza (se questa era orfana, dal tutore) che stipulava un vero e proprio contratto col futuro genero. Costui donava al suocero una pelliccia di volpe e ne riceveva in cambio il *mundio*, col quale gli veniva riconosciuto il possesso e assegnata la tutela della donna che s'accingeva a sposare, considerata poco più di un oggetto.

I matrimoni erano molto precoci e una donna a venticinque anni era già considerata una zitella senza speranze. A sette-otto si poteva già essere fidanzati. Una certa Grazia di Saleby andò sposa a un vecchio gentiluomo quando aveva appena quattro anni, a cinque rimase vedova, a sei si rimaritò con un nobile, ma poiché anche questo morì prematuramente, undicenne celebrò le sue terze nozze, che non sappiamo se furono anche le ultime. Grazia fu un'eccezione perché le leggi fissavano l'età della sposa a dodici anni e quella dello sposo a quattordici. Anche la Chiesa s'opponeva ai connubi troppo precoci, ma con una buona somma di denaro era facile ottenere la dispensa, con la quale anche i lattanti potevano sposarsi.

Nel X secolo il sacerdote aveva cominciato ad assistere al matrimonio che si celebrava sul sagrato. La cerimonia cominciava davanti alla casa della sposa dove si formava il corteo, che snodandosi attraverso le vie della città, muoveva verso la chiesa. Lo guidava la sposa, scortata da due paggetti che reggevano una pianticella di rosmarino, seguiti da una specie di fanfara o da un gruppo di vergini – o presunte tali – biancovestite. Chiudevano la processione i parenti e gli amici. Sulla soglia della chiesa il prete e lo sposo attendevano il corteo. Quando questo giungeva cominciava il rito che culminava nel fatidico «sì» suggellato dalla promessa della sposa di essere «fedele e sottomessa al marito». Il sacerdote celebrava quindi la messa alla quale seguiva il banchetto nuziale che veniva allestito nella navata centrale della chiesa e durava fino a sera quando gli sposi, accompagnati dagli amici e inseguiti da turbe di corbellatori che li bersagliavano con escrementi e acqua sporca, s'avviavano alla volta di casa. Si dirigevano subito verso la camera da letto e si spogliavano davanti a tutti in attesa del prete che doveva venire a benedirli, spruzzandoli d'acqua santa e cospargendoli di incenso per cacciare il demonio che stava sempre in agguato. Spesso l'esorcista tardava, e allora bisognava mandare qualcuno, con una lauta mancia, a chiamarlo. A mezzanotte, gli sposi licenziavano gli amici e si calavano nell'alcova, costruita a mo' di baldacchino e celata da una tenda agli sguardi indiscreti dei servi. In teoria, per tre notti – le cosiddette notti di Tobia – non doveva succedere nulla, pena la scomunica, ma nella realtà il matrimonio veniva regolarmente consumato. Nei castelli feudali vigeva il cosiddetto *jus primae noctis* che dava diritto al signore di spulzellare la sposa, se già non l'aveva fatto prima. Questo privilegio, barbaro per la donna, ma spesso gravoso anche per chi lo esercitava, si chiamava *droit de cuissage* in Francia, *marchette* in Inghilterra e *cazzagio* in Piemonte. Di questa prerogativa godevano anche, anzi soprattutto, gli abati, titolari dei grandi monasteri.

Come il battesimo e il matrimonio, anche il funerale aveva un suo rituale e una sua pompa. Nel Medioevo tutto era pubblico, anche la morte. Al capezzale di un moribondo si davano convegno i parenti, gli amici e i preti i quali non l'abbandonavano un istante, specialmente se si trattava di un ricco. Tutti pregavano, cantavano e recitavano i salmi. Subito dopo il trapasso si preparava la sepoltura alla quale attendevano gli stessi familiari perché i becchini non comparvero fino alla metà del Trecento, dopo la grande epidemia di peste che nel 1348 decimò letteralmente la popolazione europea. Presso i romani avevano funzionato imprese di pompe funebri, ma coi secoli bui se n'era persa ogni traccia. Il morto veniva denudato, calato in una vasca e lavato con acqua calda profumata di salvia e di altri aromi.

Le esequie tributate ai ricchi erano invece molto solenni. Il corteo funebre s'apriva con una banda di suonatori di flauti, corni e tube, seguiti dalle *prefiche,* vedove o zitelle che piangevano su ordinazione e dietro compenso. Venivano poi i parenti del morto. Le donne esprimevano il loro cordoglio strappandosi i capelli, lacerandosi le vesti e cacciando alti lamenti. Alcune, in preda a crisi isteriche, si gettavano a terra, strabuzzavano gli occhi, roteavano la testa fin quasi a svitarla, s'avventavano a capofitto contro un muro o tentavano di sbarbicare un albero. Non era raro il caso che un funerale mietesse qualche vittima tra coloro che così clamorosamente vi partecipavano. In segno di lutto i Romani indossavano abiti scuri, e quest'uso fu conservato nel Medioevo. Le donne smettevano le vesti chiassose e attillate e infilavano ampi mantelli neri con cappuccio, si coprivano il volto con veli bianchi e si cingevano le tempie di bende dello stesso colore. Dopo il funerale si celebrava un banchetto che spesso degenerava in autentica gozzoviglia.

I Romani andavano in villeggiatura e noi sappiamo che Cassiodoro aveva una villa in Calabria e Plinio sul lago di Como. Nell'Italia feudale e rurale non c'era bisogno di spostarsi per trovare un po' di verde e di pace. La penisola era tutta campagna, e fino al Mille nelle poche città scampate alla furia dei barbari si vedevano pascolare le greggi. Poi, quando risbocciò la vita urbana, tornò la voga delle gite fuori porta, anche perché le città erano anguste e ci si stava stretti. Molto in uso erano i *picnic* e le camporelle. I giovani facevano romanticamente all'amore sotto gli alberi o sulle ripe dei fiumi, e il *Decamerone* è pieno di questi idilli.

Altri passatempi erano le feste e gli sport. Con danze e banchetti si celebravano l'onomastico, le nozze d'oro e d'argento, l'addio alla pubertà. Si festeggiavano l'Assunta, il Santo Patrono, il Natale e la Pasqua. Quest'ultima era una ricorrenza soprattutto gastronomica a base di uova, salame e abbacchio. Piatti natalizi erano invece il capitone, che ancora oggi non manca mai sulle tavole dei romani e che vorrebbe simboleggiare il serpente che si morde la coda, cioè l'eternità. Forse fu nel Lazio che cominciò a diffondersi l'uso del presepio mentre l'albero di Natale sappiamo con certezza che è d'origine germanica e molto posteriore: fu preparato la prima volta dalla duchessa di Bried nel 1611. In alcune città di Francia e d'Italia sopravvissero i saturnali, ma al posto del principe s'eleggeva un «papa dei folli» a cui venivano conferite le insegne pontifice. Il papa, issato a bordo di un asino, addobbato con fiocchi, trine e sonagli benediva il popolo e celebrava una messa, seguita da un lauto festino ai piedi dell'altare.

Col tempo queste sagre diventarono sempre più scollacciate e gli eccessi cui giunsero obbligarono la Chiesa a vietarle e a scomunicare coloro che vi partecipavano. Da esse deriva il nostro Carnevale che, perduto ogni carattere di satira religiosa, è diventato una festa profana. In quest'epoca grande solennità rivestivano le processioni, che avevano lo scopo di scongiurare una carestia o un'epidemia, di tener lontano il nemico, di render grazie a Dio o alla Madonna per un qualche beneficio ricevuto. Quella medievale era una civiltà corale, impregnata di misticismo, bigotta, superstiziosa e a forte rilievo teatrale.

Molta voga vi ebbero le «laudi», i «misteri» e i drammi liturgici, sacre rappresentazioni che si svolgevano fra le navate delle chiese, sui sagrati, nei conventi e sulle piazze con gran concorso di pubblico. I soggetti erano tratti dal Nuovo Testamento, le scene erano mobili e rappresentavano la Natività, la Passione e la Resurrezione. Gli attori venivano presi dalla strada perché quelli professionisti erano perseguitati dalla Chiesa che li giudicava alleati del Demonio. Le donne non erano ammesse e le parti femminili venivano sostenute da giovinetti. Ma le sacre rappresentazioni finirono col tediare gli spettatori, e coi primi giullari e menestrelli scomparvero. I nuovi repertori non s'ispirarono più al Vangelo, ma alle gesta di Rolando e agli amori di dame infelici e bellissime. Il teatro non era ancora lo specchio della vita, ma aveva cessato di essere un'anticipazione dell'aldilà.

La Cavalleria portò i tornei e le giostre, che diventarono

gli sport non solo più nobili, ma anche i più popolari. I tornei si svolgevano in un'ampia pista circolare e consistevano in combattimenti ai quali partecipavano quadriglie di cavalieri, che avventandosi gli uni contro gli altri tentavano di disarcionarsi a vicenda. La giostra era un torneo con due soli concorrenti, muniti di lancia e spada. Sovente questi duelli avevano un esito mortale, e per questo la Chiesa finì col condannarli, scomunicando i partecipanti e rifiutando la sepoltura cristiana a chi vi soccombeva. Le giostre e i tornei continuarono a disputarsi, ma i cavalieri adottarono armi spuntate, o «cortesi». Poi, col tempo, si rinunziò anche a queste, e i duelli si trasformarono in caroselli, esibizioni di virtuosismo equestre che un araldo annunziava per le vie della città.

I cavalieri scendevano in lizza indossando sontuose vesti di velluto e di broccato e superbi cimieri impennacchiati. I cavalli erano ricoperti di gualdrappe di lana a scacchi sulle quali erano riprodotti gli stemmi araldici di ciascun concorrente e i motti d'amore composti in lode della dama per la quale giostravano. Essa premiava con un gioiello, con una spada o un drappo ricamato e trapunto d'oro il vincitore, che la baciava sulla fronte. Finito il carosello, si svolgeva un banchetto che si protraeva fino all'alba, tra canti e danze. Una giostra molto popolare fu per tutto il Medioevo la «quintana», d'origine saracena, che consisteva nel colpire con una lancia un fantoccio ruotante su un perno e con le braccia snodate e articolate in modo tale da assestare una gran ceffata a chi mancava il bersaglio. Frequenti furono pure per secoli le corse di cavalli, o *palii*, chiamati così perché il vincitore riceveva in premio un drappo, o *pallium*.

Altra grande passione del tempo furono i giuochi: i dadi, gli scacchi, la zara. I dadi erano piccoli cubi in osso oppure in avorio, in vetro, in piombo o in terracotta. La partita si disputava con tre dadi che si gettavano sopra una tavola con la mano oppure con un bussolotto chiamato «torre». Le puntate variavano, ma di solito erano molto alte. Un tale in una sola mano perdette un castello, un altro dilapidò tutto il suo patrimonio e dovette addirittura dare in pegno al vincitore la propria moglie. Gli scacchi furono importati in Italia dai Crociati di Palestina dove questo gioco, d'origine indiana o persiana, era assai popolare. Vari editti furono promulgati contro gli scacchi da Pontefici, Vescovi, e dal Re di Francia Luigi IX, ma restarono lettera morta. Erano lo svago preferito dei nobili i quali, essendo completamente analfabeti, non avevano altro modo di passare il tempo nei loro castelli. La «zara» era una specie di tavola reale: si lanciava in aria un dado e si diceva un numero dall'uno al sei. Chi l'indovinava vinceva, chi non vinceva bestemmiava e qualche volta, se temeva di essere stato ciurmato, poneva mano al pugnale o alla spada.

Una sola attività distraeva l'uomo medievale dai giuochi d'azzardo: la caccia, che fu per secoli lo sport principe dei ricchi e degli aristocratici. I castelli e le tenute di campagna avevano intere sale adibite ad armerie, e i loro signori allevavano personalmente cani e falconi. La falconeria diventò un'arte alla quale anche le dame si dedicavano. Il rapace andava addomesticato e istruito a seconda dell'impiego al quale s'intendeva destinarlo: voli a distesa, altani, di riviera, eccetera. Un buon cacciatore doveva anche conoscere il carattere del suo falcone: se esso era troppo spavaldo gli dava da mangiare carne cotta nel vino; se invece si mostrava timido lo rimpinzava di petto di colombo intinto nell'aceto. Quando era in amore gli propinava, in dosi minime, arsenico rosso; se volava alto gli spennava il groppone obbligandolo così, per il freddo, ad abbassare la quota. Alcuni falconi valevano più di una mandria di buoi. Ci fu un vescovo che per acquistarne uno vendette la parrocchia, e un altro prelato, per paura che qualcuno gli rubasse il suo, se lo portava in chiesa e quando celebrava la messa lo collocava sull'altare. Quando il volatile era raffreddato lo si purgava e poi, con una sottile pagliuzza, gli si soffiava nel naso una polvere di pepe, garofano e tabacco. La farmacopea era complicatissima, e il semplice starnuto di un falcone piombava nello sgomento il suo proprietario. Questi rapaci venivano agghindati come dame, impennacchiati di piume, inanellati, avvolti in mantelline tempestate di pietre preziose, ricoperti di ciondoli, catenelle e sonagli. Le leggi garantivano loro una speciale protezione, e chi li uccideva veniva punito come se si fosse macchiato del sangue di uno schiavo. Oltre che coi cani e coi falconi, si cacciava con trappole, reti, lacci, penere, e come armi s'impiegavano fionde, frecce, coltelli, lance. La venagione fu a più riprese condannata dai concili ecumenici, dopo che i padri della Chiesa l'avevano definita uno sport crudele, *ars nequissima*. Ma nel Rinascimento essa diventerà il passatempo di molti ecclesiastici e di Leone X, che fu il primo papa cacciatore.

L'Italia era un *melting-pot* di razze: c'erano gli antichi indigeni italici, gli Arabi e i Normanni in Sicilia, residuati Bizantini nel Mezzogiorno, qua e là sacche longobarde, gote e franche, e gli Ebrei un po' dappertutto. Ciascuno di questi popoli aveva fogge proprie, che però lentamente si fusero. I capi di vestiario dell'uomo comune erano semplici e di rozza fattura: pantaloni aderenti lunghi fino al ginocchio, di stoffa pesante o di cuoio, una blusa di lana fermata alla vita da una cintura dalla quale pendevano un mazzo di chiavi, un pugnale, gli arnesi di lavoro e una borsa, che poi fu detronizzata dalla tasca. Le calze, variopinte e di lana, arrivavano fino alla coscia, e le scarpe di cuoio avevano la punta rialzata per impedire a chi le portava di inciampare. Sulle spalle l'uomo indossava una mantellina che lo riparava, in mancanza dell'ombrello, dalla pioggia e dalla neve. In testa portava un berretto o un cappello a punta che poteva essere di feltro o di pelle. Poiché non esistevano i bottoni, si faceva grande uso di fibbie, cordoni e lacci.

L'abbigliamento dei ricchi era naturalmente più vario.

Gli abiti erano ricamati, guarniti di pizzi e di gale, e orlati di pelliccia d'ermellino, ma più spesso di volpe o di lince. I più raffinati si mettevano i guanti, simbolo in origine di investitura feudale, e s'ingioiellavano. Quasi tutti portavano al dito un anello munito di sigillo, di cui si servivano per firmare. Nessuno, ricco o povero che fosse, indossava le mutande, conosciute dai Romani, ma di cui si era perso l'uso. Esse ricompariranno durante il Rinascimento, ma solo sulle natiche delle prostitute. Solo nell'Ottocento diventeranno un indumento essenziale e obbligatorie almeno in pubblico.

Cicerone, Cesare, Augusto non portavano la barba, gli Imperatori della decadenza l'adottarono, i Longobardi e i Franchi avevano barbe folte, lunghe e ricciolute. Ma dopo le Crociate, gli uomini ricominciarono a radersi. A Firenze esistevano barberie gestite da donne che fungevano anche da case d'appuntamento. I capelli si portavano lunghi, arricciati e con tanto di frangia, alla guisa dei *Beatles*. I nobili ostentavano le trecce, e se le intralicciavano con spille, gale e fili d'oro.

La moda maschile, nel complesso, subì più l'influsso di quella germanica che di quella romana, il cui capo fondamentale era la toga, sconosciuta nel Medioevo. Le fogge femminili invece si ispirarono a lungo a quelle romane e bizantine. Le donne indossavano sottane di panno simili a tuniche con ampie maniche; oppure, nella stagione calda, un manto di lana o di lino, chiamato *socca*, che scendeva fino ai piedi e che una fibbia fermava sulla spalla. D'epoca più tarda è la *zimarra*, soprabito foderato di pelliccia, con o senza maniche, guarnito di alamari, frange e ricami.

Le scollature erano generose, e molti se ne scandalizzavano. Ne facevano scialo specialmente le fiorentine che – dice Dante – «van mostrando con le poppe il petto». Le signore della buona società indossavano il velo, importato in Italia dai Crociati. Di solito esso era molto lungo e copriva non solo il volto, ma anche le spalle, e un diadema lo incollava alla fronte. Col tempo passò di moda e fu sostituito dal cosiddetto «cappuccio a foggia» dalla cui punta, o becchetto, si srotolava una garza che scendeva fino ai piedi.

Le nobildonne sfoggiavano cappelli conici ornati di corna, alle quali nel Medioevo non si prestava alcun significato allusivo, e nei loro guardaroba non mancavano le pellicce. Di cuoio erano le scarpe, e di broccato o di seta le pantofole. Se le Romane portavano a mo' di busto delle fasce turgide e spesse, le dame del Duecento ignoravano il reggipetto.

Sconosciuto era l'uso del fazzoletto che anche presso gli antichi non aveva mai avuto grande fortuna poiché, fin dai tempi di Cesare, il naso lo si soffiava con le dita. Per i Greci poi nettarsi il moccio con una pezzuola era considerato addirittura un atto sconcio, incompatibile con l'igiene e il galateo. Il fazzoletto fu una conquista del Rinascimento, sebbene anche allora il popolino preferisse ricorrere alle dita o ai lembi della blusa.

Come oggi, le acconciature femminili erano infinite e bizzarre. Se le Romane avevano avuto un debole per le chiome rosso fiamma, le donne medievali preferivano il biondo, contrassegno di razza e di classe: i nobili infatti, essendo di origine tedesca, erano quasi tutti biondi. Le castane e le brune si tingevano e si facevano confezionare i cosiddetti «posticci». Una dama piemontese allevava una corte di paggi biondi a cui faceva tagliare i capelli coi quali poi s'abbelliva. Le chiome potevano essere a torciglioni, a balzo, a crocchia, e di solito s'avvolgevano in cuffie, reti dorate, maspilli.

Complicatissimo anche allora era il *maquillage*, i cui ingredienti basilari erano il rossetto e la crema, fatta di un velenoso intruglio di polvere di piombo, aceto e miele che conferiva all'incarnato un colore bianco e opaco simile a quello della biacca, ma che col tempo corrodeva il volto e lo deturpava. Per truccarsi gli occhi, le donne usavano un carboncino d'antimonio e nerofumo, antenato del moderno *rimmel.*

Altri cosmetici molto in voga erano lo zafferano che dava vivacità alle gote, le mandorle, le fave, le cipolle, le ali d'api. Al posto del sapone s'usava la soda o la farina di fave, mentre per la pulizia dei denti si ricorreva all'orina di fanciullo impastata con pomice e marmo grattugiati, oppure con polveri di corno di cervo, cranio di lupi e gusci d'uovo. I Crociati, tra le altre cose, portarono in Occidente anche i profumi, di cui gli Arabi furono, per secoli, i più sapienti distillatori. Uomini e donne se ne cospargevano abbondantemente il corpo e gli abiti. Si profumavano perfino le vivande e le cavalcature.

La chimica non era solo al servizio della bellezza, ma anche della medicina che impiegava quasi esclusivamente prodotti vegetali e erbe, fra le quali la più celebre, grazie anche alla nota commedia del Machiavelli, era la mandragola, una pianta velenosa cui si attribuiva, tra l'altro, il potere di favorire i flussi mestruali. Molto noto era anche il laserpizio, conosciuto dai Greci e Romani e usato come tonico, digestivo e lassativo. Era considerato un toccasana infallibile e guariva un'infinità di malattie: dal raffreddore all'asma, dall'epilessia alla pleurite, faceva scoppiare le serpi e starnutire le capre.

Contro la calvizie pare che non ci fosse rimedio più efficace di un timballo a base di pepe, zafferano e sterco di topo, il tutto abbondantemente innaffiato di aceto. L'anemia si curava con la cosiddetta *mumia*, un liquido estratto dalla decomposizione dei cadaveri. I primi a scoprirne le miracolose virtù terapeutiche erano stati gli Egiziani che la ricavavano dalle mummie dei faraoni. I Crociati la propagarono in Occidente, dove si cominciò a estrarre la *mumia* dai corpi di giovinette morte vergini o in odor di santità.

Le malattie però, più che coi farmaci, si combattevano coi talismani e gli esorcismi. L'unghia di alce, per esempio, si diceva che guarisse l'epilessia, chi perdeva la memoria la riacquistava con la lingua dell'ùpupa, il corno di cervo debellava la sterilità, e la pelle di serpente alleviava le doglie. Poteri terapeutici avevano anche le pietre preziose: il diamante era un antidoto contro la colite spastica, lo zaffiro stroncava il morbillo, e lo smeraldo guariva la dissenteria e l'emorragie.

A scopo curativo si praticava anche la fustigazione che i medici prescrivevano contro la febbre quartana, la pazzia e la frigidità. Ma la ricetta più piacevole era l'amore, raccomandato contro l'emicrania, l'inappetenza e la diarrea. Al capezzale di Luigi VII di Francia, minato appunto dalla diarrea, i medici convocarono una formosa pulzella. Ma il Re, ch'era molto bigotto, ne rifiutò sdegnosamente i favori.

I medici comuni, dapprincipio, furono esclusivamente monaci e chierici. Poi nel 1135 il Concilio Laterano proibì agli ecclesiastici d'esercitare quel mestiere che passò nelle mani dei laici. Ad esso diede impulso la scuola Salernitana, che abilitava alla professione coloro che la frequentavano per almeno cinque anni e per un altro facevano pratica presso un anziano ed esperto medico. Questa celebre scuola, che fu la prima Università italiana, rilasciava il titolo di maestro, essendo quello di dottore riservato, all'inizio, solo agl'insegnanti. Era il medico stesso che manipolava e faceva manipolare i farmaci, di cui i suoi malati avevano bisogno.

I medici di solito si facevano pagare in anticipo, guadagnavano molto e disdegnavano la chirurgia che veniva praticata dai barbieri e dai *cerusici*. Chiunque poteva compiere un'operazione a patto che trovasse qualcuno disposto a sottoporvisi. Non erano richiesti speciali requisiti: bastava aver assistito a qualche dissezione. Il cadavere, deposto su un tavolo di marmo, veniva squarciato da un infermiere, il quale seguiva le istruzioni di un cerusico che leggeva ad alta voce un manuale d'anatomia, naturalmente molto sommario e pieno di sfondoni.

Accanto alla farmacia si sviluppò l'alchimia che spesso con quella si confondeva. Di solito non si trattava che di ciarlatani i quali imbrogliavano i gonzi gabellando per elisir di lunga vita pomate di farina o intrugli d'acqua e sale. A loro volta non si differenziavano molto dagli astrologi che dallo studio degli astri e delle costellazioni traevano oroscopi e ricette. I purganti, per esempio, avevano un effetto portentoso se presi sotto il segno dei pesci; mentre gli emetici, che provocavano il vomito, andavano propinati sotto quello del leone.

La farmacia medievale, che in origine non vendeva solo medicine ma anche candele e articoli di cancelleria, era dotata di ampie scaffalature contenenti storte, alambicchi, mortai e decine di vasetti di maiolica, o *alberelli*, pieni di erbe, polveri e pomate. Alcune farmacie decoravano le pareti con animali imbalsamati e quadri d'autore. Era il farmacista che analizzava le urine, mentre chi aveva bisogno di un salasso doveva rivolgersi a un barbiere, il quale era anche chirurgo ortopedico. Le operazioni si facevano di solito a domicilio e i ferri del chirurgo erano la sega, una bacinella, un paio di coltelli e il martello, che veniva impiegato per stordire il malato quando il dolore diventava insopportabile. Questa rudimentale forma di anestesia era spesso fatale a colui che la subiva.

Le cose andarono un po' meglio dopo il Mille, quando cominciarono a sorgere i primi ospedali, adibiti in origine soprattutto a lebbrosari. I più antichi in Italia furono quelli di San Giovanni a Pisa e di Altopascio, in provincia di Lucca. In seguito alle grandi epidemie di colera e di peste che s'abbatterono in Europa, decimandola, si fondarono i lazzaretti, dove, per impedire il contagio, i degenti erano tenuti in quarantena e isolati dal resto del mondo.

Il contagio era facilitato dai viaggi che col risveglio della vita umana e la conseguente rinascita del commercio si fecero sempre più frequenti e sempre meno avventurosi, sebbene le contrade continuassero a essere infestate da briganti. Ma poiché si cominciava a viaggiare in comitiva, diminuiva il pericolo delle rapine e delle imboscate. Carlomagno, quando non cavalcava, si spostava a bordo di rozze e pesanti carrette di legno trainate da buoi, che furono il principale veicolo medievale fino al XII secolo, allorché i mezzi di trasporto si fecero più spediti e più agili. La moglie di Carlo d'Angiò, Beatrice, si fece costruire dal falegname di corte un elegante traino e lo foderò di velluto azzurro, con ricami d'oro e d'argento e un materassino di piume che le proteggeva il didietro dai sobbalzi delle ruote.

Anche i viaggi per mare non erano comodi, un po' per il piccolo tonnellaggio delle imbarcazioni e un po' per i disagi fra cui si svolgeva la navigazione. Non esistevano cabine singole, e tutti i passeggeri dormivano in uno stesso locale. Le cuccette erano addossate le une alle altre e spesso ospitavano più d'una persona. Orde di topi, vermi, pidocchi, cimici, scarafaggi infestavano le navi e spesso erano causa di epidemie. Tutti, all'alba, venivano svegliati da una trombetta. Era l'annuncio della santa Messa che si celebrava senza l'Eucarestia perché imbarcare ostie consacrate era considerato sacrilegio. Una trombetta dava il segnale anche dei pasti che si consumavano sul ponte e consistevano in un piatto di montone con contorno e formaggio. Al posto del pane venivano servite focacce o biscotti, e dopo mangiato si passava il tempo cantando o giocando ai dadi.

La paura dei pirati consigliava la navigazione in convoglio, il più possibile di cabotaggio, e con scali frequenti per consentire ai cambusieri di far rifornimento di acqua e di viveri. Chi viaggiava aveva a disposizione in ogni città un certo numero di taverne e osterie dislocate, come abbiamo visto, nei pressi delle porte. Esse erano contraddistinte da un'insegna parlante: osteria dell'oca, del gallo, della luna eccetera. Anche lì si dormiva tutti in uno stesso camerone, e solo gli ospiti di riguardo avevano una stanza tutta per loro. Quel che poteva succedere in questi luoghi lo ha raccontato il Boccaccio.

Essi fornivano, con i castelli e le abbazie, l'ambiente ideale della «dolce vita» medievale.

CAPITOLO QUATTORDICESIMO
IL CASTELLO

Il castello medievale di solito si appollaiava come un'aquila, sulla cima di un monte o alla confluenza di due fiumi. Lo cingevano spesse mura di pietra, rinforzate da cavicchi di ferro lambite da un ampio fossato d'acqua stagnante, lungo il cui perimetro correva una palizzata di robusti tronchi dalla punta acuminata, interrotta da un tozzo torrione a cupola, o barbacane, collegato alla terraferma da un piccolo pontile di legno. Al di qua della palizzata, a ridosso dei bastioni, montavano di guardia le sentinelle. Di notte esse vigilavano dal cammino di ronda, o merlone, ch'era una specie di parapetto frastagliato dallo zig-zag dei merli. Esso non si snodava lungo l'intera cinta di mura, ma in vari punti era interrotto dalle torri laterali con le quali comunicava per mezzo di piccoli ponti levatoi, per impedire che i nemici, una volta arrampicatisi con le scale sui merli, potessero penetrare all'interno del maniero. In caso di attacco, gli arcieri si dislocavano lungo il cammino di ronda e con le frecce rintuzzavano gli assalitori. Col tempo, il merlone fu ricoperto con una volta che lo riparava dal sole d'estate e dal gelo d'inverno.

Ai lati, il castello era puntellato da alte torri circolari o quadrate dalle quali si potevano rovesciare sugli spalti sottostanti pietre, pece e acqua bollente. A vari piani, esse erano dotate internamente di scale retrattili ricavate nello spessore del muro. Le finestre erano sostituite dalle cosiddette bocche di leone, feritoie strombate a forma di cono tronco disposto orizzontalmente con la base verso l'esterno. La bocca di leone consentiva all'interno una visuale ad

147

ampio raggio, limitando al minimo l'osservazione dal di fuori.

Al maniero si accedeva attraverso un massiccio portone di ferro, sormontato da un arco trionfale, fiancheggiato da torri, alla cui base era incardinato un ponte levatoio ribaltabile, azionato da pulegge, montate su assi rotatori. Uno speciale dispositivo di contrappesi l'abbassava e lo sollevava. Una porta di servizio e d'emergenza, o «pusterla», munita anch'essa di ponte levatoio, era ricavata su uno dei bastioni laterali. Una fitta grata veniva innalzata, a mo' di diaframma, tra il portone e il cortile interno del castello, sul quale s'affacciavano gli abituri dei servi, dei fabbri, dei carpentieri, dei calzolai, e le loro botteghe. Ai lati, erano collocate la chiesa, la fontana con l'annesso lavatoio e la peschiera.

Al centro troneggiava il maniero del signore, con il suo cortile, circondato da mura. Qui si rifugiavano gli abitanti del castello quando i nemici, sfondato il ponte levatoio e scavalcate le mura, avevano occupato il primo recinto. Il maniero, con la sua torre squadrata, o «maschio», alta fino a quaranta metri, era il cuore dell'intero fortilizio. Il maschio aveva in media tre piani fuori terra e due sotto. Su ogni piano s'affacciavano una o due stanze con soffitto a volta Quello superiore comunicava col sottostante per mezzo di scale retrattili. Il primo era occupato dal salone dove si banchettava, si ballava, si giuocava a scacchi, si ricevevano gli ospiti. Il secondo era adibito a camera da letto del signore e della moglie. Il terzo era abitato dai figli. Agli ospiti, ai malati e ai moribondi era riservato il primo piano del sottosuolo mentre il secondo era destinato a segreta o prigione, dove i carcerati languivano incatenati nel buio, avendo per giaciglio la nuda terra. Ogni maniero era fornito di sottopassaggi, di dedalici labirinti comunicanti con l'aperta campagna, di cui solo il signore conosceva la pianta e i meandri.

Sulla cima del maschio spiccava una garitta poligonale o rotonda, munita di feritoie, attraverso le quali una vedetta vigilava notte e giorno, scrutando la pianura, pronta a dar l'allarme col corno appena si profilavano all'orizzonte bande nemiche. Sulla garitta sventolava la bandiera con lo stemma del signore. In caso di capitolazione egli la strappava e la gettava dalla torre. La garitta era circondata da un breve spiazzo armato di forche, alle quali venivano appesi i cadaveri dei traditori, che di lontano si stagliavano come macabri manichini.

Il castello era una piccola comunità, un microcosmo economico e sociale autosufficiente. Di varie dimensioni, poteva ospitare parecchie centinaia di persone, ognuna con un compito ben previsto, assegnatole dal signore, che assommava in sé tutti i poteri e funzioni: politiche, economiche e giudiziarie. Era il solo a impartire ordini e il solo a non riceverne perché il suo diretto superiore, re o imperatore, era lontano e su di lui non esercitava praticamente alcun controllo. Il vincolo di sudditanza l'obbligava, in caso di guerra, ad accorrere in suo aiuto e in tempo di pace a versargli un tributo. Il Signore vi adempiva puntualmente. Ma ogni forma di omaggio diventò col tempo sempre più simbolica.

Il Signore, che nel linguaggio comune si chiamava genericamente «Barone», era mattiniero. Si alzava al canto del gallo. Se aveva il sonno pesante, il ciambellano gli toglieva il cuscino di sotto il capo e poi, pigliandolo per le orecchie, lo scuoteva. Qualche volta il ciambellano non bastava, e allora bisognava chiamare un paio di scudieri, i quali lo tiravano per i piedi e per le braccia fino a destarlo. Dopo di che fuggivano per sottrarsi alle sue bastonature. Il Barone si coricava completamente nudo sotto un rustico baldacchino. Ai piedi del letto erano distese pelli di animali, da lui personalmente uccisi. Trofei di caccia pendevano anche dalle pareti, accanto a qualche arazzo con scene mitologiche e cavalleresche. Le finestrelle erano riparate da pesanti tende rosse o marroni. Accanto al letto erano sistemati un gran candeliere, un comò sbilenco, e una pertica sulla cui cima il Signore attaccava gli abiti. Non mancavano una statuina, in legno o in metallo, di San Giorgio o di San Michele, protettori della cavalleria, e una reliquia di San Cristoforo o di San Sebastiano, ch'erano quelle più a buon mercato. Solo i Margravi più potenti ne possedevano della Vergine o degli Apostoli, che custodivano in urne tempestate di preziosi.

Sceso dal letto, il Signore affondava le mani in una bacinella d'acqua fredda, e si sottoponeva a una sommaria abluzione. Più tempo impiegava a pettinarsi e a radersi. Il castello disponeva di un bagno, riscaldato da una piccola stufa a legna, ma esso era riservato quasi esclusivamente agli ospiti e ai malati. Il Signore lo usava il meno possibile, come si conveniva a un rude guerriero.

Dopo la toeletta, pregava. Non s'inginocchiava, ma – secondo l'uso orientale, importato in Occidente dai Crociati – si stendeva a terra rivolto a Levante, invocando Gesù, la Madonna ma anche Abramo, Mosè e David. Quindi assisteva alla Messa, celebrata nella cappella privata del castello, che era a pianta rettangolare con un piccolo abside. La domenica e nelle grandi festività si recava con la famiglia e il seguito nel vicino monastero. All'offertorio, deponeva sull'altare pane, vino, olio, lardo, frutta che il prete distribuiva ai fedeli più bisognosi. Ascoltava compunto la predica, faceva la comunione, e qualche volta serviva la Messa.

Tornato nella sua camera, faceva un'abbondante colazione a base di frutta fresca, uova, formaggio e latte. Poi si faceva condurre il suo cavallo e in compagnia del siniscalco, o factotum, varcato il ponte levatoio, faceva una cavalcata di un paio d'ore nei boschi, durante la quale sfogava la sua passione per la caccia. Verso le dieci rientrava al castello e compiva una lunga ispezione alle scuderie, all'armeria e alla falconeria. A mezzogiorno, dall'alto del maschio, la vedetta annunciava col corno l'ora della colazione che si svolgeva nella sala grande del maniero, al cui centro troneggiava una gigantesca tavola in pietra squadrata. In una delle pareti era scavato un camino sul quale ardeva un nodoso tronco di pino. Uno schermo di vimini intrecciati smorzava il bagliore delle fiamme, e grandi candelabri poggiati sulla mensola del camino illuminavano l'ambiente.

Abbiamo già descritto la cucina medievale. I piatti imbanditi alla mensa di un Signore erano grassi, succulenti, e varie e abbondanti le libagioni. L'ingrediente più comune era naturalmente la selvaggina. Il Signore mangiava seduto su uno scanno preminente, a ribadire la sua autorità e il suo rango, servito da giovinetti di nobile famiglia, o damigelli, vestiti di seta e d'ermellino, che un giorno sarebbero stati da lui investiti cavalieri, ma che allora si limitavano a porgere le coppe e a mescere i vini. Alla tavola del Signore erano scrupolosamente osservate le gerarchie, e il protocollo era rigoroso. Il posto d'onore era riservato al più alto dignitario ecclesiastico in visita al castello: abate, cardinale, nunzio apostolico, che aveva la precedenza su quelli laici: principi, conti, messi imperiali. Mancando ospiti illustri, il Signore si metteva a capo tavola con ai lati due belle dame. Il banchetto era allietato da un'orchestrina, dalle capriole dei buffoni e dai racconti dei giullari.

Dopo aver mangiato, il Signore giocava ai dadi e agli scacchi. Verso le cinque convocava la sua piccola corte e con essa discuteva gli affari del castello. Interrogava il siniscalco, che in suo nome amministrava la giustizia ordinaria e comandava l'esercito; il maresciallo, adibito alle scuderie; il tesoriere, che faceva i conti e teneva la cassa; il coppiere, da cui dipendevano le cantine; il dispensiere, incaricato dell'approvvigionamento dei viveri; il capocuoco ecc.

Alle sette suonava il corno della cena, non meno abbondante della colazione. Al Signore piaceva bere e spesso, quando s'alzava da tavola, era ubriaco. Si sedeva accanto al caminetto e invitava gli ospiti a raccontare barzellette o a sciogliere indovinelli. A mezzanotte, s'incamminava barcollando verso la camera da letto. I servi lo spogliavano, poi ripiegavano camicia e calzoni e li infilavano sotto il guanciale. Quando spengevano le candele, il Signore già russava, nudo, con le mani incrociate sul petto, dal quale pendeva un piccolo crocifisso di legno.

Questa era, a un dipresso, la giornata di un Signore medievale, in tempo di pace. Era piuttosto monotona, e solo due o tre volte l'anno si animava e assumeva tinte più gaie, o più solenni: in occasione di tornei, delle processioni e delle investiture dei cavalieri. Il Signore era di solito un abile «torneador» e non disdegnava di scendere in lizza anche se i concorrenti erano più giovani e aitanti di lui. Era innanzitutto un uomo d'armi, e la vita sedentaria non gli piaceva. La guerra la faceva non solo per necessità politiche, ma anche per vincere la noia del castello.

L'investitura del cavaliere era un rito d'iniziazione militare, d'origine germanica. Si nasceva barone, conte, principe, ma cavaliere si diventava. Anche un fornaio o un fabbro, se si erano segnalati sul campo di battaglia, potevano in teoria essere fatti cavalieri. Ma solo in teoria. In pratica, questo accadeva solo eccezionalmente.

L'istruzione del cavaliere cominciava dalla culla. Il barone padre faceva indossare al fantolino un abito di seta, guarnito d'ermellino, lo conduceva al fonte battesimale, e lo dotava di vaste terre e di un bel gruzzolo. Lo affidava quindi a una balia di sangue nobile con la quale il ragazzo cresceva fino all'età di sette anni. Dopodiché alla sua educazione veniva preposto un tutore che gl'insegnava a cavalcare, a giocare ai dadi e agli scacchi. L'istruzione scolastica era farraginosa e approssimativa, e molti cavalieri restavano per tutta la vita analfabeti. «Non sa leggere perché nobile» si diceva nel Medioevo senz'accento ironico. I pochi che studiavano avevano vaghe nozioni di aritmetica, musica, geometria e astronomia (le quattro scienze che formavano il *quadrivio*) e di grammatica, retorica dialettica (che costituivano il *trivio*). La storia si compendiava nelle gesta di Achille, Ettore, Alessandro e Cesare, l'astronomia si confondeva con l'astrologia, la chimica con l'alchimia.

A dodici anni, il baronetto diventava «damigello» di un Signore, nel cui castello si trasferiva Qui si sottoponeva alla vera e propria istruzione militare: imparava a manovrare l'arco, a impugnare lo scudo, a maneggiare la spada, a scagliare il giavellotto, a tirar di scherma. Assisteva alle giostre e ai tornei e vi accompagnava il barone al quale, in tempo di guerra, a cavallo di un ronzino, portava la lancia e lo scudo. A quindici anni, finalmente, era pronto per essere fatto cavaliere. Era il Signore stesso, se soddisfatto delle sue prestazioni, a cingergli la spada.

La cerimonia era solenne, e ad essa erano riservati il Natale, la Pasqua, la Pentecoste, l'Ascensione e la festa di San Giovanni. Poiché il rito si svolgeva in parte all'aperto, la scelta della data cadeva di solito a Pasqua o il giorno della Pentecoste. Il neo-cavaliere, dopo aver fatto un bagno di purificazione (e di pulizia), indossava una tunica bianca (simbolo di purezza), un manto rosso (emblema del sangue che era disposto a versare in nome di Dio), una cotta nera (simbolo della Morte che non paventava), e vegliava un'intera notte in chiesa, immerso nella preghiera. La mattina, durante una messa alla quale partecipavano nobili e dignitari, si portava ai piedi dell'altare. Il prete gli benediva l'arma, dopodiché egli si volgeva al suo Signore che col piatto della spada lo colpiva tre volte sulla spalla, pronunciando la formula di rito: «Nel nome di Dio, di San Michele e di San Giorgio, io ti faccio cavaliere». Alla piattonata alcuni sostituivano la cosiddetta palmata o ceffone. Un barone un giorno ne appioppò uno di tale potenza che il damigello stramazzò al suolo, e vano fu ogni sforzo di richiamarlo in vita. Il giovane cavaliere riceveva quindi una lancia, un elmo e un cavallo, sul quale balzava senza toccare la staffa, e al galoppo usciva dalla chiesa, curacollando verso la cam-

153

pagna. La cavalcata si concludeva con una quintana e la cerimonia con un lauto banchetto. Il neo-cavaliere poteva, da questo momento, portare al fianco la spada, entrare armato in chiesa e sedersi a mensa con altri cavalieri.

Ma a corrispettivo di questi diritti, c'erano numerosi doveri. La Cavalleria aveva un codice al quale il cavaliere doveva uniformarsi e che gli imponeva la devozione a Cristo e alla Vergine. Il cavaliere era un milite della fede. Al grido di «Dio lo vuole» si tuffava nella mischia, ed era invocando il Suo nome che, ferito a morte sul campo di battaglia, esalava l'ultimo respiro. Era il protettore della Chiesa e del Clero, delle vedove e degli orfani. Alla fellonia preferiva la morte, teneva fede alla parola data, si manteneva casto, era galante e generoso con le donne.

Naturalmente non tutti si mostravano all'altezza di quest'impegni. La Cavalleria, più che una istituzione, fu un ideale, portato in Italia dai Goti, dai Longobardi e dai Franchi. Spesso fu confusa con il feudalesimo, il quale fu semplicemente il sistema economico e sociale nel quale essa germinò e maturò. La Chiesa la ingentilì per poi servirsene come milizia secolare contro gl'Infedeli. Senza Cavalleria non ci sarebbero state le Crociate, e l'Europa oggi sarebbe forse musulmana.

Essa elevò la condizione della donna, nobilitandola. Era alla donna amata che il cavaliere rivolgeva il suo ultimo saluto prima di scendere in lizza o di partire per la «guerra santa». Fu la Cavalleria che ispirò l'amore cortese, importato in Italia dai trovatori provenzali, cantato dai poeti della scuola siciliana e del Dolce Stil Nuovo. A celebrarlo e diffonderlo furono le «corti d'amore» tenute dalle dame nei loro turriti castelli. Mentre il barone cavalcava a caccia nella foresta o giocava a scacchi, la moglie, circondata da damigelle, ascoltava i madrigali dei trovatori e le imprese d'amore di immaginari cavalieri, sotto le cui spoglie si celavano spesso gli stessi menestrelli. S'intrecciavano, fra la castellana e il poeta, dialoghi alla Giacosa. L'amore si conciliava col matrimonio? – chiedeva il trovatore alla castellana, la quale rispondeva che l'amore era furtivo e inconciliabile con l'alcova coniugale. I quesiti diventavano più difficili e scabrosi quando a porli era la dama: quale parte del corpo femminile un cavaliere sceglieva, quella superiore o quella inferiore? Il trovatore, che non voleva compromettersi perché da un momento all'altro poteva comparire il barone, rispondeva: quella superiore. Ma la castellana ribatteva che le fondamenta dell'edificio erano più importanti dei piani superiori.

La più celebre corte d'amore d'Europa fu quella di Eleonora d'Aquitania, e della figlia Maria, contessa di Champagne. Fu costei a diffondere la leggenda dell'amore di Lancillotto, immaginario cavaliere della Tavola Rotonda, per la bella moglie di Re Artù, Ginevra, di cui egli diventò lo zimbello. Quand'essa morì, Lancillotto tentò di impiccarsi. Una volta, vedendo un capello di lei impigliato nel pettine, tanto fu turbato che svenne.

L'amore cortese era incompatibile con l'avarizia e l'impudicizia. Il cavaliere era tenuto a impallidire al cospetto della donna amata e a colmarla di graziosi doni: una borsa, una specchiera, un fazzoletto, un collana, un bacile. Nessuna prova era troppo ardua per conquistare il cuore di una donna. Peire de Vidal, figlio di un pellicciaio, indossata una pelle di lupo, si fece sbranare da una muta di cani sotto la finestra di una dama di Carcassonne. Ulrich von Lichtenstein si limitò a tagliarsi un dito e a mandarlo alla propria amante. Non essendo riuscito nemmeno con questo sacrificio a cattivarsene le grazie, si mescolò ad alcuni lebbrosi e minacciò d'uccidersi.

L'amore cortese fu tuttavia più un fenomeno letterario che di costume. Le corna anche allora prudevano e di rado l'adulterio restava impunito. Il menestrello Raimon de Rossilhon fu squartato da un barone di cui aveva sedotto la moglie, la quale, dopo essere stata obbligata a mangiare il cuore dell'amante, fu precipitata da una torre del castello.

Il colpo di grazia all'amore cortese lo inferse però la Chiesa che lo condannò perché distraeva la Cavalleria dalle Crociate. Esso rispunterà otto secoli più tardi col Romanticismo.

CAPITOLO QUINDICESIMO

ARNALDO DA BRESCIA

Come abbiamo anticipato al cap. X, da tempo serpeggiavano a Roma certe idee di palingenesi politica e religiosa che avevano indotto la cittadinanza, stanca del malgoverno pontificio, a restaurare una Repubblica che pretendeva riallacciarsi a quella dell'antica Urbe e continuarne le tradizioni. Queste idee, non si sa bene se in ritardo o in anticipo di quasi un millennio, erano ispirate da un abate bresciano, di nome Arnaldo. Poco sappiamo di lui. Ignota è anche la sua data di nascita, ma doveva essere intorno al 1090. A venticinque anni, Arnaldo prese gli ordini religiosi minori e si trasferì a Parigi, dove ebbe come maestro il celebre filosofo Abelardo. Studiò dialettica e lesse avidamente i Padri della Chiesa. Più della teologia lo interessava però la morale, più della religione la politica.

Nel 1119 lasciò Parigi e tornò a Brescia, dove diventò canonico e poi abate di un monastero agostiniano. Non possediamo di lui un ritratto fisico. Ottone di Frisinga ci ha lasciato quello morale: un lupo sotto le spoglie di un agnello. Il suo implacabile nemico, Bernardo, scrisse di lui: «Mangia solo il pane del demonio e beve soltanto il sangue delle anime». Ma sull'equanimità di questi giudizi abbiamo i nostri dubbi. Doveva essere un uomo casto, frugale e scorbutico come lo sono, di solito, i riformatori e i profeti. Predicava il ritorno della Chiesa alla semplicità evangelica e accusava il Papa e i Vescovi di possedere terre, far politica e immischiarsi nelle cose del mondo. Il clero, diceva, doveva vivere d'elemosine e non accumulare ricchezze, sperperarle e esercitare l'usura. Ecco cose che sentiremo ripetere da molti eretici, ma anche da molti santi. Arnaldo flagellava i vizi della Chiesa, la sua mondanizzazione, la sua sete di potere temporale.

Si può facilmente immaginare la reazione del Vescovo di Brescia alla propaganda del giovane abate. Nel 1139 egli fu condannato come eretico e obbligato ad abbandonare la città e a passare le Alpi. Bernardo non perdeva occasione per attaccarlo in infiammate epistole al Papa, che ordinò di rinchiudere Arnaldo, «il novello Golia», in convento. Ma il riformatore bresciano riuscì a fuggire a Parigi dove, per un certo tempo, si guadagnò la vita insegnando teologia.

Neppure lì il suo persecutore gli dette pace. Bernardo fece tanto che il Re di Francia obbligò Arnaldo a lasciare la città e riparare in Svizzera. A Zurigo fu ospitato dal Legato pontificio, Guido, che l'aveva conosciuto a Parigi e con lui aveva frequentato la scuola di Abelardo. Quando Bernardo lo seppe, scrisse inviperito a Guido: «Arnaldo, la cui parola è miele, ma la dottrina veleno, Arnaldo che ha di colomba il capo ma di scorpione il pungiglione, Arnaldo che Brescia vomitò, Roma aborrì, Parigi scacciò, la Germania maledì e l'Italia bandì, si trova presso di voi. Egli può nuocere alla dignità del vostro ufficio. Soccorrerlo significa tradire il Papa e Dio». Ignoriamo le conseguenze di questa lettera, ma immaginiamo che essa dovette averne, se per alcuni anni di Arnaldo si persero le tracce. Secondo un cronista contemporaneo, egli insegnò sotto falso nome scolastica a Zurigo, protetto da Guido. Secondo altri, si nascose in Germania guadagnandosi da vivere con lezioni private.

Ma nel 1145 eccolo a Roma, dov'era salito al Soglio Lucio II. Il nuovo Papa, con l'aiuto del re normanno Ruggero e dei nobili romani, cercò di abbattere la Repubblica, alla cui testa s'era posto Giordano Pierleone, fratello dell'antipapa Anacleto. Dei grandi patrizi romani che avevano tutti fatto lega col Papa, egli fu l'unico ad abbracciare la causa del Comune. I senatori gli avevano conferito il titolo di Patrizio e ampi poteri. Il tentativo di Lucio di riconquistare la signoria su Roma fallì. Invano il Papa pose l'assedio al Campidoglio: i cittadini e i senatori lo difesero con accanimento. Durante un assalto alla rocca, Lucio fu colpito alla testa da un sasso. Ferito e sanguinante, fu trasportato al convento di San Gregorio sul Celio dove, pochi giorni dopo, morì senza aver ripreso conoscenza. Fu subito convocato il conclave dal quale uscì eletto un abate pisano, discepolo di Bernardo, col nome di Eugenio III.

Questo Papa, destinato a passare alla storia come il grande ispiratore della seconda Crociata – quella di Luigi VII e di Corrado – era in realtà un uomo sempliciotto e timido. I Romani gli sbarrarono l'accesso alla basilica di San Pietro dove avrebbe dovuto essere incoronato e l'obbligarono a fuggire a Viterbo. La Repubblica non aveva ancora trovato un suo assestamento e la città era in preda alla demagogia dei Senatori, alla confusione delle istituzioni e alla turbolenza della plebe.

Fu in mezzo a questo caos che Arnaldo capitò a Roma. Le fonti sono scarse e non ci dicono perché ci venne. Probabilmente vi fu chiamato dal Comune che aveva bisogno, per così dire, di un ideologo ufficiale. Arnaldo aveva sempre predicato: «Date a Cesare quel che è di Cesare e a Dio quel che è di Dio», cioè la separazione del potere temporale dello Stato da quello spirituale della Chiesa. Era naturale ch'egli ora diventasse la guida morale del Comune, al cui servizio mise la sua straordinaria eloquenza. In piedi, sui ruderi del Campidoglio o nell'arena del Colosseo, arringava la folla citando Virgilio, Giustiniano, Sant'Agostino. Il suo latino, contadinesco e un po' maccheronico, doveva fare un certo effetto sui Romani, riscaldandone la fantasia e ridestandone il patriottismo. Metteva sotto accusa le brame, l'ingordigia e le ricchezze dell'alto clero. Il popolino lo applaudiva e poi si precipitava a saccheggiare i palazzi dei Cardinali e a svaligiare il Laterano.

Sulla fine del 1145 Eugenio III, sceso a patti con la Repubblica, tornò a Roma. Ma dopo pochi mesi, urtatosi nuovamente col Senato, ripartì per Viterbo, affidando la causa del Papato alla penna di Bernardo: «Pecorelle smarrite – scriveva il Santo ai Romani – tornate al vostro pastore, al vostro Vescovo! Illustre città di eroi, torna a riconciliarti con Pietro e con Paolo, tuoi principi veri». Ma in altre lettere aveva definito i Romani «superbi, avari, vani, sediziosi, inumani, falsi, e traditori indegni».

Alle blandizie di Bernardo, i Senatori risposero offrendo all'Imperatore Corrado, appena reduce dalla sfortunata Crociata, la corona imperiale e una capitale: Roma. La Repubblica gli inviò reiterati appelli perché calasse in Italia e ponesse l'Urbe sotto il suo alto patronato. I Romani gli promettevano perfino di restaurare il ponte Milvio sul quale il suo esercito sarebbe potuto trionfalmente passare evitando Castel Sant'Angelo dov'erano asserragliati i Pierleoni, accusati di combutta coi Normanni e col Papa.

Corrado, sulle prime, esitò. Ma poi finì per cedere. Sulla fine del 1151 decise di scendere in Italia, e inviò i suoi ambasciatori ai Romani e al Pontefice, annunciando il suo arrivo. Ma non poté mandare a effetto i suoi piani perché nel febbraio successivo calò nella tomba.

E sul trono tedesco salì il nipote Federico detto il Barbarossa.

Anche a lui i Romani offrirono la corona imperiale. Conserviamo i messaggi che il Senato gli inviò, fradici di retorica. Solo gli storici nazionalisti li hanno esaltati come testimonianze di patriottismo e di orgoglio civico. Il popolo romano – vi si legge – è la fonte di ogni autorità e l'Imperatore non è che il primo magistrato della Repubblica.

Pare che autore di questi appelli fosse Arnaldo. Federico vi rispose marciando su Roma per farsi coronare Imperatore dal Pontefice cui avrebbe restituito in cambio quel dominio temporale che la Repubblica gli aveva «usurpato».

A Roma scoppiò il putiferio, e i più scalmanati chiesero di eleggere un nuovo Imperatore e di contrapporlo a Federico. Ma il partito dei moderati, incline a un accordo con Eugenio, ora che i tedeschi lo sostenevano, prevalse.

Nell'autunno del 1152, il Pontefice varcò nuovamente le porte di Roma e riconobbe ufficialmente il Comune. Ma anche lui, come Innocenzo II, non poté godere a lungo i frutti della pace, ché l'anno successivo morì. Un mese dopo calò nella tomba Bernardo e molti, a Roma, trassero un sospiro di sollievo.

A Eugenio successe un certo Anastasio, figura sbiadita; ma dopo solo diciotto mesi cinse la tiara uno dei più grandi Papi che la Chiesa medievale abbia avuto. Adriano IV era nato a Langley, in Inghilterra, da un povero prete. Senza mezzi e smanioso di istruirsi, aveva abbracciato la carriera ecclesiastica e, trasferitosi in Francia, era diventato priore di San Rufo, vicino ad Arles. Era un uomo di viva intelligenza, di rara energia e di bell'aspetto. A Roma aveva conosciuto Eugenio III che, presolo a benvolere, lo aveva nominato Cardinale e poi Legato Pontificio in Norvegia. Fu al ritorno da una missione in quel lontano Paese che fu designato alla successione di Anastasio. La sua elezione – sebbene fosse un Papa straniero, l'unico che l'Inghilterra abbia dato alla Chiesa – fu salutata con favore dai nobili romani. Con un certo sgomento dovette invece accoglierla Arnaldo, il cui prestigio era già in crisi.

Il Senato aveva rifiutato l'omaggio al Pontefice, e questi aveva reciprocato negando il suo al Senato e mettendo Arnaldo al bando. L'assassinio di un Cardinale, pugnalato e abbandonato sulla via Sacra, fece esplodere un'ennesima sommossa. Adriano fulminò d'interdetto l'Urbe.

Era la prima volta che un Pontefice scomunicava la capitale della Cristianità. L'atto sottintendeva la maledizione divina e implicava la sospensione di tutte le cerimonie del culto: i sacerdoti non celebravano più la messa, non amminìstravano i sacramenti, limitandosi a impartire il battesimo e la comunione ai moribondi. Su Roma si stese una pesante coltre di angoscia.

Dopo quattro giorni le donne, i vecchi e i preti cominciarono a tumultuare minacciosamente con croci e ceri sotto le finestre del Campidoglio. I Senatori, vedendo quella folla inferocita, supplicarono Adriano di revocare l'anatema. Il Papa acconsentì ma chiese che Arnaldo abbandonasse immediatamente l'Urbe. Il giorno stesso il riformatore bresciano lasciò Roma, tra gli schiamazzi e gl'insulti di coloro che tante volte, sotto l'arco di Costantino o ai piedi della colonna Traiana, l'avevano acclamato.

L'allontanamento di Arnaldo precipitò gli eventi. L'esercito di Federico era ormai alle porte del Lazio. Il Papa mosse a Viterbo per riceverlo e gli mandò incontro tre Cardinali per chiedergli la testa di Arnaldo, rifugiatosi in un castello dei visconti di Campagnatico. Il Barbarossa spedì un manipolo di soldati a catturare il fuggiasco, il quale fu immediatamente consegnato al Pontefice e imprigionato. Un tribunale ecclesiastico lo condannò a morte per eresia, e pochi giorni dopo fu impiccato e poi arso su un rogo. Le sue ceneri furono gettate nel Tevere per impedire che i Romani le custodissero come reliquie.

Con lui calò nella tomba il primo eretico politico del Medioevo, un esaltato retore, ma animato da un patriottismo autentico, che seppe morire per le sue idee in anticipo sui tempi. Per i suoi egli fu martire. Per gli avversari fu un demagogo. Per noi fu un miscuglio dell'uno e dell'altro. La sua eredità fu raccolta dalla setta degli Arnaldisti, che presero anche il nome di «eretici lombardi». Correva l'anno 1155.

Scortato dalle milizie di Federico, il Papa era intanto tornato a Roma, dove nel giugno impose al Barbarossa la spada, lo scettro e la corona imperiale. La cerimonia si svolse in O. Pietro, alla chetichella. I Senatori, offesi per la ripulsa

162

di Federico a farsi incoronare da loro, si barricarono in Campidoglio. L'Imperatore s'accampò nei prati di Nerone, lasciando il Pontefice nella Città Leonina, che il giorno stesso fu assalita dai Romani i quali, dopo aver fatto strage delle guardie papaline, ripassarono il Tevere, piombarono sui tedeschi, e trucidatine alcune centinaia, ripiegarono sulle rive del fiume. Immediata fu la risposta del Barbarossa, e sanguinosa la vendetta. Gli imperiali s'avventarono sugli assalitori e li decimarono: il bilancio fu di mille morti e di alcune centinaia di feriti. Ma fu una vittoria di Pirro.

La difficoltà di approvvigionamento e una violenta febbre scoppiata tra le file dei tedeschi indussero Federico ad abbandonare l'Urbe e a trasferirsi sulle pendici del monte Soratte, seguito dal Papa, che lo assolse dai delitti commessi a Roma. Dopo alcuni giorni l'Imperatore levò le tende e, congedatosi da Adriano, riprese la via del ritorno, facendo tappa a Spoleto che gli si era ribellata, radendola al suolo, e guadagnandosi l'appellativo di «sterminatore di città».

La partenza di Federico fu per il Pontefice un autentico «bidone». Venuto in Italia per cingere la corona imperiale, il Barbarossa aveva ottenuto lo scopo. Era Adriano che non aveva raggiunto il suo. L'Imperatore non aveva abbattuto il potere della Repubblica e restaurato quello del Papa. Nell'Urbe i Senatori continuavano a spadroneggiare, nonostante i focolai d'opposizione aristocratica e papalina.

Poiché la situazione sconsigliava una marcia su Roma, Adriano, raccozzati alcuni baroni del Lazio, puntò sul Mezzogiorno dove era scoppiata un'ennesima rivolta dei feudatari pugliesi contro Guglielmo (succeduto al padre Ruggero) ch'egli aveva preventivamente scomunicato, sollevando così i suoi sudditi dal vincolo di fedeltà. Ma le soldatesche pontifice furono volte in rotta dal Re normanno, e il Pontefice dovette nuovamente piegarsi a chiedere la pace.

L'ottenne, e anche a condizioni vantaggiose, poiché Guglielmo sposò la causa sua contro quella del Comune.

Quando, nel novembre del 1156, Adriano tornò a Roma, trovò gli abitanti più docili che in passato. Temevano il suo nuovo alleato siciliano. Senato e Papa conchiusero una tregua di cui ignoriamo i termini. Verosimilmente Adriano riconobbe la Repubblica, e questa la sua signoria spirituale sull'Urbe.

CAPITOLO SEDICESIMO

IL BARBAROSSA

Prima di marciare su Roma, Federico aveva fatto una puntatina in Lombardia.

Da tempo Milano non pagava più i tributi, trascurava la manutenzione di strade e ponti, negava ospitalità ai legati tedeschi e angariava con guerricciole e spedizioni punitive il piccolo comune di Lodi, vassallo fedele dell'Impero e fiorente mercato, cui affluivano i prodotti agricoli di Crema, Pavia, Cremona e Piacenza che, in altri tempi, venivano convogliati su Milano. Nel marzo del 1153, tre ambasciatori lodigiani erano stati inviati a Costanza per denunciare i milanesi. Il Barbarossa aveva spedito in Lombardia il conte Sicherio che vi era stato accolto a lazzi e sberleffi. I milanesi l'avevano addirittura malmenato, obbligandolo ad abbandonare di notte la città e a rivalicare le Alpi. Poi, impauriti del proprio gesto, avevano inviato all'Imperatore un'anfora colma di monete d'oro. Ma Federico non aveva voluto neppure ricevere i latori del dono, e nell'ottobre dello stesso anno con un esercito di duemila cavalieri era sceso in Italia.

Giunto a Roncaglia, nei pressi di Piacenza, aveva convocato i rappresentanti dei comuni padani. Lodi aveva ribadito le sue accuse. Le forze tedesche erano troppo scarse per un'azione di guerra contro Milano, perciò il Barbarossa si era limitato a spianare al suolo i castelli di Momo, Trecate e Galliate. Poi aveva puntato su Tortona, nemica acerrima di Pavia, filo-imperiale, e l'aveva cinta d'assedio. Dopo due mesi di resistenza, la città, vinta dalla fame e dal tifo, aveva capitolato. Nell'aprile, Federico era partito per Roma. Al calar dell'estate era tornato in Germania dove, durante la sua assenza, erano scoppiate qua e là piccole rivolte di vassalli.

Nel 1152 la sua elezione era stata salutata da unanimi consensi. Nipote di Corrado di Hohenstaufen per parte di padre e del ghibellino Enrico il Leone per parte di madre, Federico conciliava gli antagonismi tra le due potenti famiglie. Quando salì al trono non aveva che trentadue anni, aveva combattuto in Asia Minore contro i Turchi e vi si era segnalato. Aveva ricevuto una rigida educazione militare e fin da bambino aveva imparato a maneggiare la spada e l'arco. Quanto a cultura, sapeva leggere e scrivere, aveva qualche nozione di storia e di geografia, e forse masticava un po' di latino. Era certamente più istruito di Carlomagno, ma lo era meno di Ottone III.

Il cronista Acerbo Morena ce lo descrive di media statura, atticciato, riccioluto, fulvo di capelli e rosso di barba (da cui il soprannome Barbarossa). Aveva gli occhi celesti, i denti bianchissimi e le mani lunghe e affusolate. Era di gusti semplici, beveva poco e mangiava con moderazione. Era devoto ma non bigotto, e gli unici svaghi che si concedeva erano la caccia e gli scacchi. Aveva sposato in prime nozze Adelaide di Vonburg ma poi, col consenso del Papa, l'aveva ripudiata perché sterile e s'era unito con Beatrice di Borgogna, che gli aveva portato in dote la ricchissima valle del Rodano, fino alle Fiandre. Beatrice era una donna gracile e minuta. Aveva i capelli castani e gli occhi chiari. Conosceva i classici e aveva letto i padri della Chiesa. Era docile, casta e pia, e diede a Federico, che le fu sempre fedele, numerosa prole.

Tornato in Germania, il Barbarossa s'accinse a domare i vassalli ribelli. Assegnò le marche di confine ai principi fedeli alla corona, ristabilì l'ordine in Austria e in Boemia, dov'erano scoppiati tumulti violenti, convocò una dieta a Ratisbona, e poi trasferì la Corte a Besançon. Ne facevano parte principi, abati, vescovi, filosofi, trovatori, storici come Ottone di Frisinga, zio dell'Imperatore e suo biografo ufficiale, e poeti come Reynaldo di Dassel, agiografo di Federico e più tardi suo cancelliere.

Da Besançon, nell'estate del 1158, si mise in marcia alla volta dell'Italia, dove i maggiori comuni lombardi erano di nuovo in fermento. Milano non aveva cessato di molestare Lodi e il suo mercato. Un editto impediva addirittura ai lodigiani di alienare beni senza il consenso dei milanesi. I contravventori erano puniti col bando e la confisca. Quando i consoli di Milano avevano cercato d'imporre a Lodi il giuramento d'obbedienza, il piccolo comune si era ribellato. I milanesi, dopo avere invano posto un ultimatum, il giorno dell'Epifania avevano occupato la città e obbligato i suoi abitanti a evacuarla. Quindi avevano demolito le mura, incendiato le case, svaligiato le chiese. I profughi si erano rifugiati a Pizzighettone, di dove avevano spedito corrieri al Barbarossa per supplicarlo di accorrere in loro aiuto.

Nel 1158 Federico calò in Italia con un possente esercito, di cui facevano parte, oltre ai tedeschi, austriaci, polacchi, boemi e borgognoni. Esso dilagò nella pianura padana e ne fece terra bruciata. Decine di villaggi furono rasi al suolo, piccoli borghi ridotti a cumuli di macerie. Non si risparmiarono neppure i raccolti e le greggi. Molti abitanti furono trucidati, altri catturati come ostaggi.

Il Barbarossa puntò sull'Adda e guadò il fiume a valle, travolgendo le resistenze milanesi. Poi si avventò sul castello di Trezzo, lo espugnò, e lo munì di una nuova cinta di mura. Infine si volse verso la pianura del Lambro dove fu festosamente accolto dai profughi lodigiani, ai quali assegnò una vasta area affinché vi fondassero una nuova città. Lo stesso Federico ne tracciò i confini e segnò sulla carta il luogo dove doveva sorgere il palazzo imperiale. Milano fu completamente isolata e cinta d'assedio.

Per un mese i milanesi tentarono con repentine sortite di

rompere il blocco, ma alla fine dovettero capitolare per fame. Secondo alcuni cronisti la resa fu dovuta al tradimento del comandante Guido di Biandrate. I primi a varcare le mura della città furono i lodigiani e i pavesi, che si abbandonarono alla violenza e al saccheggio. A stento Federico riuscì a contenerne l'uzzolo di vendetta. Stremata, la città giurò fedeltà all'Impero, pagò i tributi con gli arretrati, e consegnò in ostaggio a Federico duecento nobili. La maggior parte dei comuni alleati di Milano mandarono ambasciatori al Barbarossa, in segno di omaggio.

Domata la città ribelle e pacificata, almeno in apparenza, l'Italia del Nord, l'Imperatore convocò, una solenne dieta a Roncaglia alla quale parteciparono non solo vescovi, principi e consoli, ma anche insigni giuristi dell'Università di Bologna. Federico voleva che la grande Assise sanzionasse sul piano giuridico i diritti dell'Impero e fissasse gli obblighi dei sudditi. Chiese pubblicamente ai due maestri di diritto bolognesi, Bulgaro e Martino Gosia, se spettava all'Imperatore il titolo di signore del mondo. Bulgaro rispose di no, Martino disse di sì e fu premiato con un magnifico cavallo bianco. Fu posto poi il quesito se era meglio pagare un tributo all'Impero e goderne la protezione, oppure essere sottoposti a un vescovo o a una città vicina. I comuni lombardi, minacciati dalle mire espansionistiche di Milano, dichiararono che era meglio essere vassalli dell'Impero.

La Dieta riconobbe a Federico la piena sovranità su contee, marchesati e ducati, il diritto di esigere *corvées*, quello di fare costruire case, ponti e strade. Supremo magistrato, l'Imperatore amministrava la giustizia, applicava sanzioni, annullava sentenze, concedeva condoni. Solo lui poteva battere moneta, innalzare mura, imporre tasse sul sale, sul ferro e su altri prodotti del suolo e sottosuolo. Molti di questi diritti erano stati ripetutamente rivendicati dal Comune di Milano e da quelli alleati, che negli ultimi tempi li avevano anche regolarmente esercitati. Ora Federico li avocava tutti a sé. Ma dalla Dieta uscì malconcia soprattutto la Chiesa, renitente a ogni sorta di obblighi feudali.

Le decisioni di Roncaglia furono votate alla unanimità. Violente opposizioni scatenò invece la loro applicazione. Per vincere la titubanza di Piacenza, il Barbarossa fece scorciare le torri cittadine la cui altezza superava le venti braccia e colmare il fossato scavato lungo il perimetro delle mura. Più difficile fu indurre Crema a imitarne l'esempio, dopo che i suoi abitanti avevano cacciato i legati imperiali. Per piegarla, Federico dovette cingerla d'assedio. I tedeschi, con l'aiuto dei lodigiani, concentrarono sotto le mura testuggini, arieti e ponti di legno, sui quali avevano issato e legato a mo' di scudo ostaggi cremaschi. I difensori non esitarono a colpire con frecce e pietre i loro concittadini e a massacrarli. Poi, per vendicarsi, radunarono sugli spalti delle mura i prigionieri tedeschi e dopo averli orrendamente mutilati, li sgozzarono. Il confessore di Federico supplicò l'Imperatore di ritirare i ponti e di dare sepoltura alle vittime.

L'assedio fu lungo e sanguinoso, ma alla fine i cremaschi dovettero arrendersi. Ebbero salva la vita, ma furono obbligati a evacuare la città, che fu invasa e messa a sacco dai lodigiani, ai quali s'erano uniti i cremonesi e i pavesi. Furono abbattute le mura e con le macerie colmati i fossati, le case furono spianate al suolo, le chiese svaligiate e poi date alle fiamme. Quando, cinque giorni dopo, il Barbarossa partì per Pavia, Crema non era più che un ammasso di rovine.

Violente manifestazioni antitedesche si verificarono per reazione a Genova e a Milano, dove il cancelliere imperiale Reynaldo riuscì a stento a mettersi in salvo nella vicina Lodi. Anche lo Stato Pontificio era in fermento. Il Papa aveva pubblicamente proclamato l'indipendenza della Chiesa dall'Impero, negando a quest'ultimo il diritto di esigere da essa tributi. Federico aveva mandato a Roma emissari per stabilire contatti col Senato, i cui rapporti col Papato negli ultimi tempi s'erano molto tesi. Nel settembre del 1159, ad Anagni, punto da un insetto velenoso, era calato nella tomba Adriano IV. Sul letto di morte aveva maledetto il giorno in cui aveva lasciato l'Inghilterra e il convento di San Rufo per cingere la tiara. Era stato un Papa sagace, indomito e battagliero.

Fu subito convocato un conclave per dargli un successore. I Cardinali erano però divisi in due partiti, uno filo, l'altro anti-imperiale. Il primo sosteneva il cardinale romano Ottavio Monticelli, il secondo quello senese Rolando Bandinelli, che alla fine fu acclamato Papa.

Nel momento in cui s'accingeva a ricevere il pastorale e la mitra, il Bandinelli fu assalito dai partigiani del Monticelli, che gli strapparono il manto purpureo e lo posero sulle spalle del loro candidato, ma nella fretta glielo infilarono alla rovescia. Ne seguì un violento tumulto, al quale parteciparono senatori, ecclesiastici e popolo. La Basilica di San Pietro fu trasformata in un campo di battaglia. Si combatté perfino sugli altari e nei confessionali dove alcuni Cardinali, vista la mala parata, s'erano rifugiati.

I filo-imperiali ebbero la meglio, e Ottavio Monticelli fu eletto Papa. I suoi sostenitori intonarono un *Te Deum*, e il popolo in tripudio accompagnò il nuovo Pontefice, che assunse il nome di Vittore IV, in Laterano. Il Bandinelli riparò in Vaticano e poi in Trastevere di dove, dopo alcuni giorni, fu liberato dai Frangipani, condotto a Ninfa ai piedi dei Monti Volsci, e consacrato Papa col nome di Alessandro III.

Federico tentò di comporre lo scisma convocando un Concilio a Pavia, al quale invitò anche il Bandinelli, che rifiutò di recarvisi. L'assise confermò l'elezione di Ottavio Monticelli. Alessandro III reagì scomunicando Federico e il suo Papa. L'anatema implicava il bando dalla Chiesa e liberava i sudditi da ogni vincolo di obbedienza e d'omaggio all'Imperatore, che poteva anch'essere ucciso senza che il colpevole commettesse, per questo, peccato.

Il gesto di Alessandro fu accolto con favore alle corti di Parigi e di Londra. I milanesi, imbaldanziti, ricominciarono a molestare i lodigiani. Fu indetto un secondo Concilio a Tolosa. Alessandro III v'intervenne, Vittore IV vi mandò i suoi delegati che accusarono il Bandinelli di avere aizzato i Comuni contro l'Imperatore. Il Concilio si pronunziò a favore di Alessandro III. Federico allora convocò un terzo Concilio a Pavia, che riconfermò l'elezione di Vittore IV. Correva l'anno 1160.

L'Imperatore passò l'inverno a Pavia, in attesa che dalla Germania giungessero forze fresche e che Novara, Asti, Vercelli, i Malaspina e i marchesi del Monferrato unissero i loro eserciti a quello suo per schiacciare la ribelle Milano. In primavera marciò sulla metropoli lombarda, già accerchiata da Pavia, Lodi, Cremona e Novara.

Un cronista contemporaneo riferisce che dopo sei mesi d'assedio i milanesi erano stremati dalla fame: «Per un tozzo di pane il marito si gettava sulla moglie, il fratello sul fratello, il padre sul figlio». Per indurre la città a capitolare, Federico ricorse ai più atroci stratagemmi. Accecò cinque prigionieri e poi li affidò a un loro compagno, al quale aveva fatto cavare un solo occhio, affinché li riconducesse a casa.

Al settimo mese i milanesi si rassegnarono alla resa. Nove consoli e otto magistrati si recarono a Lodi dove in quel momento si trovava l'Imperatore, e gli chiesero la pace. In cambio Milano avrebbe abbattuto le mura, scorciato le torri, colmato i fossati, consegnato trecento ostaggi a Federico e accettato un podestà imperiale. In più avrebbe pagato una forte somma di denaro.

Il Barbarossa respinse sprezzantemente queste proposte e chiese la resa senza condizioni. I notabili del Comune s'inginocchiarono ai piedi di Federico e i rappresentanti delle corporazioni gli consegnarono i loro stendardi. Guitelmo, che aveva diretto la difesa di Milano, depose nelle mani dell'Imperatore le chiavi della città. Fu ricondotto a Lo di anche il Carroccio con il gonfalone e le altre insegne. Poi Federico volle che tutti i milanesi giurassero obbedienza all'Impero dinanzi a un'assemblea di principi e vescovi tedeschi. Nel marzo del 1162 il Barbarossa decise di spianare al suolo la città, dopo aver ordinato alla popolazione di evacuarla entro otto giorni. Era il castigo che in passato Milano aveva inflitto a Lodi.

In poco più di una settimana la città fu completamente smantellata. Nemmeno gli antichi edifici romani furono risparmiati. Solo le chiese, per ordine dell'Imperatore, scamparono alla devastazione. Non sfuggirono però al saccheggio le reliquie. Dalla Chiesa di Sant'Eustorgio furono trafugate le ossa dei Re Magi, che secondo una leggenda erano state portate a Milano nel IV secolo dal Santo stesso. Trasferite in Germania, adornano oggi il duomo di Colonia.

La vittoria fu celebrata a Pavia con feste e banchetti, ai quali Federico intervenne con in capo la corona che tre anni prima, con un voto, aveva giurato di non cingere finché Milano non fosse stata domata. I Comuni, che in passato avevano parteggiato per Milano, timorosi di fare la sua stessa fine, si sottomisero volontariamente al Barbarossa, che assunse il titolo di «Imperatore Romano, incoronato da Dio, grande e pacifico, trionfatore glorioso e accrescitore dell'Impero».

In ogni città Federico nominò un podestà con ampi poteri politici, amministrativi e giudiziari. A Milano designò Enrico di Liegi, a Bergamo Marcoaldo di Grumbac. I profughi milanesi, dopo la distruzione della loro città, si erano sparsi per la campagna e avevano cercato asilo nei borghi vicini. Quando l'Imperatore li autorizzò a ricostruire le case, essi si acquartierarono lungo le antiche mura dove in poche settimane spuntarono come funghi capanne e abituri.

Il Barbarossa ripartì per la Germania, affidando l'Italia ai suoi vicari. Dapprincipio essi furono accolti benevolmente dalle popolazioni, ma quando aumentarono le tasse, il malcontento ricominciò a serpeggiare. Gli stessi lodigiani protestarono. I Podestà imperiali non esigevano solo tributi, ma angariavano i cittadini e li sottoponevano a onerose *corvées*. S'innalzavano dovunque torri e castelli per le guarnigioni tedesche e i fedeli alleati dell'Imperatore: i conti di Savoia, quelli del Monferrato e gli Ezzelino.

Nell'autunno del 1163 Federico ridiscese in Italia per assistere al trasferimento dalla Lodi vecchia a quella nuova delle spoglie di San Bassiano, protettore della città. Da Lodi si portò a Pavia, dove ricevette i rappresentanti di numerosi comuni del Nord che si lagnavano dei Podestà. A tutti l'Imperatore diede udienza, a nessuno soddisfazione.

Nell'aprile dell'anno successivo morì Vittore IV. Era l'occasione buona per comporre lo scisma che lacerava da anni il Papato, ma il Barbarossa non seppe o non volle coglierla. Preferì designare un successore nella persona del cardinale Guido da Crema, che assunse il nome di Pasquale III. Il gesto inasprì vieppiù i rapporti tra Federico e Alessandro, che non perdeva occasione per incitare i Comuni a ribellarsi all'Impero. I bolognesi trucidarono il Podestà Bozo, i piacentini obbligarono a fuggire il luogotenente Barbavara, il quale, prima di abbandonare la città, svaligiò la Chiesa di S. Antonio. Anche i veronesi insorsero, spalleggiati da Venezia e Vicenza. Il Barbarossa volle punirli, ma non avendo con sé che pochi cavalieri si limitò a devastare la campagna. Quindi riprese il cammino della Germania col proposito di arruolare un forte esercito.

Papa Alessandro temeva che il Barbarossa, dopo aver riunito sotto il suo scettro i comuni del Nord, occupasse il Centro e il Sud e unificasse la Penisola. Per impedirlo aizzava i comuni contro Federico, e spediva emissari alle corti d'Europa e di Costantinopoli. All'Imperatore greco, Manuele Comneno, prometteva la corona d'Italia in cambio del suo appoggio contro il Barbarossa. Cacciare lo straniero con lo straniero è stata nei secoli la politica della Chiesa, ne-

173

mica naturale di ogni Stato, che non sia quello pontificio.

Nell'agosto del 1165, il Papa Bandinelli lasciò la Francia, a bordo di una nave normanna salpò per Messina, e di qui si mise in viaggio per l'Urbe. I romani avevano chiesto al Senato il ritorno del Pontefice che fu ricevuto con grandi onori. Il popolo gli andò incontro con croci e labari, e Alessandro contraccambiò l'accoglienza con massicce distribuzioni di grano e denaro.

Il suo ritorno a Roma era una sfida all'Impero. Nel novembre del 1166 Federico decise di scendere nuovamente in Italia per cacciare il Bandinelli dall'Urbe e istallarvi in sua vece Pasquale. Dopo aver fatto tappa a Lodi l'esercito tedesco puntò su Bologna, che spalancò le porte all'Imperatore e lo colmò d'oro. Poi marciò su Ancona, dove da un momento all'altro poteva sbarcare Manuele Comneno, e dopo un assedio di tre settimane l'espugnò.

Mentre il grosso dell'esercito tedesco era impegnato sotto le mura di Ancona, quattromila soldati, al comando del cancelliere imperiale Reynaldo, attraverso la Toscana, mossero alla volta di Roma. Il Papa arruolò frettolosamente quarantamila uomini, ma ebbe la peggio. L'esercito pontificio fu volto precipitosamente in fuga. Diecimila cadaveri restarono sul terreno e altrettanti furono i prigionieri e i feriti. La disfatta fu attribuita, come al solito, al tradimento. In realtà, i romani erano male armati e mancavano di un capo.

Il Pontefice, sgomento, si barricò in San Pietro. I tedeschi circondarono la basilica, e per otto giorni la cinsero d'assedio. Alla fine a colpi di ascia ne abbatterono le porte e sciamarono all'interno, seminando distruzione e terrore. Scoperchiarono le tombe dei pontefici, saccheggiarono le reliquie e gli arredi sacri, insozzarono gli altari. Il tempio fu trasformato in un campo di battaglia, lordo di sangue e ingombro di cadaveri. Il giorno successivo, Federico ne varcò la soglia accompagnato da Pasquale, che coronò Beatrice.

Alessandro, rifugiatosi in una delle torri dei Frangipani, fu visitato da emissari del Re normanno che gli mise a disposizione due galee e un po' di denaro perché abbandonasse l'Urbe. Il Papa si tenne il denaro e congedò le navi.

Il Barbarossa gli offrì la pace, ma ne volle dettare anche le condizioni: l'abdicazione di Alessandro in cambio di quella di Pasquale. Dopodiché sarebbe stato convocato un conclave ed eletto un nuovo Pontefice. I Romani accettarono ma ogni tentativo di indurre Alessandro alla rinuncia fu vano. Scoppiò un violento tumulto, e il Papa, travestito da pellegrino, dovette lasciare la città, riparare in un villaggio presso il Capo Circeo, e di qui fuggire a Benevento.

L'Imperatore esentò i Romani dalle tasse e riconobbe il Senato che gli giurò obbedienza. Ai primi d'agosto una spaventosa epidemia di malaria scoppiò nell'Urbe decimando gli abitanti e l'esercito tedesco accampato alle sue porte. Le vittime si contarono a migliaia; i morti venivano ammucchiati in fosse comuni e poi bruciati per impedire che il contagio si propagasse. Quando non ci fu più legna per questi macabri roghi, si diede sepoltura ai cadaveri nelle acque del Tevere.

Il 6 agosto Federico, annientato dalla perdita dei suoi migliori generali, ordinò ai superstiti brandelli tedeschi di levare le tende e di mettersi in cammino per Pavia. Durante il viaggio altri duemila uomini perirono, fra i quali Acerbo Morena. A Pavia, il Barbarossa nominò il conte Enrico di Dietz suo luogotenente in Italia, e nell'inverno ripassò le Alpi, diretto in Borgogna.

La guerra del Barbarossa contro i romani aveva ridato baldanza ai Comuni del Nord. I soprusi dei Podestà imperiali diventavano ogni giorno più intollerabili, suscitando dovunque fremiti di rivolta. Presso Federico le proteste di Bergamo, Mantova, Ferrara cadevano nel vuoto. Alessandro spediva in Lombardia agenti a sobillare le città contro l'Impero. Il 7 aprile 1167 nel convento di Pontida, presso

Bergamo, si diedero convegno i rappresentanti di Milano, Cremona, Brescia, Bergamo e Mantova che sottoscrissero un patto d'alleanza. Alla confederazione fu dato il nome di «Lega Lombarda». Il suo primo atto fu la ricostruzione di Milano, che riebbe le sue fortificazioni e la sua cinta di mura. Il secondo, assai più difficile, fu il «recupero» di Lodi.

Il piccolo comune lombardo, fedelissimo all'Impero, doveva a tutti i costi entrare a far parte della coalizione. Si trovava a una ventina di chilometri da Milano ed era un importante nodo stradale. Una delegazione cremonese si recò a Lodi per convincerla ad allearsi con la Lega. Ma fu un viaggio inutile: con le buone i lodigiani non si sarebbero mai piegati. Fu deciso allora di ricorrere alla forza. La città fu assediata e minacciata di sterminio. Lo spettro della fame e il ricordo del passato consigliarono alla fine i suoi abitanti alla resa. Lodi accettò di aderire alla Lega «salva la fedeltà all'Imperatore». Era una formula ambigua che fu tuttavia inclusa nei patti. Il Barbarossa reagì mettendo al bando dall'Impero la Lega, con l'eccezione di Lodi e Cremona. Il primo dicembre alla coalizione s'unirono Venezia, Padova, Vicenza, Treviso, Bologna, Modena e Ferrara, dando vita alla cosiddetta «Lega italica». Ad essa aderirono anche Alessandro III, il Re normanno e l'Imperatore d'Oriente, che vagheggiava la riunione dell'Italia alla corona greca.

Il Barbarossa in Germania era alle prese coi Principi e i Vescovi ribelli. Per molti anni il Paese fu in preda al caos e solo quando vi ebbe ristabilito un po' d'ordine, Federico poté varcare nuovamente le Alpi e scendere in Italia. Nell'autunno del 1174, alla testa di un esercito di ottomila uomini, giunse sotto le mura di Asti, l'assediò e in poco più d'una settimana l'espugnò. Poi puntò su Alessandria. Era questa una città nuova, costruita dalla Lega come avamposto e baluardo contro l'imperiale Pavia. Era situata alla confluenza del Tanaro con la Bormida, ed era stata battezzata Alessandria in onore di papa Alessandro.

I tedeschi s'accamparono nella vasta pianura tra Tortona e Marengo mentre nella Lega avvenivano le prime diserzioni: Venezia, Pavia, Como, il Monferrato tornarono a schierarsi dalla parte dell'Imperatore. Ma le tredici città della coalizione, con Milano alla testa, misero insieme un forte esercito che s'ammassò nei pressi di Tortona, tagliando fuori il Barbarossa dalla via appenninica. Poiché Alessandria gli precludeva quella alpina, Federico tentò di prenderla di sorpresa, chiedendo una tregua e poi non rispettandola. Ma quando un *commando* tedesco, attraverso un cunicolo, penetrò nella città, fu letteralmente massacrato. L'Imperatore, temendo l'accerchiamento, preferì allora levare il campo e ritirarsi a Pavia. I nemici, invece di dargli battaglia, lo lasciarono passare e neppure lo inseguirono. Si parlò, come al solito, di tradimento. In realtà, non tutti i comuni della Lega erano contro Federico di cui, in caso di disfatta, temevano le rappresaglie.

Alessandria era salva. Un po' meno lo era l'onore dei suoi difensori, i quali s'abboccarono con Federico per far pace. Alle trattative presero parte anche i delegati di papa Alessandro, che aveva scomunicato l'Imperatore e l'Antipapa Pasquale. Il Barbarossa riconobbe ai Comuni un'ampia autonomia amministrativa, giudiziaria e commerciale, e il diritto di costruire castelli e alzare mura. La Lega ribadì il suo omaggio e i suoi obblighi feudali verso l'Impero. Restava però insoluto lo scisma, e aperto il conflitto tra Federico e Alessandro. Il mancato accordo con la Chiesa fece fallire quello già raggiunto coi Comuni, e la pace, già concordata, non poté essere stipulata. Era di nuovo la guerra.

Federico mandò in tutta fretta corrieri in Germania a reclutare truppe fresche. La Lega serrò i ranghi e si preparò al confronto, indebolita dalla defezione dei Cremonesi. Ai primi di maggio del 1176, il Barbarossa con una piccola scorta lasciò Pavia e andò incontro ai rinforzi che attraverso i valichi svizzeri calavano in Italia. Quindi puntò su Milano mentre l'esercito imperiale, rimasto a Pavia, s'accingeva ad attaccare la città da sud.

I milanesi, temendo che i due eserciti si congiungessero, sebbene fossero numericamente inferiori, decisero di varcare le mura e di muovere incontro a Federico. Dodicimila uomini si misero in marcia per Legnano da dove il Barbarossa sarebbe dovuto passare. All'alba del 28 maggio, la Lega lanciò settecento uomini contro gli imperiali, che li volsero in fuga con gravi perdite. Federico, credendo che quell'esigua avanguardia costituisse l'intero esercito dei Comuni, continuò l'avanzata. Quando s'avvide dell'errore era ormai troppo tardi.

L'esito della battaglia fu a lungo incerto. Dapprincipio i milanesi e i loro alleati, sotto l'impeto della cavalleria tedesca, sbandarono. Ma poi, stretti attorno al «Carroccio», passarono all'offensiva. Invano gl'imperiali tentarono di contenerli. Federico, sguainata la spada, si buttò col suo cavallo nel fitto della mischia, ma fu disarcionato, e solo a stento riuscì a mettersi in salvo, abbandonando il campo di battaglia. I tedeschi, non vedendo più il loro imperatore, furono colti dal panico e si diedero alla fuga tallonati dai milanesi. Il Barbarossa fu dato per morto. Grande fu lo stupore dei pavesi quando il giorno dopo lo videro ricomparire in città pesto e affamato, seguito da alcuni cavalieri fuggiti con lui attraverso i campi e i boschi della Bassa.

Molti storici hanno visto nella battaglia di Legnano il trionfo del nazionalismo italiano sull'imperialismo germanico e l'hanno ammantata di leggenda, prestando alla Lega anche un capo immaginario nella figura di Alberto di Giussano. I poeti romantici hanno rincarato la dose alimentando quell'epopea patriottarda che riduce la Storia ad agiografia, traduce gli uomini in monumenti e i fatti in lapidi. In realtà a Legnano i Comuni combatterono in nome delle loro piccole autonomie municipali, non in nome di una Nazione, di cui non capivano il senso né concepivano l'ideale. Quella del 1176 fu una rivolta contro l'Imperatore, non in quanto straniero, ma in quanto esattore di balzelli. La solidarietà dei Comuni fu temporanea e apparente. Liquidato il Barbarossa, essi ripresero infatti a combattersi e a scannarsi tra loro. Il concetto di patria era allora circoscritto entro la cinta delle mura cittadine. E il «Carroccio» col gonfalone ne era il simbolo.

La sconfitta di Legnano fu comunque per Federico un duro colpo. Era stata quella, in ventitré anni, la prima volta che l'Impero era stato vinto dai Comuni, e l'Imperatore obbligato a cercare la propria salvezza nella fuga. L'onta andava vendicata. Il Barbarossa chiese nuovi aiuti ai vassalli tedeschi che glieli rifiutarono. La Germania era divisa e in preda al caos. Lo scisma aveva vieppiù esacerbato gli animi e molti Vescovi si erano apertamente schierati dalla parte di Alessandro. La maggioranza del clero voleva che l'Imperatore si riconciliasse con la Chiesa e si liberasse dalla scomunica.

Nell'ottobre dello stesso anno, all'insaputa dei Comuni, Federico e Alessandro intavolarono trattative per una pace separata. Tre prelati tedeschi, già colpiti da anatema, si recarono ad Anagni, dove risiedeva il Pontefice che li accolse con molti onori. Quando i membri della Lega ne furono informati, avvamparono di sdegno. Ciò nonostante s'affrettarono a far atto di sottomissione al Barbarossa.

Dopo lunghe e animate discussioni, il Papa e i rappresentanti di Federico decisero di convocare una grande assemblea di pace, alla quale sarebbero stati invitati anche i rettori della Lega e i delegati dell'Imperatore greco e del Re normanno. Come sede fu fissata Venezia, dove Alessandro giunse ai primi di maggio. Il Barbarossa s'acquartierò con la sua piccola Corte a Chioggia nel timore che il Papa gli giocasse qualche brutto tiro. Alessandro voleva la fine dello scisma e la deposizione dell'Antipapa. Premuto dai principi tedeschi, Federico cedette. Ma in cambio chiese e ottenne vasti territori appartenenti alla Chiesa nell'Italia centrale e la concessione per quindici anni dell'ex-marchesato toscano dei Canossa. La Lega dovette accontentarsi di una tregua di sei anni con l'Impero.

La pace fu suggellata da una messa solenne in San Marco. Quando il Papa, a bordo di una mula bianca, giunse ai piedi della basilica, l'Imperatore gli andò incontro, e tenendogli la staffa l'aiutò a scendere. Poi si inginocchiò ai suoi piedi per riceverne la benedizione. Ma quando Alessandro pronunciò la formula di rito: «Tu calpesterai il serpente e il basilisco, e domerai il leone e il drago», Federico rispose: «Non per te, ma per Pietro».

Ai primi di gennaio del 1178, accompagnato dalla moglie e dai figli, il Barbarossa tornò in Germania e pose la Corte a Spira. Durante la sua assenza, nel Paese era scoppiata una grave rivolta, capeggiata da suo cugino Enrico il Leone, che nel 1176 si era rifiutato di unire le sue truppe a quelle dell'Imperatore, e aveva parteggiato per il Papa. Federico convocò una Dieta e lo invitò a discolparsi, ma Enrico non si presentò. Il Barbarossa lo mise allora al bando dall'Impero e gli dichiarò guerra. Sconfitto, Enrico s'inginocchiò ai piedi del cugino e ne invocò la clemenza. La ottenne, ma dovette lasciare per sempre la Germania.

Il 30 agosto 1181, calò nella tomba papa Alessandro. Quello suo era stato un pontificato drammatico e glorioso. Aveva avuto la tiara per ventidue anni, e i suoi contemporanei lo paragonarono a Gregorio VII, col quale ebbe in comune l'orgoglio, l'ambizione e l'energia. I romani l'avevano obbligato a cercar rifugio a Civita Castellana, dopo averlo trionfalmente accolto nell'Urbe al ritorno da Venezia. Quando la salma di Alessandro fu trasportata a Roma per essere tumulata in Laterano, il popolino sputò sulla bara e l'insozzò di escrementi e di fango.

Nuovo Papa fu eletto un vecchio cardinale lucchese che prese il nome di Lucio III. La nomina non piacque ai romani perché Lucio, a corto come il suo predecessore di quattrini, dovette limitare le elemosine. Dopo poco tempo infatti fu obbligato ad abbandonare l'Urbe e a cercar rifugio nell'Italia del Nord.

Nell'aprile 1183, alla vigilia della scadenza della tregua, i legati dell'Imperatore e quelli dei Comuni si diedero convegno a Piacenza. Milano, Brescia, Bergamo, Mantova, Lodi, Novara, Vercelli, quattro città venete, cinque emiliane e Faenza riconfermarono la loro fedeltà all'Impero in cambio dell'autonomia cittadina. Il 25 giugno dello stesso anno, a Costanza, Federico e la Lega stipularono finalmente la pace. È stato scritto che a Costanza non ci furono né vincitori né vinti. In realtà vincitori furono i Comuni, non perché Federico concesse loro nuovi privilegi, ma perché sancì irrevocabilmente quelli di cui già godevano.

Al principio del 1184 il Barbarossa era di nuovo in Germania. Nell'aprile, convocò a Magonza una grande Dieta, alla quale parteciparono migliaia di sudditi. L'Imperatore vi comparve in gran pompa accompagnato da Beatrice e dai cinque figli. Enrico, il primogenito, si presentò ai principi e ai vescovi tedeschi, inguainato in una superba armatura. Era il pretendente al trono e il padre andava da tempo accarezzando l'idea di un suo matrimonio con la zia del Re normanno, che non aveva altri eredi.

Emissari tedeschi si erano recati in Sicilia per tastare il terreno. Il Papa lo aveva saputo ed era montato su tutte le furie. La Sicilia in mano agli Hohenstaufen significava l'unione, su una sola testa, di due corone, quella tedesca e quella normanna, che la Chiesa aveva sempre cercato di tenere divise. Le nozze di Enrico con Costanza, come si chiamava la zia di Guglielmo, potevano essere la premessa all'unificazione della Penisola e la liquidazione dello Stato Pontificio.

Ma ogni sforzo del Pontefice per mandarle a monte fu vano. Il matrimonio si celebrò con grande fasto a Milano nella basilica di Sant'Ambrogio nel gennaio 1186. Costanza giunse con un folto seguito di cavalieri, buffoni, giullari e damigelle dalle pittoresche fogge arabe. Della carovana facevano parte anche centocinquanta cavalli carichi di gioielli, profumi, arazzi, pellicce, argenteria. Era, col Regno di Sicilia, la dote di Guglielmo alla zia.

Costanza era più vecchia di Enrico e stando ai cronisti del tempo doveva essere piuttosto bruttina. Secondo alcuni, per sposare il figlio del Barbarossa aveva abbandonato il convento in cui, giovinetta, era stata rinchiusa. Ma probabilmente non si tratta che di una leggenda.

Le nozze furono celebrate dagli Arcivescovi di Vienna e di Aquisgrana, i quali posero sul capo di Enrico la corona ferrea, simbolo del Regno d'Italia. Immediata fu la reazione del nuovo papa Urbano III, succeduto a Lucio, ma il suo tentativo di sollevare il clero tedesco contro Federico fallì. La morte, avvenuta nell'ottobre del 1187 a Ferrara, dopo soli ventitré mesi di pontificato, gli impedì di rinnovarlo.

Urbano fu stroncato – pare – da un attacco cardiaco quando apprese che Gerusalemme era nuovamente caduta in mano dei Saraceni. La perdita del Santo Sepolcro fu accolta con sgomento in tutt'Europa. Il nuovo Papa dimenticò la contesa col Barbarossa e le beghe coi romani, e bandì una nuova crociata. Nelle chiese di Colonia, Magonza, Aquisgrana, i Vescovi arringarono i fedeli: «Felici coloro che partono per i luoghi santi, ma più felici ancora quelli che non torneranno». Federico, che voleva rifar pace col Papa, lasciò Ratisbona alla testa di un esercito di centomila uomini, e puntò sui Balcani. Giunto a Gallipoli, s'imbarcò per la Palestina a bordo di navi greche. Nella primavera del 1190 i tedeschi sbarcarono in Siria. I disagi di una lunga marcia, i triboli di una navigazione tempestosa, il caldo e la penuria di viveri provocata dai Turchi che tagliarono le linee di rifornimento, decimarono l'esercito imperiale.

Federico, vecchio, stanco e sfiduciato, aveva visto morire

sessantamila dei suoi uomini, dopo un viaggio di duemila-cinquecento chilometri. Era venuto in Oriente per ritrovare quel prestigio internazionale che in Italia aveva perduto. E invece trovò la morte, tragica e ingloriosa, tra i flutti di un fiumiciattolo della Cilicia, che l'inghiottirono mentre inseguiva un cinghiale.

Fu il segnale dello sbandamento generale che il nuovo capo, uno dei figli del Barbarossa, tentò disperatamente, ma invano, di contenere. I soldati, stremati dalla fame e dalle malattie, continuarono la marcia. Quando giunsero nei pressi di Tolemaide, i Cristiani che stavano assediando la città li scambiarono per zingari e li scaraventarono nelle retrovie, dove altri trentacinquemila morirono di stenti e di tifo.

Recuperato, il cadavere di Federico fu scarnificato con l'acqua bollente, ridotto a scheletro e sepolto in una chiesa di Antiochia.

Col Barbarossa calò nella tomba anche una parte dell'Impero: quella che s'estendeva dalle Alpi alla Magra, l'Italia cioè dei Comuni che Federico non era mai riuscito completamente a domare. Per i tedeschi era stato un grande Imperatore, per gli italiani uno spietato tiranno. Fu inferiore al suo modello, Carlomagno, ma dall'epoca dei Pipinidi i tempi erano parecchio cambiati. S'erano formati gli Stati nazionali, la città aveva soppiantato la campagna, e la borghesia aveva spezzato le catene del feudalesimo. Era con queste forze nuove che Federico aveva dovuto fare i conti. E non erano, come abbiamo visto, conti facili. Se alla fine non gli tornarono, fu perché l'Impero che egli incarnava era anacronistico. Aveva lottato contro il suo tempo. Ed era stato sconfitto.

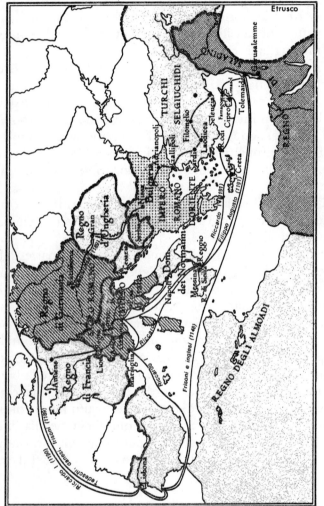

Terza Crociata (1189-1191)

CAPITOLO DICIASSETTESIMO

LA TERZA CROCIATA

La perdita di Gerusalemme aveva piombato i Cristiani in uno stato di cupo smarrimento. In Europa il cordoglio era stato enorme. Fiumi di lacrime erano stati versati nelle chiese e nei conventi. Così almeno riferiscono i cronisti dell'epoca, concordi nell'attribuire il calamitoso evento agli eccessi ai quali i Crociati s'erano abbandonati.

Come al solito, la disfatta cristiana era stata preannunciata da una serie di terrificanti prodigi. Si raccontava che quando il Gran Visir musulmano Saladino s'accingeva a varcare le mura di Gerusalemme, i monaci di Argenteuil avevano visto la luna calare sulla terra, planare sui monti della Palestina e quindi decollare alla volta del cielo. Statue di Santi e di Martiri avevano stillato sangue, un cavaliere aveva sognato un'aquila armata di scudo e di giavellotto che annunciava ogni sorta di lutti. Migliaia di Cristiani indossarono il cilicio, si cosparsero il capo di cenere, si vestirono di sacco, si sottoposero a penitenze, veglie e digiuni. Gli alti prelati diedero l'esempio. Ma poi tutto tornò come prima, e per un po' al Santo Sepolcro non ci pensò più nessuno.

Nel 1189 il Pontefice convocò a Roma il Vescovo di Tiro, Guglielmo, e gli affidò l'incarico di predicare la terza Crociata. Guglielmo era un uomo probo, eloquente e dotto, e quindi particolarmente qualificato a parlare in nome di Cristo. Non fu un'impresa facile persuadere gli Italiani ad arruolarsi e a combattere per una causa in cui nessuno credeva e dalla quale molti dubitavano di poter trarre qualche profitto. In Francia, Guglielmo fu più fortunato. Il Re, Filippo Augusto, era un sovrano scettico, epicureo e privo di scrupoli. Ma col clero manteneva buoni rapporti, anche se non tollerava che esso mettesse lo zampino negli affari dello Stato. Sovvenzionava le istituzioni ecclesiastiche e pagava uno stipendio ai Vescovi, ma solo per tenerli sotto controllo. Proteggeva le arti, si circondava di filosofi e di poeti sebbene la sua cultura fosse assai modesta, e in politica era risoluto e sagace.

Quando il Vescovo di Tiro giunse in Francia, Filippo convocò a Gisors il Re di Inghilterra, Enrico, e tutti i Pari del Regno. Guglielmo tenne una predica sulla cattività di Gerusalemme e sulle miserie dei suoi abitanti. Fu interrotto da ovazioni, applausi e barriti di vendetta. Tutti piansero; Enrico e Filippo, che si detestavano, s'abbracciarono; e i più impazienti chiesero di partire subito per la Palestina. Il Vescovo di Tiro fu assalito dalla folla e portato in trionfo a Parigi. Quando però si trattò di sovvenzionare l'impresa, l'ardore di molti sbollì. Il Papa allora minacciò di scomunicare coloro che si fossero sottratti a questo onere che – diceva – per un buon cristiano doveva essere anche un onore. I preti furono i primi a protestare, e mandarono a dire a Guglielmo che non avevano denaro, ma che in cambio avrebbero aiutato i Crociati con le loro preghiere. Il Vescovo di Tiro rispose che le preghiere non bastavano e che ci volevano anche i soldi. Solo i Certosini, i Cistercensi e gli ospizi di lebbrosi furono esentati dall'obolo.

Tutto era ormai pronto, navi, baroni e soldati, quando una furibonda lite scoppiò tra il Re di Francia e quello d'Inghilterra. Filippo pretendeva che il primogenito di Enrico, Riccardo, sposasse sua sorella Elisa, ma di costei s'era follemente invaghito lo stesso Re inglese, che ne aveva fatto la propria amante e ora non intendeva diventarne il suocero. Riccardo allora fu costretto a fuggire alla corte di Filippo e a schierarsi contro il padre. Ne seguì una guerra che lasciò sul terreno migliaia di cadaveri. Non ci furono né vincitori né vinti, e fu firmata una tregua.

Ma poco dopo Enrico morì maledicendo il figlio che l'aveva tradito e la bella Elisa che lo aveva abbandonato.

Bisognò ricominciare tutto daccapo, rifare un'altra colletta e reclutare un nuovo esercito. Ne fu incaricato, questa volta, l'Arcivescovo di Canterbury, Baldovino, predicatore di straordinaria eloquenza che aveva al suo attivo una dozzina di strabilianti miracoli. Baldovino attraversò a cavallo l'Inghilterra e infiammò migliaia di contadini, molti dei quali corsero ad arruolarsi completamente nudi perché le mogli, non volendo lasciarli partire, avevano loro nascosto gli abiti. A Londra le casse regie erano vuote e Riccardo fu obbligato a vendere la propria argenteria e a mettere all'asta le alte cariche di Corte. Un cronista dell'epoca riferisce che il Re avrebbe venduto anche Londra, se solo avesse trovato un acquirente.

Filippo e Riccardo si diedero convegno coi rispettivi eserciti a Vezelay, si giurarono fedeltà, poi il primo partì per Genova e il secondo per Marsiglia dove centinaia di navi – molte delle quali italiane – erano alla fonda in attesa di salpare per la Sicilia e di qui volgere le prue alla Palestina. A Messina, Franchi e Inglesi ricominciarono a litigare. Riccardo, che era volubile e non voleva più saperne di sposare la sorella di Filippo, s'era innamorato di una certa Berengaria, una bella principessa spagnola.

Un'altra guerra sarebbe certamente scoppiata tra i due Re, se la minaccia della scomunica non li avesse ridotti a riconciliarsi. Riccardo volle fare pubblica ammenda dei suoi peccati. Convocò in una cappella i Vescovi inglesi, si denudò, si mise in ginocchio e li supplicò di frustarlo. Fu subito accontentato. Poi chiese di vedere un eremita calabrese, di nome Gioacchino, che viveva in una caverna sui monti della Sila e godeva fama di profeta. Raccontavano che durante un pellegrinaggio a Gerusalemme Gioacchino aveva visto Cristo che gli aveva consegnato il libro dell'Apocalisse perché vi leggesse il futuro. Riccardo lo interrogò sull'esito della Crociata. Gioacchino disse che Gerusalemme sarebbe stata riconquistata dopo sette anni di dominazione musulmana. Poiché Saladino l'aveva strappata ai Cristiani da appena tre, Riccardo ribatté che allora era inutile andare in Terrasanta. Ma l'eremita rispose che facendo l'oroscopo non aveva tenuto conto dei miracoli, e che i sette anni dovevano perciò essere ridotti a tre o quattro al massimo.

La profezia agitò anche l'animo di Filippo, che partì subito per la Palestina. Il Re d'Inghilterra salpò invece per Cipro, l'occupò, e con grande pompa celebrò le nozze con Berengaria. Poi fece vela anche lui per la Terrasanta dove fu accolto con feste, canti e fuochi d'artificio. Gl'Inglesi piantarono le tende nella piana di Tolemaide a debita distanza dai Franchi, ma ciò non impedì che gli antichi odi si rinfocolassero. Quando non andavano all'assalto della città, i Cristiani si sfidavano a duello tra loro, si tendevano agguati e si scannavano. Ci fu una tregua solo quando i due Re s'ammalarono di dissenteria e per alcuni giorni restarono rintanati nei rispettivi padiglioni in preda a violenta febbre. Quando Saladino seppe che Riccardo e Filippo erano a letto infermi, ordinò di sospendere le ostilità in attesa che i due Re fossero guariti.

I suoi soldati però approfittarono della tregua per fortificare le mura di Tolemaide; e quando i Crociati tornarono all'attacco, li respinsero con gravi perdite. Poiché le macchine da guerra scarseggiavano, i Cristiani tentarono di dar la scalata alle mura arrampicandosi su mucchi di cadaveri che avevano accatastato a ridosso dei bastioni. Quando, al calar delle tenebre, i combattimenti cessavano, i Saraceni, armati di scimitarre, uscivano dalla città, tagliavano a pezzi i morti per impedire che il giorno dopo i nemici tornassero a utilizzarli, e seminavano il campo di serpenti e coccodrilli per spargere il terrore tra i Crociati. L'assedio di Tolemaide durò due anni, e a esso pose fine una terribile epidemia che decimò i Musulmani e li piegò alla pace. I vinti s'impegnarono a pagare ai vincitori un tributo di duecentomila monete d'oro e a restituire la vera Croce.

I cronisti dell'epoca riferiscono che la terza Crociata fu più povera di miracoli delle precedenti. Solo una volta la Madonna apparve, biancovestita e il capo cinto da un'aureola dorata, ad alcuni baroni franchi. Ma sul piano drammatico e dell'epica cavalleresca, l'assedio di Tolemaide fu paragonato a quello di Troia: guerrieri cristiani e saraceni si sfidarono a singolar tenzone, e anche donne e bambini, con tanto di elmo e di corazza, scesero in lizza e si cimentarono in duelli sanguinosi. Non mancarono neppure tornei e balli con contorno di danzatrici, buffoni e menestrelli. Mai come in questa guerra si videro tanti preti, si celebrarono tante messe e s'apparecchiarono tante processioni.

La vittoria e la spartizione del bottino fornirono a Riccardo e a Filippo il pretesto per un ennesimo litigio. Ma doveva essere l'ultimo perché il Re di Francia, stanco e malato, di lì a poco decise di lasciare in Palestina dodicimila uomini al comando del Duca di Borgogna, e di tornare in Patria. Riccardo restò a Tolemaide in attesa di riscuotere il tributo e la Croce; ma poiché Saladino non si decideva a saldare il debito, il Re d'Inghilterra, per rappresaglia, fece decapitare duemila settecento prigionieri saraceni. Poi, lasciata a Tolemaide una piccola guarnigione, si mise in marcia alla volta di Arsuf dove il suo esercito si scontrò con quello di Saladino, che lasciò sul terreno ottomila soldati e trentadue Emiri.

Volti in rotta gli infedeli, Riccardo si ritirò nella città di Giaffa dove i Crociati passarono l'autunno tra giuochi, libagioni e festini. Ogni tanto qualcuno rammentava a Riccardo che il Santo Sepolcro era ancora in mano a Saladino e ch'era venuto il momento di liberarlo. Ma il Re d'Inghilterra, che non vedeva l'ora di tornare a casa, faceva orecchio da mercante e passava il tempo a fare l'amore e a cacciar cinghiali. Prima di partire, chiese una tregua di tre anni e mezzo a Saladino. I Cristiani ottennero il permesso di visitare Gerusalemme, e ai capi crociati fu riconosciuto il possesso di Giaffa e di Tiro. Riccardo voleva anche Ascalona, ma Saladino non cedette. Allora, di comune accordo, fu deciso di spianare al suolo la città e così tutti furono contenti.

Quando il loro Re salpò alla volta dell'Europa, migliaia d'Inglesi non seppero trattenere le lacrime, e anche Riccardo pianse. I Franchi, invece, gongolarono e s'abbandonarono a canti e danze. Non avevano mai amato questo sovrano bellicoso, spaccone e spavaldo, che per le sue invitte imprese s'era guadagnato il soprannome di «Cuor di Leone». Era sempre il primo a cacciarsi nelle mischie e l'ultimo a uscirne. I suoi biografi raccontano che aveva la spada facile e nei duelli era invincibile. Quando scendeva in lizza, i suoi avversari fuggivano come lepri. Centinaia di Saraceni caddero sotto i suoi colpi. Era un gigante biondo, villoso e bellissimo, e le donne se lo contendevano. Aveva una bella voce, coltivava la musica e le arti.

Era un misto di scetticismo, bigotteria e superstizione. Si macchiò di ogni sorta di delitti perché era focoso e vendicativo, ma per espiarli non esitò a indossare il cilicio e a farsi flagellare. Incarnò l'eroe dei romanzi di cappa e spada, il cavaliere senza macchia e senza paura ma con pochi scrupoli e una gran voglia di menar le mani. Attraversando la Germania, sulla via del ritorno in Inghilterra, fu catturato dal Duca d'Austria e i suoi sudditi, per ottenerne la liberazione, dovettero pagare un forte riscatto. I suoi amori e le sue imprese sanno di leggenda e i trovatori del Duecento ne fecero materia di ballate e madrigali. Sulla sua tomba, a mo' di epitaffio, si potrebbe scolpire la risposta che diede al curato di Neuilly quando costui l'accusò di orgoglio, avarizia, lussuria, e gli predisse che sarebbe andato all'inferno: «Regalo il mio orgoglio ai Templari, la mia avarizia ai frati e la mia lussuria ai preti», disse.

CAPITOLO DICIOTTESIMO
LA QUARTA CROCIATA

Sulla fine del 1100 Innocenzo III sguinzagliò per l'Europa una muta di predicatori per incitare i principi a riprendere la croce e marciare per la quarta volta alla conquista di Gerusalemme. Fra costoro c'era un certo Folco di Neuilly, un curato della Marna il quale, dopo una giovinezza scioperata, dedita alla crapula e al giuoco, aveva trovato la sua via di Damasco, e folgorato dalla Fede ne era diventato il più zelante campione.

Era un uomo tarchiato, analfabeta e di modi grossolani. Vestito di stracci, con una bisaccia a tracolla e un crocifisso di legno sul petto, viveva a bordo di un macilento ronzino e si nutriva esclusivamente di erbe e di pane secco. Predicava nelle piazze, agli angoli delle strade e, nella foga di far proseliti, persino nei bordelli. I suoi seguaci dicevano che per bocca sua parlava lo Spirito Santo, ma i suoi sermoni erano sgrammaticati e sconclusionati, e il tono minaccioso e apocalittico. Narrano che dopo averlo ascoltato i ladri restituivano la refurtiva, le concubine licenziavano gli amanti, le prostitute indossavano il cilicio e si chiudevano in convento. Ma la specialità di Folco erano i miracoli che operava nelle condizioni più sfavorevoli e in mezzo al pubblico più scettico. Così almeno racconta un cronista dell'epoca, il quale si guarda però bene dal riferirli con la scusa che nessuno ci crederebbe.

Il curato di Neuilly fu l'infaticabile *agit-prop* di Innocenzo nelle campagne e alle Corti di Francia. Bussò alla porta di centinaia di castelli, rastrellò oboli e promesse, e in cambio dispensò, a nome del Pontefice, benedizioni e indulgenze.

I conti Gualtieri e Giovanni di Brienne, Matteo di Montmo-
rency, Simone di Montfort, il conte di Sciampagna, Tibaldo, e il maresciallo Goffredo di Villehardouin, lo storico ufficiale della quarta Crociata, infiammati dalle sue parole,
corsero ad arruolarsi nell'esercito di Cristo per sterminare
gl'infedeli e issare la Croce sul Santo Sepolcro.

L'eco della predicazione di Folco e dell'adesione all'impresa della nobiltà franca fu raccolta in Fiandra dal Conte
Baldovino che nella chiesa di Bruges giurò di marciare anche lui alla volta della Palestina e di passare personalmente
a fil di spada quanti più Saraceni poteva. La moglie Maria,
una donna arcigna, bigotta e gelosa, volle seguirlo, sebbene
fosse di salute cagionevole e per giunta incinta.

I Crociati si diedero convegno a Compiègne e nominarono capo della spedizione il conte Tibaldo. Poi spedirono
un'ambasceria a Venezia per chiedere al Doge Enrico Dandolo di mettere a loro disposizione la sua flotta per il traghetto di quattromila cinquecento cavalli e ventimila fanti.
La Serenissima avrebbe anche dovuto provvedere per nove
mesi ai servizi logistici e al vettovagliamento dei Crociati.
Dandolo pretese un compenso di ottantacinquemila marchi d'argento, che i capi Crociati s'impegnarono a pagare
sebbene fossero quasi completamente al verde. Nel frattempo Innocenzo, il quale per finanziare la guerra santa
aveva fatto fondere il vasellame d'oro sostituendolo con
scodelle d'argilla e posate di legno, aveva lanciato appelli
anche in Lombardia e in Piemonte dove il potente Marchese di Monferrato, Bonifacio, stava ora armando un esercito.

Quando i messi tornarono a Compiègne trovarono Tibaldo febbricitante e in preda a un violento accesso di dissenteria. Appena gli riferirono il buon esito della missione,
contro il consiglio dei medici, il Conte di Sciampagna si
alzò, indossò il saio crociato, inforcò il cavallo e, brandita la
lancia, partì al galoppo al grido di «Dio lo vuole!», ma fatti
pochi passi stramazzò al suolo. Fu raccolto in fin di vita e

dopo alcuni giorni morì lasciando ai Crociati tutte le sue sostanze. Il suo posto fu preso dal Marchese di Monferrato.

Una bega sorta per colpa di certi ebrei i quali volevano essere pagati in anticipo ritardò di alcune settimane la partenza. Nella primavera del 1202, finalmente, tutto era pronto. Un solo nome mancava all'appello: quello di Folco. Il curato di Neuilly era morto improvvisamente, e non certo in odore di santità. Negli ultimi tempi gravi sospetti s'erano appuntati su di lui e qualcuno l'aveva addirittura accusato di frode. Quando calò nella tomba tuttavia il popolino volle che fosse sepolto con tutti gli onori nella chiesa della sua parrocchia, e un lungo corteo di cavalieri e di baroni seguirono il feretro.

I Crociati si misero in cammino per Venezia. Più che un esercito era un'orda in cui i principi si confondevano con gli schiavi, i baroni si mescolavano ai monaci, gli avventurieri agli idealisti, le prostitute alle dame. Prima di partire, tutti si erano confessati e avevano ricevuto la comunione. Alcuni avevano indossato il cilicio e altri se l'erano tolto. A Venezia furono accolti con grandi feste dagli abitanti.

Il Doge chiese subito di Bonifacio che doveva consegnargli la somma pattuita per il traghetto, ma il Marchese di Monferrato non era riuscito a racimolare che poche migliaia di marchi anche perché alcuni baroni, all'ultimo momento, avevano preferito imbarcarsi direttamente a Marsiglia. Bonifacio aveva venduto i gioielli e l'argenteria di famiglia e aveva obbligato gli altri Crociati a fare altrettanto. Ma non era bastato. Gli armatori veneziani volevano essere pagati in anticipo e in contanti. Sembrava che l'impresa dovesse abortire, quando il Dandolo barattò con Bonifacio il trasporto in Palestina con l'aiuto crociato alla riconquista di Zara, strappata ai Veneziani dal Re d'Ungheria. Il Marchese di Monferrato accettò, anche perché non aveva altro partito a cui appigliarsi.

Non fu un'impresa facile vincere le resistenze dei Crociati a quella deviazione, e placare l'ira di Innocenzo che minacciò di scomunicare tutti se non si restituiva subito a Cristo il Santo Sepolcro. Il Re d'Ungheria era un cristiano devoto, e al Papa una guerra contro di lui appariva ingiusta e sacrilega. Il Doge che, sebbene ultranovantenne, era ancora un uomo vigoroso, promise al Pontefice che dopo la riconquista di Zara sarebbe partito anche lui per Gerusalemme.

Il porto dalmata fu facilmente espugnato. I suoi abitanti furono trucidati, le chiese profanate e le case bruciate. La città fu divisa in due parti. I Veneziani s'istallarono in quella residenziale e lasciarono la periferia ai francesi i quali, scontenti del bottino, dichiararono guerra al Doge. Le strade di Zara furono per alcuni giorni teatro d'ogni sorta di orrori, le piazze si lastricarono di cadaveri e le chiese brulicavano di feriti. Fu una carneficina in piena regola che decimò i due eserciti e li coprì di vergogna.

Non s'era ancora spenta l'eco del macello che giunsero in città alcuni ambasciatori svevi i quali chiesero d'essere ricevuti dal Marchese di Monferrato. Li mandava il loro principe Filippo presso il quale s'era rifugiato il figlio dell'ex-Imperatore bizantino, Alessio. Filippo supplicava i Crociati di marciare sul Bosforo e rimettere sul trono dell'Impero d'Oriente, ch'era stato usurpato dallo zio di Alessio, il legittimo titolare. In cambio Alessio s'impegnava a mantenere per un anno l'esercito di Bonifacio e la flotta del Dandolo, a pagare duecentomila marchi d'argento per le spese di guerra, a spedire diecimila soldati in Palestina e mantenere vita natural durante cinquecento cavalieri a guardia del Santo Sepolcro. Infine avrebbe sottomesso la Chiesa greca a quella romana e riconosciuto il Primato ecumenico del Papa.

Erano promesse allettanti, ma tutti si domandavano come un principe in esilio, e per giunta squattrinato, avrebbe avuto i mezzi per mantenerle. Al Doge non dispiaceva affatto l'idea di un altro dirottamento su Costantinopoli, dove Pisa aveva aperto importanti fondachi e minacciava d'invadere i mercati orientali che fin allora erano stati monopolio dei Veneziani. I Crociati avevano legato le loro fortune a quelle della Serenissima, dai cui fondi e dalle cui navi ora dipendevano, e non potevano perciò prendere iniziative unilaterali. Qualcuno parlò di tradimento e invocò la scomunica del Pontefice sui Crociati che avevano abbandonato la causa di Cristo per abbracciare quella d'Alessio.

Alla fine, dopo interminabili discussioni, la flotta franco-veneziana salpò da Zara alla volta di Bisanzio. Mentre le navi facevano vela verso il Bosforo, al largo di Corfù incrociarono un vascello che riconduceva in patria dalla Palestina una comitiva di pellegrini fiamminghi. Uno di costoro, quando vide la flotta veneziana, si tuffò in mare e raggiunta a nuoto la galera del Dandolo, chiese d'essere arruolato fra i Crociati.

A Bisanzio l'usurpatore circondato da buffoni, concubine e cortigiani, passava il tempo a coltivare fiori, allevare uccelli esotici e leggere la Bibbia. L'esercito imperiale non poteva contare che su duemila Pisani e un certo numero di mercenari. Le navi erano state completamente disarmate e gli attrezzi, le macchine da guerra e i sartiami venduti per finanziare i giuochi del Circo.

Quando la flotta veneziana fu alle viste di Costantinopoli, Dandolo e Bonifacio si spinsero con la loro nave fin sotto le mura della città che s'affacciavano sul porto, e s'arrampicarono sulla prua tenendo per mano Alessio mentre un araldo, rivolto ai Bizantini ammassatisi sui bastioni, li esortava a riconoscerlo come il vero erede. Ma i greci che odiavano i Veneziani risposero con sputi e sberleffi. Era il segnale della guerra. I preti ebbero un gran daffare a confessare i Crociati e a compilare i loro testamenti perché quasi tutti erano analfabeti. Alcuni ne approfittarono per intestare le eredità a Cristo e alla Vergine.

L'assedio si rivelò più arduo del previsto. La città era ben munita e le mura sembravano inespugnabili. Tutti gli abitanti erano stati mobilitati e armati di pietre, secchi d'olio bollente e bastoni. Sulle torri erano state piazzate le catapulte. I Crociati si lanciarono ripetutamente all'assalto cercando di dare la scalata alle mura ma vennero regolarmente respinti. Due fanti fiamminghi, fatti prigionieri dai Greci, furono condotti al cospetto dell'Imperatore il quale, asserragliatosi nel palazzo, giocava coi suoi uccelli. Appena li vide, credendo che la guerra fosse finita e che i Bizantini l'avessero vinta, diede ordine d'allestire un gran ballo pubblico. Quando gli dissero che i combattimenti non erano cessati e che il Doge s'apprestava ad attaccare la città dalla parte del mare, comandò di riarmare alla meglio la flotta e di lanciarla contro i Veneziani.

I dromoni furono caricati di botti ripiene di una speciale polvere chiamata *fuoco greco* la cui ricetta, inventata nel VII secolo da un certo Callinico, era un segreto militare gelosamente custodito. Con quest'arma i Greci avevano vinto le più difficili battaglie navali incendiando in pochi minuti la flotta nemica e colandola a picco con l'equipaggio che, prigioniero delle fiamme, di rado e faticosamente riusciva a porsi in salvo. Una mezza dozzina di galere veneziane investite dalle fiamme affondarono, ma la maggior parte riuscì a guadagnare quasi indenne la riva, mentre l'usurpatore, istigato dai cortigiani si preparava ad abbandonare alla chetichella la città, in compagnia delle sue gabbie. I Bizantini allora liberarono il padre di Alessio, Isacco, che l'Imperatore aveva fatto imprigionare e lo collocarono in gran pompa sul trono. Poi spalancarono le porte della città ai Crociati i quali v'irruppero portando sugli scudi il giovane Alessio che fu proclamato co-reggente e incoronato nella basilica di Santa Sofia.

Era giunto il momento della resa dei conti. Bonifacio e Dandolo erano impazienti di riscuotere la somma che Alessio aveva loro promesso e che doveva servire a finanziare la Crociata. L'Imperatore vuotò le casse dello Stato, moltiplicò i balzelli, fece fondere le statue e i vasi sacri, ma non riuscì a raggranellare che poche migliaia di marchi.

Sulla città stremata dall'assedio incombeva la minaccia della carestia. Una notte un sanguinoso tumulto scoppiò nel quartiere ebreo tra gli abitanti e alcuni cavalieri fiamminghi che li avevano insultati. Durante la zuffa qualcuno appiccò il fuoco alla sinagoga e in un battibaleno l'incendio, avvivato dal vento, si propagò a tutta la città investendo interi quartieri. In preda al terrore, la gente irruppe nelle strade e ingombrandole di carri e masserizie ostacolò l'opera dei pompieri e delle squadre di soccorso. Le fiamme infuriarono per una settimana e le vittime non si contarono.

Alessio diventò il capro espiatorio di tutte le calamità che s'erano abbattute su Costantinopoli. I Greci lo detestavano perché bazzicava i Veneziani e con loro passava la notte a bere e a giocare ai dadi; i preti non gli perdonavano la capitolazione al Papa; il padre l'accusava di perverse inclinazioni e non perdeva occasione per maltrattarlo e mortificarlo al cospetto dei sudditi, con la segreta speranza di farlo deporre e di poter regnare da solo. Isacco, circondato da monaci e astrologi, conduceva vita ritirata, pregava e adorava le immagini dei Santi e della Vergine. Una mattina il popolo, aizzato da un avventuriero di nome Marzufflo, lo depose insieme col figlio, che fu gettato in prigione e strangolato.

Al loro posto fu proclamato Imperatore lo stesso Marzufflo il quale ordì una congiura per assassinare il Doge e i capi Crociati e liberare così la città dal nemico che, dopo averla devastata, vi si era acquartierato in attesa di riprendere la marcia per Gerusalemme. Scoperto il complotto Dandolo e Bonifacio ordinarono la rappresaglia, che fu massiccia e spietata. I Bizantini si gettarono ai piedi dei Crociati e ne invocarono la clemenza mentre la soldataglia fiamminga s'abbandonava al saccheggio. Non furono risparmiate neppure le tombe degli Imperatori e anche quella di Giustiniano fu scoperchiata e svaligiata. In Santa Sofia i cavalieri franchi, dopo aver squarciato il velo che lo ricopriva, fracassarono l'altare della Madonna e giocarono ai dadi ai suoi piedi, brindando coi calici della messa e imbrattando gli arredi sacri. Una prostituta, fattasi issare sull'altare, strappandosi le vesti, s'abbandonò a una danza oscena fra gli schiamazzi e le bestemmie dei Crociati.

Lo storico Niceta, che fu testimone oculare di questi avvenimenti, racconta che i Cristiani superarono in barbarie i Saraceni. I monumenti della Capitale furono abbattuti a colpi d'ariete e quelli di bronzo fusi per far moneta. Non si rispettarono neppure i capolavori di Fidia, di Prassitele, di Lisippo e la celebre statua di Giunone che un tempo aveva adornato il tempio di Samo.

Ma fu soprattutto sulle reliquie che i Crociati sfogarono il loro ùzzolo di rapina. Un certo Martino Litz, che era venuto apposta a Bisanzio dalla Palestina per partecipare al colossale saccheggio, tornò a Gerusalemme con lo scheletro di San Giovanni Battista e un braccio di San Giacomo. Un sacerdote francese trafugò la testa di San Mammete; un chierico della Piccardia, più fortunato, rinvenne tra le macerie di una chiesa quelle di San Giorgio e di San Giovanni. Il Doge dovette accontentarsi di un frammento della Croce, ch'era già appartenuto a Costantino; a Baldovino toccarono in sorte la corona di spine di Gesù e tre molari dell'apostolo Pietro. I capi franchi donarono il loro bottino che consisteva in un altro pezzo della Croce lungo un piede, nei capelli di Gesù bambino e in un pannolino della Vergine al Re di Francia, Filippo Augusto.

La perdita di tanti cimeli fu per i Bizantini assai più dolorosa di quella della libertà. Le reliquie infatti – secondo la credenza popolare – guarivano gli infermi, restituivano la vista ai ciechi, la favella ai muti, le gambe ai paralitici, la fecondità alle donne sterili, operavano ogni sorta di miracoli, tenevano lontano le calamità naturali e scongiuravano le epidemie.

Conquistata Bisanzio, i Crociati nominarono il Conte di Fiandra, Baldovino, Imperatore latino d'Oriente. Il bottino di guerra fu così diviso: ciascun cavaliere ebbe una parte uguale a quella di due soldati a cavallo e ogni soldato a cavallo una parte uguale a quella di due fanti. Un comitato di dodici patrizi veneti e di dodici cavalieri franchi assegnò la Bitinia, la Tracia, Tessalonica e la Grecia alla Francia, le Cicladi, la costa orientale del golfo Adriatico, Adrianopoli e altri territori marittimi alla Serenissima. Il Marchese di Monferrato ebbe le terre al di là del Bosforo e l'isola di Candia che vendette a Venezia per trenta libbre d'oro. Ogni barone ebbe la sua piccola fetta d'Impero cui diede le stesse leggi feudali del suo Paese. Le chiese di Costantinopoli passarono ai vincitori e il veneziano Tommaso Morosini fu nominato Patriarca.

I Crociati cominciarono subito a litigare perché nessuno riteneva di avere avuto abbastanza. Bonifacio accusò Baldovino di essere un tiranno e i due si sarebbero certamente scannati se il Doge, col peso della sua autorità e dei suoi anni, non avesse fatto da paciere.

Sotto le ceneri della conquista intanto covavano le scintille della rivolta. I Greci meditavano la vendetta, e quando i Crociati posero l'assedio alla Capitale della Tracia che rifiutava di sottomettersi, essi chiesero aiuto al Re dei Bulgari, il quale con un esercito di Tartari marciò sulla città, sterminò la cavalleria franca e catturò Baldovino. Fu chiamato a succedergli il fratello Enrico. Quasi contemporaneamente, all'età di novantaquattro anni, moriva a Costantinopoli Enrico Dandolo, e in una spedizione contro gli stessi Bulgari perdeva la vita Bonifacio, la cui testa, conficcata su una lancia, fu esposta al pubblico ludibrio.

L'Impero latino d'Oriente durò ancora cinquant'anni, fino al 1261, ma ebbe vita grama, dilaniato all'interno da continue guerricciole fratricide, minacciato alle spalle dai Bulgari, insidiato sul mare dagli Arabi. I Bizantini odiavano i vincitori che li avevano ridotti allo stato di schiavi dopo averli trattati peggio degli Infedeli.

Ma tutto questo riguarda poco l'Italia, cui ora conviene tornare. La Penisola aveva partecipato scarsamente, come contributo di uomini, alle Crociate. Ma era forse il Paese che più ne aveva profittato, grazie alle sue Repubbliche marinare che da questo momento entrano a vele spiegate, come protagoniste, non solo sui mari, ma anche nella storia europea.

CAPITOLO DICIANNOVESIMO
VENEZIA

Quando nel 452 l'orda unna di Attila era straripata nel Veneto, gli abitanti di Padova, Verona, Aquileia, Treviso e dei
villaggi tutt'intorno, in preda al terrore, avevano abbandonato le loro case e con greggi e masserizie erano sfollati sugli isolotti del desolato arcipelago che sorgeva alla foce del
Piave e dell'Adige. Aquileia si era trapiantata a Grado, Treviso a Murano, Padova a Rialto, Verona a Chioggia. Le lagune erano popolate da poche migliaia di pescatori che vivevano in squallidi abituri eretti su palafitte. I profughi si
erano acquartierati in capanne di legno e di fango, e da
agricoltori e pastori quali erano stati sulla terraferma si erano trasformati in pescatori. Sul Veneto per un pezzo continuò a incombere la minaccia dei Barbari: nel 476 esso fu invaso da Odoacre, nel 489 da Teodorico, nel 568 da Alboino.
Gli abitanti dell'arcipelago colsero l'eco dei massacri e dei
saccheggi che accompagnarono la calata degli Ostrogoti e
dei Longobardi in Italia e corsero ai ripari, fortificando gli
approdi, scavando canali e allestendo una piccola flotta.

Tagliate fuori dalle rotte degli invasori, le lagune a poco
a poco si diedero una rudimentale organizzazione politica.
Ogni isola nominò un capo, o *tribuno*, scelto tra i suoi abitanti, con poteri limitati dall'assemblea del popolo, o *arengo*. Sulla carta l'arcipelago dipendeva dall'*esarca* bizantino
di Ravenna che nominava un *magister militum*, o capo militare, al quale i tribuni erano teoricamente sottoposti. Nel
loro insieme le isole formavano una specie di confederazione, ma di fatto ognuna era una piccola repubblica indipendente in concorrenza e spesso in conflitto con le altre. La

mancanza di una difesa comune le esponeva però a ogni sorta di minacce. Nel 697 gli isolani decisero di darsi un comando unico nominando un duca, o *doge*. Il suo titolo era vitalizio e i suoi poteri molto ampi ma il popolo che l'aveva eletto poteva deporlo in qualunque momento.

I primi *dogi* non ebbero vita lunga: uno fu assassinato, quattro accecati, due scomunicati ed esiliati e tre deposti senza supplizio. Risiedevano a Eraclea, che fu la prima capitale della Repubblica veneta. Nel 729 il doge Orso tentò di trasmettere il titolo al figlio e di rendere così ereditaria la magistratura. Scoppiò una rivolta. Orso fu assassinato dal popolo inferocito, il dogato fu soppresso e il governo della Repubblica affidato a *capitani della milizia*, eletti annualmente. Ma l'esperimento fallì in mezzo ai sanguinosi tumulti delle fazioni rivali. Dopo cinque anni i veneti tornarono a nominare un doge ma decisero di trasferire la capitale dalla turbolenta Eraclea all'isoletta di Malamocco.

Sulla fine dell'VIII secolo la laguna era una Repubblica solida, prospera e industriosa, dotata di un'eccellente flotta mercantile. Alla pesca e all'estrazione del sale che all'origine erano state le uniche attività dei suoi abitanti si era venuto affiancando il commercio marittimo. Le galere venete cominciarono a solcare l'Adriatico, l'Egeo, il Mediterraneo, e attraverso lo stretto di Gibilterra e l'Atlantico a spingersi fino al mar del Nord. Nell'810 la capitale fu trasferita da Malamocco a Rialto che col suo dedalo di isolette era meno vulnerabile, e dal nome dei suoi fondatori si chiamò Venezia.

Nell'anno 900 la Repubblica fu minacciata da un'orda di Ungheri i quali, sebbene fossero terragni e poco esperti di mare, saccheggiarono Chioggia e poi a bordo delle loro rudimentali imbarcazioni puntarono sulla Capitale. I veneziani li colsero di sorpresa nelle acque di Malamocco mentre risalivano l'Adriatico, affondarono le loro navi poco adatte a quei fondali bassi e paludosi, e massacrarono i naufraghi.

La vittoria spalancò a Venezia quei porti adriatici che temendo le incursioni dei pirati dalmati e degli stessi Ungheri si misero volontariamente sotto la sua protezione.

La fine del X secolo fu funestata da una rivolta popolare contro il doge Candiano IV, accusato di crudeltà e dispotismo. La folla assalì il palazzo ducale e vi appiccò il fuoco. A stento il doge col figlioletto in braccio scampò alle fiamme. Ma non fece in tempo a scampare ai carnefici che lo squartarono e lo gettarono in pasto ai cani. La stessa sorte subirono i familiari e i collaboratori. Solo la moglie e un figlio si salvarono, riparando alla corte dell'Imperatore Ottone II. Nel 991 fu eletto doge Pietro II Orseolo. Sotto di lui la Repubblica estese il protettorato alla Dalmazia ripulendo le sue coste dei pirati narentani che le infestavano. L'Adriatico diventò così un lago veneziano. Pietro II si procurò il favore dell'Imperatore tedesco e di quello bizantino. Per guadagnarsi quello della Chiesa fondò numerosi monasteri, e chiuse due figli e tre figlie in convento. Uno storico lo paragonò a Pericle. Quando morì, il popolo gli tributò solenni esequie e chiamò a succedergli il figlio Ottone Orseolo il cui regno fu tribolato dalla lotta tra le due fazioni che da tempo dividevano Venezia: quella filo-tedesca e quella filo-greca. La prima voleva allearsi con la Germania, la seconda con Bisanzio.

Nel 1081 i Normanni occuparono Durazzo e Corfù che appartenevano all'Impero d'Oriente. Dai due porti posti all'ingresso e all'uscita del canale d'Otranto, era facile intercettare i convogli veneziani che dall'Adriatico dirigevano le vele verso lo Jonio, e sbarrare il passo alle triremi bizantine che percorrevano, cariche di merci, la rotta inversa.

Per Venezia e per Costantinopoli la libertà di navigazione su questi due mari era questione di vita o di morte. Nel 1083 il doge Vitale Faliero con una flotta di alcune centinaia di galere salpò alla volta di Durazzo e di Corfù. I Normanni, condotti da Roberto il Guiscardo, furono volti in fuga dai Veneziani più numerosi e meglio armati. I due porti furono restituiti all'imperatore Alessio Comneno. In cambio il doge ottenne per i suoi mercanti numerosi privilegi commerciali sull'intero territorio bizantino. A Costantinopoli una vasta area del porto fu data in concessione alle compagnie di navigazione veneziane con la licenza di aprire *fondachi*, o magazzini, per il deposito delle merci. Le galere della Repubblica furono esentate dai diritti doganali e dalle tasse. Su questi benefici si fondò per secoli la supremazia marittima di Venezia che alla fine del 1100 era la prima potenza commerciale d'Europa, centro di raccolta e smistamento delle merci più disparate: dall'Oriente importava spezie, profumi, sete, broccati, materie coloranti; dall'Occidente esportava all'Est legname da costruzione, ferro, rame, argento, sale e schiavi, nonostante i divieti della Chiesa. Le sue navi non solo rifornivano i porti dell'Italia, della Balcania e della Grecia ma anche quelli della Francia, della Spagna e della Germania. Fino alla metà del XIII secolo il monopolio commerciale di Venezia sui mari fu assoluto e incontrastato.

L'espansione economica all'esterno fu resa possibile dalla stabilità politica all'interno, garantita da un'originale costituzione aristocratica. Solo in teoria infatti Venezia era una repubblica democratica. I suoi ordinamenti, fin dall'ottavo secolo, furono oligarchici. Se i primi dogi erano stati eletti a suffragio popolare, col passare del tempo il diritto di voto fu limitato a gruppi sempre più ristretti di cittadini. Tuttavia solo alla fine del 1100 l'elezione del doge ebbe un assetto definitivo. La procedura era lunga e macchinosa; noi cercheremo per comodità del lettore di semplificarla (ma temiamo di non riuscirci).

Il supremo organo dello Stato era il Gran Consiglio, formato da un migliaio di membri, di età non inferiore ai trent'anni, appartenenti alle famiglie più cospicue per censo o per nascita. Il giorno dell'elezione si riunivano, e ciascuno traeva una pallina da un'urna. Coloro ai quali toccava in sorte una delle trenta palline con la scritta *lector*, o elettore, restavano nell'aula, mentre gli altri ne uscivano. Con lo stesso sistema i trenta si riducevano a nove, i quali a loro volta sceglievano, fra tutti i componenti il Gran Consiglio, quaranta nomi. I quaranta si riducevano a dodici che in una successiva votazione ne eleggevano venticinque. Nuovo ballottaggio e i venticinque ne designavano nove, i quali dovevano eleggerne quarantatrè che si riducevano poi a undici. Costoro finalmente designavano i quarantuno elettori del doge, e a questo punto cominciava il conclave.

I partecipanti venivano rinchiusi ciascuno in una delle sale del palazzo ducale, in compagnia dei servi e sotto la vigilanza di due consiglieri. Ogni elettore proponeva su una scheda un candidato. Colui che otteneva almeno venticinque voti era il nuovo doge. I conclavi non duravano in media più di due-tre giorni, ma qualcuno si prolungò per oltre un mese, durante il quale si faceva un gran scialo di carni, pesci, selvaggina, frutta, verdura, torte, spezie, gelati, vini, liquori. Le tavole erano inghirlandate e cosparse di profumi. Fra una votazione e l'altra i conclavisti giocavano a carte e a scacchi.

Le campane delle chiese annunciavano l'avvenuta elezione e chiamavano a raccolta in piazza San Marco i Veneziani. Il gran cancelliere della Repubblica comunicava al neo-eletto l'esito della votazione. Poi cominciavano le cerimonie ufficiali. I patrizi veneti sfilavano davanti al doge e gli rendevano omaggio. Si svolgeva quindi un banchetto al quale intervenivano i notabili della Repubblica e il corpo diplomatico. Successivamente il neo-eletto si recava nella chiesa di San Marco a baciare le reliquie dell'Evangelista. All'uscita veniva acclamato dal popolo al quale distribuiva denaro. Si avviava poi a palazzo ducale, e qui, dopo aver giurato fedeltà alla Repubblica e rinpurto ulla costituzione, indossava uno speciale copricapo a forma di corno, tempestato di diamanti, simbolo della suprema autorità. Finalmente, esausto, si ritirava nei suoi appartamenti. Per tre giorni Venezia era in festa. Nelle piazze il popolino s'abbandonava a canti e danze. Nelle sale del palazzo ducale si dava un gran ballo in onore dei nobili e dei cittadini più ragguardevoli con contorno di concerti e giuochi di società. Il doge però non vi compariva, e a fare gli onori di casa erano i suoi familiari.

Venezia era una provincia bizantina. Ciò implicava il riconoscimento ufficiale del doge da parte dell'Imperatore d'Oriente. Era, si capisce, una pura formalità come del tutto convenzionali erano i titoli di *console, spatario, senatore, patrizio* e *maestro* che il *basileus* conferiva al doge, cui spettavano di diritto anche gli appellativi di *inclito, preclarissimo, glorioso, magnifico, eccelso, illustre, serenissimo.* Quest'ultimo prevalse sugli altri fino alla caduta della Repubblica.

Dapprincipio i poteri del doge erano molto ampi, ma col tempo diventarono sempre più limitati poiché la suprema autorità politica era detenuta dal Gran Consiglio. Il doge non poteva esercitare il commercio e l'usura, fare o ricevere doni, aprire le lettere di Stato, esibire ritratti o stemmi di famiglia, innalzare baldacchini, concedere udienze private. Non aveva diritto a baciamano né a inchini. Doveva pagare le tasse come un qualunque cittadino, finanziare il Capitolo di San Marco, stipendiare il cappellano di palazzo e assistere alla messa almeno tre volte la settimana. Se voleva fare un viaggio doveva chiederne l'autorizzazione al Gran Consiglio che gli vietava persino di recarsi a teatro. Raramente, e solo nelle grandi occasioni, usciva da palazzo ducale. Talvolta, per non farsi riconoscere, indossava una semplice tunica e si copriva il volto con una maschera. La sua gondola era addobbata con due cuscini e un tappeto color crèmisi. Dalla metà del tredicesimo secolo il doge fu obbligato a regalare ogni anno ai nobili veneziani due anitre selvatiche, una grassa e una magra, allevate in un suo feudo in val di Marano.

La vita pubblica del doge era regolata da un rigido cerimoniale e da un protocollo complicatissimo. Egli doveva partecipare alle sedute del Gran Consiglio e presiedere le più importanti riunioni di Stato. Quando pronunciava un discorso, lo faceva non in latino, come usava dappertutto altrove, ma in dialetto veneto, restando seduto e a capo coperto, mentre l'uditorio si levava silenziosamente in piedi. Le spese che doveva sostenere erano immense. La lista civile, o appannaggio, che lo Stato gli versava non era sufficiente a coprirle. Doveva arredare i propri appartamenti, dotarli di mobili, tappeti e argenteria, mentre agli arazzi e alle sedie di velluto provvedeva il ministro del Tesoro.

Il doge stanziava anche una certa somma per il proprio guardaroba che comprendeva capi di vestiario assai costosi. Fin verso il XII secolo essi erano di foggia bizantina. Il celebre corno che fungeva da diadema sovrano derivava da un copricapo greco; di fattura orientale era anche l'abito da cerimonia, composto da una sottana, o *dogalina*, da una tunica e da un manto di lana o di velluto, a tinta unita o a fiori, di solito foderato di pelliccia e dotato di uno strascico.

Sotto la dogalina indossava un paio di bragoni di velluto e raso crèmisi, fermati da una cintura scarlatta con fregi d'oro. Ai pièdi portava calzette rosse e sandali, e al dito un anello con l'effigie di San Marco, protettore di Venezia, nell'atto di consegnargli lo stendardo della Repubblica. Il colore delle vesti variava a seconda delle circostanze. Il venerdì santo il manto era scarlatto e la vigilia di Natale crèmisi. I primi dogi portavano i capelli lunghi e la barba folta, tagliata alla greca, ma col tempo e il mutare della moda Venezia andò perdendo quei caratteri bizantini che per secoli avevano improntato la sua vita e i suoi costumi.

Anche i familiari del doge erano sottoposti a ogni sorta di limitazioni. Esclusi dalla carriera ecclesiastica e da quella pubblica, i figli e i fratelli potevano entrare a far parte del Gran Consiglio dove però non avevano diritto di voto. L'unico privilegio di cui godevano era la precedenza sugli altri patrizi. Nelle grandi occasioni seguivano il corteo dogale che, preceduto da una banda di trombe e di pifferi, si snodava attraverso le calli cittadine, diretto in piazza San Marco. Qui, quando il doge moriva, faceva capo il corteo funebre con le sue spoglie.

Dapprincipio le esequie non rivestirono alcun carattere di solennità. Solo dopo il Mille cominciarono ad ammantarsi di una certa pompa. Il corpo del doge, poche ore dopo il decesso, veniva imbalsamato e avvolto in un manto d'oro. In testa gli veniva posto il corno ducale, ai piedi gli speroni d'oro calzati alla rovescia, e al fianco lo stocco, ch'era uno spadino corto e sottile, con la impugnatura rivolta verso l'estremità. La salma veniva quindi deposta su un grande tavolo foderato di tappeti fra due alti candelabri accesi in una delle sale del palazzo, e per tre giorni, vegliata da gentiluomini in toga rossa, rimaneva esposta al pubblico. I funerali si svolgevano al calar del sole ed erano accompagnati dai rintocchi delle campane di San Marco e delle altre chiese della laguna. Un interminabile corteo di consiglieri, magistrati, ufficiali, ammiragli ed ecclesiastici, seguiti da una folla oceanica di cittadini, s'avviava verso la chiesa dei santi Giovanni e Paolo (col cattivo tempo il rito funebre si svolgeva in San Marco), brandendo labari, gonfaloni, ceri e simulacri di santi. I congiunti del doge che scortavano il feretro indossavano un mantello nero con cappuccio. Quando il corteo giungeva davanti a San Marco le campane cessavano di suonare e alcuni marinai sollevavano nove volte da terra il catafalco gridando «Misericordia». Al termine del rito, che si chiamava *salto del morto*, la processione si rimetteva in marcia, dirigendosi verso la Chiesa dei santi Giovanni e Paolo. Qui il Patriarca celebrava la messa funebre che culminava con la benedizione del cataletto, collocato nel bel mezzo della navata centrale e ricoperto di drappi neri con gli stemmi del doge. La cerimonia si concludeva con l'inumazione della salma che avveniva nella chiesa stessa. Le ingentissime spese del funerale erano a carico della famiglia del doge che spesso per sostenerle s'indebitava fino al collo.

Non meno fastose erano le esequie della *dogaressa* che il Da Mosto definì «principessa esclusivamente veneziana». In origine essa non era che la moglie del doge, priva di speciali prerogative. Ma al principio del XIII secolo privilegi e limitazioni vennero estesi anche a lei. Nel 1229 la dogaressa Tiepolo s'impegnò a non accettare doni, a meno che non si trattasse di acqua di rose, balsami e fiori, e promise di non contrarre debiti e di non esercitare l'usura. Nelle grandi solennità cingeva il corno ducale, indossava un manto dorato e si copriva il viso con un velo. Sedeva sempre alla sinistra del doge su uno scanno sopraelevato, e a tavola veniva servita in piatti dorati. Aveva a disposizione una gondola con specchi e pomoli. Era la *first lady*, la prima signora della Repubblica, e spesso godette di una popolarità superiore a quella del doge. Essa eguagliò per fasto e ricchezza la *basilissa* greca e l'imperatrice di Persia, vivendo nella più prospera e brillante capitale d'Europa e forse del mondo.

I suoi architetti avevano dato a Venezia una impronta regale e originalissima. Le acque dei canali percorsi dalle agili gondole riverberavano le luci e le aeree sagome dei suoi palazzi che nei giorni di festa venivano pavesati con sete e broccati di squisita fattura orientale. Erano le dimore dei patrizi, arricchitisi sul mare col commercio. I loro nomi figuravano nell'Albo d'Oro della Repubblica, ch'era una specie d'Almanacco di Gotha. Alcuni come i Morosini, i Dandolo, i Mocenigo si sono tramandati attraverso i secoli fino a noi. Le più cospicue famiglie veneziane erano rappresentate nel Gran Consiglio, monopolizzavano le più alte cariche dello Stato e fornivano i quadri alla diplomazia. Costituivano una casta chiusa d'origine mercantile che aveva scarsi contatti col resto della nobiltà italiana di ceppo germanico e d'estrazione feudale.

Nel XIII secolo Venezia aveva oltre centomila abitanti. Al vertice, i patrizi formavano una minoranza. I cittadini *originarii*, come nel Duecento si chiamavano gli esponenti del ceto medio, erano il nerbo della burocrazia e attraverso il Gran Cancelliere, ch'era il loro capo come il doge lo era dei nobili, e li rappresentava, senza però diritto di parola, alle sedute del Gran Consiglio, partecipavano alla vita della Repubblica. Da essa era invece escluso il popolo che tuttavia a Venezia godeva di un tenore di vita superiore a quello delle altre città italiane. Era riunito in corporazioni, o *fraglie*, di cui quelle degli addetti all'arsenale, o *arsenalotti*, dei vetrai di Murano e dei merlettai di Burano erano le più prospere. Ogni fraglia aveva il suo santo protettore e la sua chiesa.

Le dimore di molti borghesi e dei popolani si aggrumavano nelle calli o s'affacciavano sui campielli. Erano di pietra a uno o due piani, con poche finestre munite d'inferriate e con tetti molto spioventi sui quali s'elevavano le altane, dove le lavandaie stendevano il bucato. Internamente le case avevano una corte con al centro un pozzo d'acqua piovana. Le strade, sulle quali si sporgevano piccole logge in muratura, non erano lastricate. Quando pioveva s'impastavano di fango e col sole si coprivano di polvere. Erano strette, tortuose e intasate d'immondizie e di detriti, tra i quali grufolavano i maiali e razzolavano i polli. Un campanello annunciava il passaggio di un mulo o di un cavallo, e dava l'allarme ai passanti che cercavano riparo nei portoni o nelle botteghe. Sui canali scivolavano silenziose le gondole, dirette ai mercati di Rialto o di piazza San Marco. Nel porto erano ancorate le navi in procinto di salpare per l'Oriente o appena giunte dai lontani lidi del Mar Nero, dell'Egeo e del Mar del Nord.

Venezia non era solo dedita al commercio, agli affari e al guadagno, ma anche al piacere e ai divertimenti. I suoi cittadini, dai quindici ai trent'anni, erano iscritti ai *clubs* dei balestrieri. Ogni *club* aveva un certo numero di squadre, formata ciascuna da dodici tiratori al comando di un capo. Le gare di balestra si disputavano nei mesi di dicembre, marzo e maggio. D'estate, su ponti privi di parapetto dai quali i contendenti potevano facilmente precipitare nel canale sottostante, tra i lazzi degli spettatori, si svolgevano accaniti incontri di pugilato. Un altro giuoco che richiamava la folla sulle rive del Canal Grande era il cosiddetto *ludo d'Ercole* al quale partecipavano giovani atleti che s'arrampicavano uno sull'altro fino a formare una gigantesca piramide umana. L'esercizio era particolarmente difficile perché lo si praticava a bordo di una barca che al minimo scossone perdeva l'equilibrio e si rovesciava. Molto in voga era anche la caccia al maiale che si svolgeva in piazza San Marco il giorno di giovedì grasso. Centinaia di suini, aizzati da cani, s'avventavano contro cacciatori armati di coltello o di scure. In breve la piazza si trasformava in un orrendo mattatoio e il popolino faceva man bassa dei maiali squartati.

Ma la festa più popolare e più solenne era lo *sposalizio del mare* che celebrava la vittoria riportata nell'anno 1000 dal doge Pietro II Orseolo sui pirati narentani che infestavano le coste dalmate. Il giorno dell'Ascensione il doge s'imbarcava sulla galera ducale, o *bucintoro*, attraversava la laguna, e giunto all'imboccatura del porto di San Niccolò di Lido versava in mare un secchio di acqua benedetta e un anello consacrato dal Patriarca, con queste parole: «Sposiamo te, mare nostro, in segno di vero e perpetuo dominio». Dopodiché il Patriarca celebrava in San Marco una messa e un *Te Deum* di ringraziamento.

La basilica era stata eretta nella prima metà del IX secolo. Nel 976 un incendio l'aveva quasi completamente distrutta. Pietro II Orseolo l'aveva fatta ricostruire sul modello della chiesa bizantina dei Santi Apostoli. Nel 1204 il portale fu addobbato con quattro cavalli di bronzo, trafugati a Costantinopoli dai Crociati. Artisti bizantini decorarono di mosaici e di fregi le sue pareti. Dal nono secolo essa custodì le reliquie di San Marco che due mercanti veneziani, Tribuno e Rustico, avevano acquistato in Egitto e trasportato a Venezia in un paniere di prosciutti e zamponi. Con la sua caratteristica architettura arabo-bizantina, la sua pianta a croce greca e la sua grande cupola centrale, la basilica di San Marco fu paragonata a un messale di pietra e diventò l'emblema della Repubblica.

CAPITOLO VENTESIMO

AMALFI, PISA, GENOVA

Venezia fu la più potente delle Repubbliche marinare, ma la sua supremazia fu a lungo contrastata da Genova, Pisa e Amalfi.

L'origine di Amalfi è avvolta nel mistero. Secondo una leggenda, sarebbe stata fondata dalla ninfa omonima; secondo gli storici, da alcuni marinai romani diretti a Costantinopoli e naufragati nel IV secolo, in seguito a un fortunale, sulle sue coste dirupate e irte di scogli.

Il nome di Amalfi compare per la prima volta in una cronaca medievale del 596 associato a quello del vescovo Primemio. Quando l'alluvione longobarda sommerse il Mezzogiorno, il piccolo porto campano non fu nemmeno lambito dai suoi fiotti. Per due secoli la catena dei monti Lattari le sbarrò il passo.

Formalmente gli amalfitani erano, come i veneziani, sudditi di Bisanzio, ma in pratica erano indipendenti. I governatori greci residenti a Napoli si limitavano a esigere da essi tributi e balzelli. Sulla fine del 700 la città fu minacciata dal principe di Benevento Arichi che voleva aprirsi uno sbocco al mare. Nel 783 un esercito longobardo marciò alla volta di Amalfi e la cinse d'assedio. I suoi abitanti sostennero per due anni gli assalti nemici, che cessarono solo in seguito all'intervento dei napoletani che ricacciarono con gravi perdite gli aggressori.

Cinquant'anni più tardi Amalfi fu investita dal principe di Salerno, Sicardo. Questa volta i napoletani non si mossero e la città dovette arrendersi. Gli amalfitani furono deportati in massa a Salerno e solo alla morte di Sicardo, dopo essersi ribellati al suo successore, tornarono in patria e nominarono loro capo, col titolo di *Comes*, un certo Piero, di cui nulla sappiamo, ma che dovette avere una parte di primo piano nella rivolta. Sotto di lui Amalfi allargò i propri confini al fiume Sarno, incorporando anche l'isola di Capri. Ma un nuovo nemico s'andava profilando all'orizzonte, assai più temibile dei precedenti.

I Saraceni ora infestavano le coste del Tirreno, dalla Liguria alla Sicilia, depredando le navi, catturando gli equipaggi e devastando i porti. Non ancora padroni della Sicilia, avevano la loro base nell'isola di Creta, nascondevano il bottino negli anfratti delle coste, e alla guerra santa preferivano quella di corsa. Le loro scorrerie avevano messo in allarme anche il Papa, il quale temeva ch'essi potessero un giorno piombare sull'Urbe. Per questo aveva fatto fortificare il porto di Ostia, vi aveva posto un presidio armato e poi aveva stipulato un'alleanza con alcune città marinare del Sud. Tra queste Amalfi, la cui flotta si segnalò nelle battaglie di Licosa e di Ostia dell'846 e dell'848, dalle quali i Saraceni uscirono assai malconci.

Le vittorie sul mare, l'espansione verso la terraferma, l'aumento della popolazione e lo sviluppo dei traffici fecero ben presto di Amalfi una città ricca e temuta. Con la nomina del *Comes*, eletto annualmente dal popolo, essa si era data una certa costituzione repubblicana che col tempo si andò però mutando in una specie di principato ereditario. I nuovi capi si chiamarono *Prefetturi* e godettero di poteri pressoché illimitati. Nel 900, l'Imperatore d'Oriente conferì loro il titolo di *Patrizi*, che implicava la sudditanza di Amalfi a Bisanzio. Ma, ovviamente, solo sulla carta. Nel 958 un colpo di Stato rovesciò il *Prefetturo* Mastalo e consegnò la Repubblica a un certo Sergio, che la trasformò di nome e di fatto in ducato indipendente, proclamandosi *Doge*.

Dileguato il pericolo saraceno, Amalfi fu nuovamente aggredita dai salernitani. I suoi abitanti chiamarono in aiuto

Roberto il Guiscardo che attaccò Salerno dalla parte del mare e la costrinse a capitolare. In cambio però pretese da Amalfi la sottomissione al Regno normanno che vi nominò un proprio governatore, o *Strategoto*. Invano gli amalfitani tentarono di scuotere il giogo del Guiscardo, che si consolidò quando sul trono di Sicilia salì Ruggero II.

Nel 1137 Amalfi fu assalita di sorpresa da una cinquantina di navi pisane e orrendamente saccheggiata. Le vittime non si contarono, centinaia di case furono incendiate, decine di galee danneggiate e alcune colate a picco. Due anni dopo i pisani, che miravano a diventare padroni del Tirreno, tornarono ad avventarsi sulla città, i cui abitanti, per aver salva la vita, dovettero pagare un forte riscatto e diventare tributari dei loro nemici. Molti amalfitani emigrarono in Puglia e alcuni andarono a cercar fortuna in Spagna e nel Levante dove in passato la Repubblica aveva istallato fondachi e avviato fiorenti commerci. A Costantinopoli, Amalfi era stata la prima città marinara ad avere un suo quartiere sul Bosforo con piazza, chiesa e mercato. A Gerusalemme, sul principio del Mille, aveva fondato addirittura un ospedale nei pressi del Santo Sepolcro, e l'aveva dedicato a San Giovanni.

Amalfi fu una Repubblica prospera, potente e assai progredita. Ad essa la scienza nautica deve il perfezionamento della bussola, importata in Occidente dagli Arabi ma inventata, pare, dai cinesi; e il diritto commerciale marittimo le è debitore del suo primo codice: quelle famose «Tavole amalfitane» che, compilate nel X secolo, ispirarono tutta la legislazione successiva.

La decadenza e la fine di Amalfi coincisero con l'ascesa di Pisa.

Anche la nascita di questa città è controversa. Probabilmente fu fondata dai Romani in guerra con i Liguri e adibita a base navale. Nei secoli bui, lontana dalle rotte continentali battute da Goti, Longobardi e Franchi, mantenne una certa indipendenza e poté svilupparsi pacificamente. Nell'888, dopo la morte dell'imperatore Carlo il Grosso, entrò a far parte del Marchesato di Tuscia. Come Amalfi, combatté a lungo i pirati saraceni che infestavano il Tirreno. Quando, intorno al 1015, l'emiro arabo al-Mugtahid lanciò i suoi corsari sulle coste della Sardegna, i Pisani, in lega col Papa, accorsero in aiuto dell'Isola. Nel 1072 combatterono a fianco di Roberto il Guiscardo in Sicilia e con le loro navi conquistarono ai Normanni Palermo, ricevendo in cambio ingenti quantità d'oro e d'argento.

A differenza di Venezia e Amalfi, Pisa non ebbe Dogi. In origine la città era amministrata da un Visconte, designato dal marchese di Tuscia, con ampi poteri civili, fiscali e giudiziari, limitati in seguito da quelli del Vescovo, la cui giurisdizione nel 1077 si estese anche alla Corsica. Verso la metà dell'XI secolo gli armatori, i mercanti e i piccoli nobili fondarono la «Compagna Pisana», ch'era una associazione a carattere privato con la quale Visconte e Vescovo dovettero presto fare i conti. Fu essa l'embrione del Comune, il cui atto di nascita coincise con l'elezione, nel 1080, dei primi *Consoli*. Dapprincipio costoro furono assistiti da dodici magistrati, in seguito da un consiglio di *Sapienti*, o Senato. Ma verso la metà del XII secolo diventarono i veri arbitri del Comune, senza tuttavia riuscire a esautorare completamente il Vescovo.

La geografia qualificava Pisa al dominio marittimo sul Tirreno e in particolare sulla Sardegna e la Corsica. Mire analoghe aveva Genova che s'alleò con Lucca, nemica terrestre di Pisa, per tener lontana la rivale da quei lidi. Pisa ebbe la peggio e dovette accontentarsi della Gallura, che fu l'unica provincia sarda a restare nella sua orbita. Ai tempi della lotta tra Guelfi e Ghibellini si schierò dalla parte dell'Impero e partecipò col Barbarossa all'assedio di Milano. In cambio Federico le riconobbe la supremazia sulla costa tirrenica, fino a Civitavecchia. Ciò acuì il contrasto con Genova che doveva esplodere drammaticamente nei decenni successivi.

Sebbene il contributo di Pisa alle Crociate non fosse stato altrettanto massiccio di quello di Venezia, i suoi mercanti ottennero fondachi e quartieri in numerose città del Levante. Anche il Nord Africa, la Spagna e le Baleari spalancarono i loro porti alle navi di Pisa che, alla fine del XII secolo, era con Firenze e Lucca la più fiorente città della Tuscia.

Strettamente connessa con quella di Pisa è la storia di Genova, che secondo Strabone era in origine un piccolo borgo, appollaiato su un'altura a strapiombo sul mare. Questo borgo s'ingrandì in seguito alla calata di Alboino che provocò l'esodo sulle coste liguri di numerose popolazioni lombarde. Nel 641 Genova subì l'assedio di Rotari, che la spianò al suolo e incendiò la flotta ormeggiata nel piccolo porto. Per un certo tempo i suoi abitanti dovettero rinunciare a navigare e dedicarsi alla pastorizia e alla grama vita dei campi. Poi la città fu ricostruita e nel 925 ampliò la cinta muraria.

Al pari delle altre città marinare che s'affacciavano sul Tirreno, Genova fu per quasi due secoli esposta ai *raids* dei pirati saraceni, annidati a Frassaneto, a pochi chilometri da Nizza. La prima incursione avvenne nell'806, ma numerose altre seguirono, specialmente nel X secolo. Le cronache rievocano quella del 935, quando decine di vascelli musulmani penetrarono di sorpresa nel porto, svaligiarono le case, rapirono le donne, ma non fecero in tempo a distruggere le navi. I Genovesi si lanciarono all'inseguimento degli aggressori fino all'Asinara, e li costrinsero a restituire tutto il bottino.

Fino alla metà del X secolo la città fece parte del marchesato di Tuscia per poi essere inglobata in quello degli Obertenghi. Il Marchese era lontano e in suo nome governava la città un Visconte, ma anche a Genova, come a Pisa, il potere effettivo, almeno fino a tutto il 900, fu nelle mani del Vescovo. Nel 958, il Re d'Italia Berengario concesse alla città un'ampia autonomia che più tardi favorì la formazione di una «Compagna» genovese. Ad essa aderivano tutti gli uomini dai 16 ai 70 anni, e non solo quelli che abitavano in città, ma anche i signori del contado, molti dei quali, riluttanti ad associarsi, furono costretti a inurbarsi con la forza.

Dalla «Compagna» scaturì il Comune con i suoi *Consoli* che vennero fin dapprincipio reclutati tra i nobili, limitandosi il popolo, adunato nell'arengo, a sanzionarne pubblicamente la scelta. Nel 1191, il governo della Repubblica passò dalle mani dei *Consoli* a quelle del *Podestà*, che era un funzionario forestiero, dotato di pieni poteri, ma il cui ufficio non durava di solito più di un anno. I *Consoli* furono naturalmente esautorati, ma la magistratura sopravvisse fino al 1218.

I nobili incarnavano non solo il potere politico, ma anche quello economico, imperniato sulle varie attività marinare. A differenza di Venezia, dove esisteva un arsenale di Stato, a Genova tutte le navi erano di proprietà privata. Le società di navigazione erano monopolio di poche grandi famiglie, che controllavano anche le compagnie commerciali e le corporazioni.

Di mare e sul mare viveva gran parte della popolazione. La natura del territorio, arcigno e montagnoso, escludeva l'espansione sulla terraferma. I pochi prodotti che si potevano ricavare dal suolo erano il vino e l'olio. Grano, materie prime e manufatti dovevano essere importati con le navi dalla Sicilia, dall'Africa e dal Vicino Oriente. Come gli Amalfitani, Pisani e Veneziani, anche i Genovesi ebbero numerose colonie nei principali porti mediterranei. Ad Antiochia, i mercanti della Repubblica ottennero trenta case, un fondaco, un pozzo, una chiesa e l'esenzione dalle tasse. Anche sui lidi iberici e maghrebini essi riuscirono a impiantare prosperi stabilimenti coloniali, mentre più difficile fu la conquista dei porti corsi e sardi dove, come abbiamo visto, la Repubblica ligure dovette fare i conti con Pisa. Nel 1162, in piena lotta comunale contro l'Impero, la città ottenne dal Barbarossa l'autonomia.

Ma furono le crociate a fare di Genova, al pari di Venezia e di Pisa, una potenza marinara. Fin dalla prima si manifestò la superiorità delle flotte di queste tre Repubbliche su quelle di Francia, Inghilterra, Fiandre. Dai cantieri della Penisola già nei secoli bui uscivano le lunghe e agili galee e i pesanti dromoni da guerra.

La galea, o galera, era una specie di trireme lunga una quarantina di metri e larga cinque. Sul ponte erano collocati i banchi dei rematori, venti-venticinque per banda. Dapprincipio i vogatori venivano assoldati dagli armatori ed erano uomini liberi. Solo verso la fine del 1400 si cominciarono a impiegare prigionieri e condannati comuni, che presero il nome di «galeotti». A prua s'ergeva il cosiddetto cassero ch'era un ponte sopraelevato e ben munito su cui, all'occorrenza, ci si poteva anche rifugiare. A poppa erano sistemati gli alloggi del capitano e degli ufficiali. Quasi tutte le galee erano dotate di vele, applicate all'albero di trinchetto, posto a prua, e a quello di maestra piantato al centro. Avevano varie forme, ma le più comuni erano quadrate e triangolari. L'equipaggio medio era di circa duecento uomini: il capitano, i nocchieri, il dispensiere, il cappellano, il barbiere con funzioni anche di chirurgo, una cinquantina di balestrieri e un centinaio di vogatori.

Le navi da guerra non differirono, nei primi tempi, da quelle mercantili le quali, dovendosi difendere dai pirati, erano regolarmente armate. Gli arrembaggi erano frequenti anche in tempo di pace e la navigazione in mare aperto era perigliosa e piena d'incognite. Anche quella costiera, o di cabotaggio però celava delle insidie.

Gli storici ci hanno lasciato vivaci descrizioni di battaglie navali. I combattimenti erano di solito assai cruenti e i morti si contavano a migliaia. In guerra venivano impiegati soprattutto i dromoni, muniti di pesanti rostri, a mo' di speroni. Queste navi avevano a prua una specie di sifone che vomitava sul nemico il cosiddetto «fuoco greco», un miscuglio di zolfo e petrolio. I balestrieri scagliavano anche frecce, pietre, chiodi, serpi e calce viva. Largamente impiegato era il sapone liquido, che veniva spruzzato a distanza sul ponte delle navi avversarie e rendeva il piancito viscido e sdrucciolevole. Poiché frequenti erano i corpo a corpo, gli equipaggi indossavano corazze, elmi, bracciali e cosciali. Prima di lanciarsi all'arrembaggio, i cristiani si confessavano e facevano testamento; i saraceni si volgevano alla Mecca e invocavano Allah.

A una battaglia navale partecipavano decine e talvolta centinaia di dromoni. I migliori strateghi consigliavano di disporre la flotta a mezzaluna e di aggirare con le ali quella nemica, fino a chiuderla in un cerchio. Tra di loro le navi comunicavano per mezzo di bandiere colorate: quella rossa, per esempio, issata su una lunga picca, era il segnale di combattimento. Il fragore delle armi infatti impediva di udire la voce dell'uomo o il suono del corno.

Il dominio delle Repubbliche marinare italiane era destinato a restare incontrastato per secoli su tutto il Mediterraneo. Questa fortuna era dovuta al fatto che soprattutto Venezia e Genova rimasero, anche per ragioni geografiche, quasi del tutto estranee alle beghe che martoriavano e consumavano le energie dei Comuni dell'interno. Qui grandi cambiamenti e nuovi triboli erano alle viste specie nel Mezzogiorno, dove la dinastia normanna stava per passare la mano a un protagonista di eccezione.

Riprendiamo il filo di questa vicenda.

CAPITOLO VENTUNESIMO
FEDERICO II

La morte di Guglielmo aveva piombato il Regno normanno nel caos. In Sicilia, Calabria e Puglia erano scoppiate violente rivolte di feudatari ostili all'unione di Costanza con Enrico di Svevia, che estendeva il dominio degli Hohenstaufen al Sud d'Italia. In una Dieta i ribelli avevano eletto re il conte di Lecce, Tancredi, e la Chiesa che, come abbiamo detto, aveva con tutti i mezzi tentato di impedire il connubio tra il figlio del Barbarossa, Enrico VI, e Costanza, l'attempata zia di Guglielmo, s'era affrettata a riconoscerlo.

Sulla fine del 1190 Enrico VI lasciò la Germania e calò in Italia per istallarsi sul suo nuovo trono. Giunto nel Lazio, chiese al Pontefice d'essere coronato Imperatore. Il Papa sulle prime tergiversò ma alla fine, premuto dal popolo romano, al quale Enrico aveva fatto distribuire sacchi d'oro, dovette cedere.

Dopo la cerimonia, il figlio del Barbarossa si mise in marcia alla volta del Mezzogiorno e cinse d'assedio Napoli, ma un'improvvisa pestilenza che decimò l'esercito tedesco l'obbligò a sospendere le ostilità e a tornare in Germania, dove era scoppiata una sommossa. Enrico facilmente la domò e quindi, rivalicate le Alpi, puntò di nuovo sul Regno di Sicilia. Nel frattempo era morto Tancredi, e i baroni di Calabria e di Puglia miravano a raccoglierne la successione dividendosela fra loro. L'Imperatore, alla testa di un esercito numeroso e bene armato, s'avventò sulle loro città, le spianò al suolo trucidandone gli abitanti, e imbarcò le sue truppe per la Sicilia.

La repressione nell'isola fu sanguinosa e indiscriminata.

Nel novembre del 1194 l'Imperatore, con a fianco Costanza, entrò a Palermo accolto trionfalmente dai suoi abitanti. Ma la *Kermesse* durò poco. Enrico era un uomo diffidente e crudele. Capì che il nuovo Regno gli era ostile e che solo col terrore egli sarebbe riuscito a tenerlo unito. Il ricordo di Guglielmo e di Tancredi era ancora vivo in mezzo alle popolazioni che, sobillate dai baroni, erano in continuo fermento.

Enrico diede ordine di sterminare tutti i sudditi sospetti e d'incamerare a beneficio della corona i loro averi. S'innalzarono migliaia di roghi e le carceri del Regno furono inondate di prigionieri politici. L'Imperatore non ebbe pietà neppure dei morti. Fece riesumare il cadavere di Tancredi, e pubblicamente lo spogliò delle insegne regali con le quali era stato sepolto. La vedova dell'usurpatore fu deportata e il figlioletto, dopo essere stato accecato, rinchiuso in un castello.

Pacificata la Sicilia, Enrico ripartì per la Germania lasciando a Palermo Costanza e alcuni tra i suoi più fidi collaboratori. Nel 1196, un'ennesima sommossa lo richiamò in Italia. Mentre s'accingeva a domarla, fu colpito da una violenta febbre che a soli trentatré anni, il 28 settembre 1197, lo calò nella tomba.

Discordanti sono i giudizi pronunciati dagli storici su questo contraddittorio personaggio, scomunicato e pio, spietato e magnanimo, caparbio e autoritario, crudele e raffinato, guerriero e mecenate. Pochi mesi prima di morire, aveva convocato i principi tedeschi e aveva fatto loro riconoscere come erede al trono di Germania il suo unico figlioletto di due anni, Federico. Costanza l'aveva messo al mondo il 26 dicembre 1194 sotto una tenda da campo nella piazza di Jesi, dove l'Imperatrice in viaggio per la Sicilia aveva fatto tappa. A quattro anni, il bambino fu coronato a Palermo Re di Sicilia tra i tumulti degli abitanti che chiedevano a gran voce la espulsione dei Tedeschi dall'isola. Costanza, per quietare i rivoltosi, dovette accontentarli.

La morte prematura del marito aveva ridato baldanza ai riottosi baroni. Il Sud precipitò nuovamente nell'anarchia, e per un momento la corona del piccolo Hohenstaufen sembrò vacillare. Costanza si sentì sola e indifesa. Non poteva più contare sui tedeschi che aveva espulso, né sui siciliani che non le perdonavano il matrimonio con Enrico. Allora si ricordò dell'amicizia che in passato aveva legato i suoi antenati alla Chiesa e supplicò il Pontefice d'accorrere in suo aiuto.

Innocenzo III aveva cinto la tiara all'età di trentasette anni. Discendeva per parte di padre da un'antica famiglia di stirpe tedesca e per parte di madre da una nobile casata romana. Aveva compiuto i suoi studi a Parigi e a Bologna, e si era laureato in scolastica e giurisprudenza. Giovanissimo aveva abbracciato la carriera ecclesiastica e servito come chierico un paio di Papi. Sotto Clemente III era stato eletto Cardinale della chiesa dei Santi Sergio e Bacco. Era un uomo di grande intelligenza, autoritario, prepotente e ambizioso. Come per Gregorio VII, anche per lui il Papato era uno *strumentum Regni*. Alla Chiesa l'Impero doveva sottomettersi perché era essa, in nome di Dio, che lo legittimava.

Nella morte di Enrico Innocenzo aveva scorto il segno della Provvidenza. Il pericolo di un'unione delle corone imperiale e normanna su una stessa testa era scongiurato. Almeno per il momento. Ma il Papa voleva sventarlo anche per il futuro. A questo compito Innocenzo s'accinse con tutte le sue energie ch'erano grandi, e con tutta la sua astuzia ch'era immensa. Confermò al piccolo Federico la corona di Sicilia, ma in cambio pretese dalla madre la rinuncia a tutte quelle immunità di cui in passato avevano goduto i Re normanni. Costanza accettò a malincuore il baratto e pochi mesi dopo morì, dopo aver nominato Innocenzo tutore del figlioletto. Correva l'anno 1198. Senza colpo ferire, la Chiesa era riuscita a fare del Regno di Sicilia un proprio feudo.

All'educazione di Federico, il papa prepose alcuni dotti ecclesiastici che s'istallarono nel bellissimo palazzo reale di Palermo. Il figlioletto di Costanza stupì subito i suoi maestri per la vivacità dello spirito e la precocità dell'ingegno. A quattro anni era già in grado di leggere e di scrivere. Studiò la storia, la filosofia, la teologia, l'astronomia, la matematica, la botanica, la musica, e imparò ben sette lingue, tra le quali l'arabo, il greco, e l'ebraico. Diventò anche un provetto cavaliere e un abile cacciatore. Quando, il 26 dicembre 1208, a quattordici anni, uscì di minorità, era già un uomo fatto.

L'unico ritratto che di lui possediamo ce lo raffigura di statura non superiore alla media, robusto e ben piantato. Lo sport e la vita all'aria aperta avevano reso le sue membra agili e vigorose. L'aspetto era un compendio dei caratteri somatici tedeschi e normanni ereditati dai genitori. Il colorito era nel complesso bruno, ma le gote, prive di barba, erano rosa, i capelli castani, gli occhi chiari e leggermente strabici, il naso prominente, il mento forte e le labbra sottili e nervose. Un contemporaneo paragonò il suo sguardo a quello di un serpente, un altro lo definì ironico e sarcastico.

Nello stesso anno 1209 in cui spirava la tutela del Pontefice su Federico, Innocenzo, nella basilica di San Pietro, coronò Imperatore il principe di Brunswick, Ottone. Secondo il Papa, la corona di Sicilia, che Federico cingeva, era incompatibile con quella imperiale. Gli Hohenstaufen videro naturalmente nel principe di Brunswick un usurpatore e gli contrapposero Filippo di Svevia, fratello di Enrico VI. Ciò scatenò in Germania una sanguinosa guerra civile, che ebbe un'eco anche in Italia. Nella primavera del 1210, Ottone attraversò le Alpi e marciò sull'Urbe dove fu acclamato Re dei Romani. In cambio riconobbe lo Stato Pontificio e i suoi confini che includevano l'Esarcato, la Pentapoli, la marca d'Ancona, il ducato di Spoleto, i beni matildini e la contea di Brittenoro. Confermò inoltre i diritti che la Chiesa accampava in Sicilia, fingendo d'ignorare quelli di Federico.

La cerimonia si svolse alla chetichella e senza pompa. I romani non solo non vi vollero assistere perché Ottone non s'era mostrato abbastanza generoso, ma assalirono le milizie tedesche accampate nei pressi di Montemario. Quasi contemporaneamente scoppiò nell'Urbe una violenta epidemia che obbligò l'Imperatore a far fagotto e a lasciare precipitosamente Roma. L'accoglienza riservatagli dai suoi abitanti l'aveva disgustato. Anche i suoi rapporti col Papa, che non l'aveva prevista, si guastarono. Varcati i confini del Lazio, l'esercito di Ottone dilagò in quei territori toscani, già appartenuti alla contessa Matilde e poi entrati a far parte dello Stato Pontificio col consenso dello stesso Imperatore, e se ne impadronì. Il principe guelfo si era trasformato in un ghibellino arrabbiato.

Innocenzo fu colto di sorpresa dal repentino voltafaccia di Ottone, di cui si considerava, e giustamente, il grande elettore. L'Imperatore aveva tradito i patti e gli impegni solennemente presi con lui. Ma le vie di Innocenzo, come quelle del Signore, erano infinite. La partita tra il Papa e l'Imperatore era ancora aperta.

Nel novembre del 1210, il Papa scomunicò il principe di Brunswick e decise d'opporgli il suo pupillo Federico, che non aveva ancora compiuto sedici anni. Ottone calò con le sue truppe nel Mezzogiorno e ne occupò le principali città. I volubili romani, sobillati da *agit-prop* tedeschi, si ribellarono al Papa, che scomunicò l'Imperatore e spedì emissari in Germania a sollevare la popolazione contro di lui.

Nel Medioevo l'anatema era un'arma più politica che spirituale e il suo potere di suggestione sulle masse bigotte, analfabete e superstiziose, era immenso. Ottone si trovò improvvisamente isolato. Anche i suoi più accesi sostenitori l'abbandonarono. Numerosi principi tedeschi si riunirono

225

a Nurberg, lo deposero e proclamarono Imperatore il giovane Federico. Ottone allora abbandonò la Puglia, dove in quel momento si trovava, e a marce forzate tornò in Germania. Le città dell'Italia settentrionale che, pochi mesi prima, tanto entusiasticamente lo avevano acclamato, gli chiusero le porte in faccia. Il Papa invitò Federico a partire subito per la Germania con un esercito e ad affrontare il rivale. Appelli in tal senso giunsero al giovane Hohenstaufen anche d'Oltralpe. Ai primi di aprile del 1212 il figlio di Enrico lasciò Palermo e attraverso Benevento si portò a Roma dove il Papa, che lo vedeva per la prima volta, l'accolse con tutti gli onori.

Innocenzo confermò a Federico la corona imperiale, ma in cambio pretese il riconoscimento di quei privilegi e di quei diritti che Ottone in passato aveva concesso alla Chiesa e poi brutalmente calpestato. Una promessa, soprattutto, il Pontefice strappò al suo pupillo: di non unire mai la corona di Sicilia a quella dell'Impero. Federico giurò che le avrebbe sempre tenute separate e, dopo aver ricevuto da Innocenzo una forte somma di denaro per guadagnare alla causa dell'Impero, che coincideva questa volta con quella della Chiesa, i principi tedeschi, partì per la Germania.

Correva l'anno 1214, e l'Europa stava per assistere allo storico duello tra la Francia di Filippo Augusto e l'Inghilterra di Giovanni Senza Terra, zio di Ottone. Il 27 luglio a Bouvines gli inglesi furono messi in rotta dagli eredi di Carlomagno. La sconfitta di Giovanni segnò il crollo del sogno imperiale del principe di Brunswick che aveva legato le proprie sorti a quelle inglesi. Per alcuni mesi in Germania continuarono ad ardere qua e là focolai d'opposizione, ma nel 1215 la resa di Colonia e di Aquisgrana li spense definitivamente. I seguaci di Ottone passarono in blocco dalla parte di Federico, che festeggiò la vittoria con una messa solenne nella cattedrale di Aquisgrana. Al termine del rito, l'Hohenstaufen volle visitare la cripta in cui era custodito il sarcofago di Carlomagno. Con le sue stesse mani egli scoperchiò l'urna dopo aver deposto a terra il manto, la corona e la spada; poi s'inginocchiò ai piedi del sepolcro e si raccolse per alcuni minuti in preghiera. Quindi si rialzò, richiuse la bara e pubblicamente annunciò, al cospetto del vescovo Sigfrido, il proposito di partire per Gerusalemme, dove il Santo Sepolcro era nuovamente caduto nelle mani dei Musulmani. Un voto destinato a costargli molto caro.

Per il momento, il vero trionfatore, nella contesa tra l'Hohenstaufen e Ottone, era il Papa. Innocenzo era riuscito non solo a liquidare un Imperatore che aveva tradito la Chiesa e a imporre ancora una volta ai principi tedeschi un suo candidato, ma anche a guadagnare alla causa della Cristianità l'esercito più potente d'Europa. Ma non fece però in tempo a raccogliere i frutti della vittoria: nel giugno del 1216 la morte lo colse a Perugia.

Con lui, più che un grande Papa, calò nella tomba un grande statista. Innocenzo – scrisse il Gregorovius – elevò la Chiesa a un'altezza che le diede le vertigini. Il suo successore Onorio III apparteneva alla nobile famiglia dei Savelli. Innocenzo l'aveva nominato *camerario* e poi spedito in Sicilia a far da tutore al piccolo Federico. Quando cinse la tiara aveva novant'anni e probabilmente proprio per questo i Cardinali lo scelsero. Ma non avevano fatto i conti con l'eccezionale tempra del vecchio camerario che sul soglio di San Pietro restò assiso fino all'età di cent'anni.

Onorio era un uomo mite, casto e conciliante, e la sua nomina fu accolta con favore anche dal Senato. Piuttosto allergico alle questioni dottrinarie e teologiche e incapace di grandi disegni politici, aveva una sola ambizione: la riconquista di Gerusalemme e la cristianizzazione della Terrasanta. A capo di una siffatta impresa non poteva porsi che il giovane Hohenstaufen. Ma costui sembrava essersi dimenticato del voto di Aquisgrana. Onorio minacciò di scomunicarlo, ma Federico non se ne diede per inteso. Aveva ben altre cose a cui pensare. I principi tedeschi e i baroni siciliani erano, come al solito, in fermento. I primi non volevano riconoscere il figlio dell'Imperatore, Enrico, Re di Germania, i secondi osteggiavano i tedeschi e li boicottavano. Federico ebbe ragione degli uni e degli altri e con abile mossa riuscì a unire sul capo del figlio le due corone di Germania e di Sicilia. Il Pontefice, debole, disarmato e in rotta coi mutevoli romani, accusò il colpo e il 22 novembre del 1220, nella basilica di San Pietro, coronò finalmente Federico Imperatore. L'Hohenstaufen s'impegnò a difendere i privilegi e il patrimonio della Chiesa e a sterminare gli eretici. Poi rinnovò il voto di prendere la Croce. Ma ancora una volta lo tradì, e invece di imbarcarsi per la Terrasanta si mise in marcia per la Puglia, dove riunì i baroni e promulgò le nuove leggi del Regno.

Pacificato il Sud e rabbonito il Papa, l'Imperatore partì per il Nord dove i Comuni lombardi si erano ribellati alle decisioni del Concilio di Costanza e avevano ricostituito la Lega dei tempi del Barbarossa. La morte di Onorio e l'ascesa al Soglio del cardinale di Ostia, che cinse la tiara col nome di Gregorio IX, lo richiamarono in Puglia. Gregorio, nonostante fosse molto vecchio e pieno d'acciacchi, era energico e risoluto e non intendeva neppure lui rinunciare alla Crociata. Troppo a lungo Federico aveva menato il can per l'aia. In Palestina i Cristiani gemevano sotto il giogo musulmano. La spedizione non poteva subire ulteriori ritardi. Bisognava partire, e subito.

L'Imperatore, sebbene di partire non avesse alcuna voglia, adunò l'esercito nel porto di Brindisi e salpò le ancore alla volta dell'Oriente. Ma improvvisamente una violenta epidemia, di cui s'erano avute le prime avvisaglie a terra, obbligò la flotta a fare dietrofront e a rivolgere le prue verso la Puglia. Quelle che approdarono a Otranto, dopo il breve viaggio, non erano più navi, ma tombe. La peste aveva decimato i tedeschi, e lo stesso Imperatore, contagiato, era salvo per miracolo. Messo piede a terra, l'Hohenstaufen comunicò al Papa che la spedizione, per cause di forza maggiore, non aveva potuto essere condotta a termine, ma ciò non significava, beninteso, ch'egli vi avesse rinunciato. La liberazione del Santo Sepolcro era soltanto rimandata. Gregorio, convinto d'essere stato giocato, montò su tutte le furie e scomunicò Federico. Era la guerra.

L'Italia e l'Europa furono inondate di bolle papali in cui si tacciava l'Hohenstaufen di spergiuro, tradimento e ateismo; e di manifesti imperiali in cui s'accusava la Chiesa di corruzione, simonia e dispotismo. Le città della Penisola presero partito a favore dell'uno o dell'altro contendente. Roma si schierò con l'Imperatore e il giorno di Pasqua i suoi abitanti obbligarono il Pontefice a fuggire a Viterbo, dopo averlo coperto d'insulti. Allora Gregorio lanciò l'anatema contro la Capitale della Cristianità.

Federico partì per la Terrasanta. Anche se le ragioni vere della scomunica erano altre, ufficialmente l'interdetto colpiva gl'infiniti rinvii della Crociata. Per indurre il Papa a revocarlo – pensò l'Imperatore – non c'era che una via. E questa via passava per Gerusalemme.

Ma i Cristiani di Palestina accolsero lo scomunicato Federico come un traditore invece che come un liberatore, e si rifiutarono di unire le loro armi alle sue e di combattere insieme con lui i Saraceni. L'Hohenstaufen cercò allora un accordo diretto col sultano Al Kamil e gli spedì un'ambasceria. Il Sultano inviò a sua volta all'Imperatore un proprio rappresentante il quale restò colpito dalla straordinaria cultura araba di Federico. I due monarchi, che non si conoscevano, cominciarono a scambiarsi messaggi, e alla fine diventarono amici. Nel 1229 firmarono un trattato di pace col quale Al Kamil cedette a Federico Acri, Giaffa, Sidone, Nazareth, Betlemme e Gerusalemme.

Senza spargere una goccia di sangue, l'Imperatore tedesco aveva ottenuto ciò che i suoi predecessori non erano riusciti a conquistare con flotte, eserciti, massacri e rapine. L'accordo fece tripudiare Cristiani e Musulmani, ma indignò il Papa per il quale una guerra santa non era tale se non conduceva allo sterminio degli infedeli. Una rivolta scoppiata nel Mezzogiorno e fomentata dal Papa costrinse l'Imperatore a tornare precipitosamente in Italia. Sbarcato nella Puglia, Federico mandò subito un suo emissario al Pontefice col quale desiderava riconciliarsi, ma Gregorio si rifiutò di riceverlo. Allora l'Hohenstaufen invase lo Stato della Chiesa e mise a ferro e fuoco le sue città. Solo allora il Papa si piegò a un accordo. Ma dopo averlo firmato, cominciò a trescare coi Comuni del Nord e ad aizzarli contro l'Imperatore.

Nel 1235 Federico dovette varcare le Alpi e recarsi in Germania dove il figlio Enrico aveva fatto combutta coi suoi nemici per sbalzarlo dal trono. La ribellione fu subito domata, Enrico accecato e poi confinato in un castello della Puglia, dove sei anni dopo morì. Di lui il padre dettò questo epitaffio: «Si stupiranno forse i padri crudeli che Cesare, mai vinto da nemici esterni, sia stato vinto dal dolore familiare. Il sentimento del sovrano, per quanto inflessibile, è soggetto alle leggi della natura. Noi non siamo né i primi né gli ultimi di coloro i quali, offesi dai figli colpevoli, piangono sulla loro tomba».

Quando ridiscese in Italia, la rivolta dei Comuni del Nord divampava. Federico, alla testa di forze fresche e bene armate, puntò sull'Oglio nei pressi di Cortenova, dove il nemico aveva ammassato il suo esercito. La battaglia fu breve e assai sanguinosa. I Comuni furono sconfitti e lasciarono sul terreno migliaia di morti. Il Carroccio, caduto nelle mani degli imperiali, fu mandato a Roma ed esposto in Campidoglio come un trofeo.

Federico festeggiò a Cremona il trionfo, che gli storici tedeschi celebrarono come la rivincita di Legnano. Numerose città del Nord fecero atto d'omaggio all'Imperatore e deposero ai suoi piedi doni e denaro. Altre, come Milano e Brescia, non vollero invece piegarsi. Le condizioni di pace che la capitale lombarda offrì non furono accettate dal vincitore che ne esigeva la resa a discrezione. Prima di cingere d'assedio Milano, Federico volle però fare i conti con Brescia. Ammassò torri, arieti e altre macchine belliche sotto le mura della città, ma ogni tentativo di espugnarla fallì. Ricorse allora all'atroce espediente già adottato dal Barbarossa all'assedio di Crema: legò i prigionieri bresciani alle torri a mo' di scudo, ma non per questo i difensori esitarono a colpire i loro concittadini. Poi, per vendicarsi, esposero sugli spalti decine di ostaggi tedeschi e, al cospetto di Federico, li massacrarono. Dopo tre mesi, gl'imperiali esausti e a corto di viveri abbandonarono l'assedio e la lotta contro i Comuni. Il Papa ne approfittò per incitare alla rivolta Venezia e Genova, che l'Hohenstaufen dichiarò al bando dell'Impero.

Nel marzo del 1239 Gregorio scomunicò per la seconda volta Federico accusandolo, tra l'altro, di aver sobillato i romani contro di lui. L'Imperatore replicò con una serie di manifesti in cui tacciò il Papa di calunnia, falso e avarizia. Gregorio gli rispose per le rime: «Federico ha artigli di orso, gola di leone, corpo di pantera. Spalanca le fauci per vomitare bestemmie contro il nome del Signore e scaglia strali nefandi contro il suo tabernacolo». Dietro questo diluvio di contumelie si celava il vero nocciolo del conflitto tra Imperatore e Pontefice. Il primo voleva unificare l'Italia, il secondo tenerla divisa.

Nel 1240 s'abbatterono sul Regno di Sicilia le prime purghe. I parroci e i vescovi filogregoriani furono destituiti, e al loro posto furono nominati ecclesiastici fedeli all'Impero. L'Hohenstaufen incamerò tutti i beni della Chiesa, mise al bando i frati mendicanti, obbligò il clero a pagare le tasse e secolarizzò l'abbazia di Montecassino. Quindi invase lo Stato Pontificio col proposito d'annetterselo

Il Lazio gli spalancò le porte un po' per paura e un po' per odio al Papa. Nell'Urbe il partito imperiale, capeggiato dai Frangipani, si diede un gran daffare per guadagnare i romani alla causa di Federico, ma l'oro degli Orsini e dei Colonna fece trionfare quella di Gregorio. I Quiriti temevano che l'Imperatore, nemico di ogni autonomia, annullasse quel po' di libertà, o piuttosto di anarchia, che ai tempi di Arnaldo da Brescia essi erano riusciti a conquistare. E non erano timori infondati perché l'Hohenstaufen era ben deciso, qualora si fosse impadronito della città, ad adottare quegli stessi metodi che aveva instaurato nel Mezzogiorno e che avevano fatto del Regno di Sicilia uno Stato autocratico. Il governo del Papa era debole, mite e abbastanza screditato per non incutere né soggezione né rispetto e per essere quindi gradito ai romani.

Una solenne processione guidata dal Papa, con contorno di labari, reliquie e salmi armò il popolino, bigotto e volubile, contro l'Imperatore che, non sentendosi abbastanza forte per impadronirsi della Città, preferì tornarsene in Puglia. Il Papa offrì una tregua; ma quando gli alleati gli inviarono rinforzi e denaro, la ruppe. Il cardinale Colonna, ch'era stato uno dei negoziatori dell'armistizio, offeso da quel gesto, ammainò la bandiera guelfa e diventò ghibellino.

Il 9 agosto del 1240 Gregorio annunciò per la Pasqua dell'anno successivo un Concilio che avrebbe dovuto ribadire le accuse a Federico e lanciare un'ennesima scomunica. L'Imperatore allora spedì ai padri che vi erano stati invitati messaggi del seguente tenore: «Roma è in preda alla violenza e al caos, i preti si scannano, le chiese sono diventate bordelli. L'aria è fetida e il caldo insopportabile, l'acqua è schifosa e il cibo pestifero. Le strade brulicano di scorpioni e di altri abominevoli animali. Gli abitanti sono cenciosi e puzzolenti, malvagi e facinorosi. Tenetevi lontani da questa città». Alcuni prelati capirono l'antifona e declinarono l'invito. Altri invece sfidarono Federico e partirono per Genova, dov'era stato fissato il convegno. Qui s'imbarcarono a bordo di navi messe a loro disposizione dalla Repubblica di San Giorgio e salparono alla volta del Lazio.

Il 3 maggio 1241, giunti alla Meloria, furono assaliti dalla flotta pisana e da quella siciliana. Nello scontro che ne seguì alcune delle galee genovesi colarono a picco con tutto l'equipaggio, ma la maggior parte furono catturate e condotte a Napoli. I padri conciliari furono incatenati e alcuni per scherno inchiodati ai remi, infine internati nelle carceri del Regno.

La Chiesa lo definì «un empio attentato», ma il suo prestigio aveva subìto un fiero colpo. L'Imperatore ne approfittò per invadere lo Stato Pontificio e invitare i romani a ribellarsi a Gregorio. Nell'agosto dello stesso 1241 una bella notizia giunse al campo imperiale: il Papa era morto. Data l'età – aveva quasi cent'anni –, non c'era da stupirsene. I Cardinali convocarono subito un Conclave per dargli un successore. Scelsero un milanese che aveva pressappoco la stessa età del defunto e che prese il nome di Celestino IV. Ma dopo un paio di settimane anche lui morì.

I Cardinali non vollero adunare un altro Conclave, abbandonarono l'Urbe e si rifugiarono nei loro castellacci. Si può immaginare il caos in cui piombò Roma e lo sgomento che invase i suoi abitanti. Essi si sentirono improvvisamente orfani e alla mercé di Federico. Ma Federico inspiegabilmente rinunciò a impadronirsi della Città, e rimase acquartierato fuor delle mura.

Fu un errore che i suoi avi non avrebbero mai commesso. I Quiriti ne approfittarono per compiere scorrerie contro quelle cittadine del Lazio che s'erano schierate dalla parte dell'Hohenstaufen il quale nell'agosto se ne tornò in Puglia, dopo aver ammonito i Cardinali a darsi un successore (un successore, si capisce, favorevole a lui). Poiché i Cardinali nicchiavano, varcò nuovamente i confini del Lazio e lo mise a ferro e fuoco. I Cardinali atterriti riunirono ad Anagni un Conclave che acclamò Papa il genovese Sinibaldo Fieschi col nome d'Innocenzo IV.

Il Fieschi era esperto di diritto e nella disputa tra la Chiesa e l'Impero era stato fin'allora un moderato. La sua scelta non fu perciò sgradita a Federico, che lo conosceva e lo stimava, e con lui volle stipulare un accordo che mettesse una buona volta fine a un conflitto che durava da oltre trent'anni e che aveva stremato entrambi i contendenti. Ma i negoziati furono subito messi in crisi dalla rivolta della guelfa Viterbo, sollevatasi al grido di «Chiesa, Chiesa».

Federico cinse d'assedio la città, ma questa si difese così bene che gli assalitori dovettero fare dietro-front. Lo smacco dell'Hohenstaufen diede baldanza a numerosi altri Comuni, fedeli al Papa. Minacciato da più parti e impegnato su diversi fronti, Federico sollecitò la ripresa delle trattative. Innocenzo pose condizioni assai dure. L'Hohenstaufen doveva reintegrare la Chiesa in tutti i suoi possedimenti, riconoscere la supremazia spirituale del Pontefice sui principi, concedere piena autonomia ai Comuni lombardi e liberare i guelfi che languivano nelle prigioni del Regno. In cambio, Innocenzo lo scioglieva dalla scomunica. L'Imperatore giudicò queste condizioni inaccettabili. Il Pontefice allora temendo forse che Federico, inasprito dal mancato accordo, occupasse Roma e lo deponesse, fuggì a Genova, dove fu entusiasticamente accolto dai suoi concittadini.

Dopo tre mesi egli lasciò il convento di Sant'Andrea che l'aveva ospitato e si recò a Lione dove convocò un Concilio che dichiarò deposto l'Imperatore. Questi replicò con un violento manifesto esortando i principi europei a «difendere le loro corone dagli artigli rapaci della Chiesa». Innocenzo ribadì che l'autorità del Papa in terra era superiore a quella dell'Imperatore, accusò l'Hohenstaufen di dispotismo, e mise in guardia quegli stessi principi ai quali Federico s'era appellato dalle egemoniche mire imperiali. Meditò anche di eleggere un nuovo Imperatore docile ai voleri della Chiesa e disposto a subirne il volere. Per attuare questi disegni ricorse a ogni sorta d'intrighi. Sguinzagliò emissari in Inghilterra e Germania, armò congiure, e sobillò rivolte in Italia. Bandì insomma una vera e propria crociata contro Federico «nemico del Crocifisso».

L'Hohenstaufen capì che i suoi sudditi prima o poi l'avrebbero abbandonato per timore che anche su di loro s'abbattesse l'anatema. Allora chiese la pace al Papa, che gliela negò. Innocenzo sapeva di essere in quel momento il più forte, e volle approfittarne.

Qua e là, nel Regno di Sicilia, scoppiarono rivolte di baroni, che Federico represse nel sangue. Poi fu la volta della Germania dove invano l'Hohenstaufen tentò di domare i ribelli. In breve tempo le fiamme dell'incendio si propagarono a tutto l'Impero. Gli eserciti di Federico, dopo aver assediato per lunghi mesi Parma, nell'inverno del 1248 furono letteralmente massacrati dai cittadini usciti di sorpresa dalle mura e avventatisi come belve sugli accampamenti nemici. A questo, altri gravi rovesci seguirono che ridussero allo stremo l'Imperatore. Il suo fido ministro Taddeo di Suessa cadde in combattimento, il figlio Enzo fu catturato e imprigionato dai bolognesi. Federico, vecchio e malato, rivarcò i confini del suo Regno e andò a morire di dissenteria a Ferentino, vicino a Lucera.

Un cronista racconta che prima di congedarsi dal mondo, Federico convocò al suo capezzale l'Arcivescovo di Palermo, Berardo, indossò la tonaca dei Cistercensi e, dopo essersi confessato, morì in grazia di Dio.

Fu l'ultima sorpresa ch'egli riservò ai suoi contemporanei, che lo avevano soprannominato *stupor mundi*, meraviglia del mondo. Egli riassumeva i contraddittori caratteri del suo tempo e molti ne anticipava di quello successivo. Il sangue svevo-normanno che gli scorreva nelle vene, a contatto con l'ambiente greco-musulmano di Sicilia, aveva a sunto un forte colore orientale che aveva fatto di lui, più che un Imperatore, un satrapo. Era un autocrate e instaurò quel «culto della personalità» che identificava l'Imperatore con Dio e lo rendeva sacro. Stabilì che il 26 dicembre, giorno in cui era nato, fosse festa nazionale: in quell'occasione faceva distribuire ai sudditi poveri pane, carne e vino. Quando amministrava la giustizia si faceva issare su un gigantesco trono sul quale incombeva dal soffitto un'immensa corona. Gli astanti si prostravano ai suoi piedi in attesa della sentenza ch'egli pronunciava con un filo di voce, come il responso di un oracolo, facendola precedere dal suono di un campanello. Nelle scuole i maestri lo paragonavano a Cesare e ad Augusto e lo chiamavano Figlio di Dio, quel Dio in cui non credeva. I migliori pittori e scultori del tempo venivano mobilitati per ritrarlo sulla tela e sul marmo.

Tra Federico e i suoi sudditi non c'erano diaframmi. I baroni erano stati ridotti all'obbedienza e i loro privilegi aboliti. Pedaggi e balzelli erano dovuti solo e direttamente al Sovrano, supremo amministratore di un Regno monolitico, accentratore, paternalista e razionalmente pianificato. Federico era un tecnocrate in senso moderno. Aveva vaste cognizioni di agronomia e di botanica, selezionava le sementi, progettava i canali d'irrigazione, promuoveva le bonifiche. Incrementò in Sicilia la produzione della canna da zucchero e impiantò a Palermo una grande raffineria. Voleva che ogni palmo di terra fosse coltivato. Chi trascurava il proprio podere veniva obbligato a spogliarsene in favore del vicino.

Sviluppò il commercio e cercò dovunque sbocchi ai prodotti del Regno. Incoraggiò gli scambi con tutti i Paesi mediterranei, dalla Spagna alla Tunisia, all'Egitto, alla Grecia. Aprì fondachi, allestì fiere, inviò consoli in varie città del Nord Africa. I suoi mercanti si spinsero perfino in India. Mai, come sotto di lui, il Sud d'Italia fu prospero, potente e temuto.

Le leggi che promulgò, passate alla storia come le *Costi-*

tuzioni di Melfi, riflettono lo spirito di colui che le compilò ispirandosi alle *Pandette* di Giustiniano. Non fu un'impresa facile. Il Regno era un *melting-pot* di razze, di costumi e di lingue: Arabi, Greci, Latini, Tedeschi, Normanni, Ebrei si mescolavano, ogni comunità con leggi e consuetudini proprie. Le *Costituzioni* diedero alla Sicilia una legislazione ordinata, sapiente e unitaria come il *Corpus iuris* di Giustiniano, sette secoli prima, l'aveva data all'Impero di Oriente. In esse l'agnostico sovrano codificò il suo Credo religioso. Federico non aveva alcuna fede ma pretendeva che l'avessero i suoi sudditi. Essa doveva essere quella cattolica. Ma solo per ragioni di Stato. Considerava l'eresia un delitto e lo paragonava a quelli di tradimento e di lesa maestà. Non per timor di Dio, ma per amore di ordine.

Non perseguitò invece l'eterodossia, ma escluse la minoranza musulmana dalla cosa pubblica e obbligò quella ebrea a indossare speciali abiti e a farsi crescere la barba per distinguerla dalla comunità cristiana. Le concesse però di esercitare liberamente l'usura e le diede in appalto il monopolio della seta e quello delle tintorie.

Ghibellino e laico, lottò senza tregua contro l'ingerenza della Chiesa negli affari dello Stato. Punì il clero intrigante, espulse quello riottoso e ne ridusse i privilegi. Quando ruppe col Papa, sottopose i preti al pagamento delle imposte, abolì le decime e bandì gli ordini monastici. Non riuscì a sottrarre del tutto le masse contadine all'influenza del clero, ma strappò alla Chiesa quelle cittadine. Secolarizzò l'amministrazione cacciandone i preti che dappertutto altrove la monopolizzavano, lo stesso fece con l'istruzione fondando quell'Università di Napoli che fu la culla della nuova classe dirigente laica. L'Ateneo partenopeo fu un vivaio di funzionari, magistrati e giuristi, un faro di cultura spregiudicata, non più inceppata dal dogma, il fior fiore dell'*Intellighenzia* italiana e europea. Vi insegnarono Roffredo di Benevento, maestro di diritto civile, il catalano Arnal

237

do, interprete di Aristotele, Pietro d'Irlanda, che ebbe tra i suoi allievi un certo Tommaso d'Aquino.

Ma la specialità di Federico fu di essere un despota senza averne, almeno nei primi tempi, il carattere cupo e sanguinario. La sua Corte era un luogo di delizie. Pullulava di odalische, buffoni, eunuchi, musicisti, nani, giocolieri, paggi, di cui soprattutto Federico amava circondarsi. Provvedeva personalmente alla loro istruzione. Se si ammalavano li faceva curare dai migliori medici e li mandava a proprie spese a cambiar aria in qualche località climatica. I maligni l'accusarono per questo di omosessualità. Il che, anche se vero, non gli impedì di amare molte donne e di tradire abbondantemente le proprie mogli. Isabella d'Inghilterra, che sposò in terze nozze, scandalizzata dalla condotta del marito, si ritirò in un'ala del palazzo di Foggia e vi si seppellì.

Quando Federico si spostava, la Corte al gran completo lo seguiva, scortata da centinaia di animali esotici e rari: cammelli, linci, leopardi, scimmie, pantere, leoni, condotti alla catena da schiavi saraceni. Aveva un debole per i pavoni, i pappagalli e i falconi, ai quali dedicò un bel libro, intitolato *De arte venandi*, che nel Medioevo godette di una popolarità pari quasi a quella della *Divina Commedia*.

L'Imperatore non coltivava solo i piaceri del corpo ma anche quelli dello spirito. A Palermo, a Foggia, a Lucera riunì il meglio della cultura islamica e di quella europea. Vennero i provenzali Sordello, Folquet de Romans, Aimeric de Peguilhan, i siciliani Jacopo da Lentini e Guido delle Colonne. Alla sua Corte diede i primi vagiti la lingua italiana o *volgare*. Federico lo usava nell'intimità, mentre dell'aulico latino si serviva in pubblico e negli atti ufficiali.

Era un conversatore brillante, dalla vena inesauribile, e pare che le sue battute fossero degne di Voltaire e di Oscar Wilde. Ne faceva continuamente sfoggio e sapeva ridere di quelle altrui anche quando erano rivolte contro di lui. Il che però accadeva di rado. Era anche un buon poeta e i suoi componimenti furono lodati da Dante che, come critico, era piuttosto difficile. Lui stesso li declamava la sera quando, messi da parte gli affari di Stato, si sedeva davanti al caminetto in compagnia dei familiari e di pochi intimi: i figli Manfredi e Enzo, che chiamava con orgoglio «il mio ritratto nel corpo e nello spirito», il genero Ezzelino da Romano, nemico numero uno dei Comuni, una specie di asceta della violenza, e il segretario Pier delle Vigne.

L'Imperatore frequentava filosofi ebrei, scienziati spagnoli, matematici siriani. Alla Corte di Palermo visse quel Michele Scoto, traduttore di Aristotele, che iniziò l'Imperatore all'astrologia. Pare che gli oroscopi di Scoto fossero infallibili. Certamente lo fu quello che fece per sé. Molti anni prima di morire predisse che sarebbe stato ucciso da un sasso cadutogli sulla testa. Per precauzione prese a girare con un elmo di ferro che tuttavia non lo salvò quando una tegola gli piovve davvero sul capo. Federico era un uomo del suo tempo, e nel Medioevo nessuno metteva in dubbio che gli astri esercitassero un potente influsso sulle vicende umane e ne modificassero il corso. Non dichiarava guerra né assediava una città senza prima aver consultato le stelle e calcolato i loro spostamenti. Non c'era mistero che non pretendesse svelare né ramo dello scibile che non destasse la sua curiosità. Voleva essere tenuto al corrente di tutto. Nulla gli sfuggiva. Un giorno, per scoprire il linguaggio dei primi abitatori della Terra, segregò in un'ala del palazzo alcuni neonati e proibì alle nutrici alle quali li aveva affidati di rivolgere loro la parola.

Cavalcando nei boschi durante le lunghe partite di caccia, studiava gli uccelli, gli alberi, le pietre. Sapeva leggere nel Libro della Natura e svelarne gli arcani. Anche la medicina e l'anatomia l'appassionavano. Molti farmaci medievali portarono il suo nome. Di notte si calava negli anfratti del palazzo reale a sezionare i cadaveri: ne esaminava le viscere e ne prelevava gli umori. Era anche un esperto veterinario, e ogni giorno compiva un sopralluogo ai suoi numerosi zoo.

Ma negli ultimi tempi le sventure, i rovesci e le defezioni avevano trasformato questo «Re Sole» del Duecento, brillante, spregiudicato e spavaldo in un despota diffidente e sanguinario. Quando si accorse che alcuni suoi cortigiani avevano ordito un complotto contro di lui, prima li fece accecare, poi uccidere, e infine diede pieni poteri alla sua «ghepeu». Da quel momento la lotta fu senza quartiere contro tutti i nemici sia interni che esterni. Ma quando Enzo cadde prigioniero dei bolognesi, nelle cui mani doveva trascorrere il resto della sua vita, per Federico, che adorava quel ragazzo, il colpo fu terribile. Il suo medico personale approfittò della sua prostrazione per cercare di avvelenarlo. Intorno a lui non c'era dunque che odio e tradimento?

Anche Pier delle Vigne, a quanto pare, aveva tramato contro di lui. Il vecchio ministro e segretario era stato fin allora l'uomo di fiducia dell'Imperatore, il suo consigliere più fidato, l'ispiratore della sua politica ghibellina. Quando fu arrestato, molti si rifiutarono di credere alla sua fellonia. Dante lo fece oggetto di un accorato compianto, e ancora oggi la Storia non ha fatto luce su questo oscuro episodio. Qualcuno sostiene che Piero tentò di sedurre la moglie di Federico, ma ci pare impossibile: sia per la sua età, sia per lo scarso peso che l'Imperatore dava a queste cose. Qualche altro dice che fu Federico a insidiare la moglie di Piero, il quale venne tolto di mezzo come un fastidioso ingombro. Ma l'ipotesi più probabile è quella del complotto. Piero forse vide persa la partita imperiale e si accordò segretamente col Papa. Federico fece accecare Piero; e questi, mentre lo trasferivano di carcere da San Miniato a Pisa, spronò il mulo su cui lo avevano issato e si fece sfracellare su un sasso.

Stanco e deluso, vecchio anzi tempo (non aveva che cinquantasette anni), l'Imperatore si era ritirato a Foggia lasciando il comando delle operazioni militari a Manfredi e Ezzelino, unici superstiti della sua «vecchia guardia» e affidando le sorti della casa Hohenstaufen in Germania al figlio Corrado. Non credeva più nella sua stella, e forse aveva ormai capito che i Comuni contro cui lottava erano, sì, delle forze eversive, ma le uniche vive del suo tempo; e perciò erano destinate a trionfare.

Con lui scomparve di certo il protagonista più inquieto e più moderno del Medioevo. Nietzsche lo ha paragonato a Leonardo da Vinci. E rinascimentali furono infatti la sua curiosità, la vastità dei suoi interessi, la sua concezione dello Stato. Eppure nulla di ciò che aveva costruito era destinato a sopravvivergli.

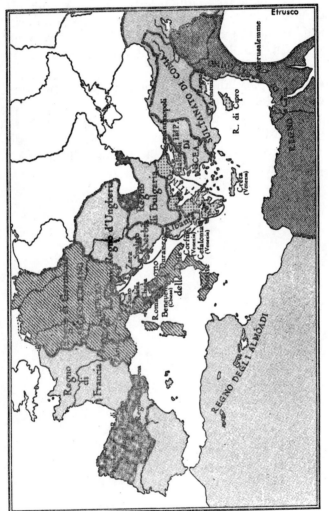

Quarta Crociata (1202-1204)

LE ULTIME CROCIATE

Nel XIII secolo partirono dall'Europa un'altra mezza dozzina di crociate ma non tutte giunsero a destinazione. Nel 1212, un ragazzo tedesco di nome Nicola disse di aver avuto una visione e di aver parlato con Dio il quale gli aveva ordinato di arruolare un esercito di fanciulli per liberare il Santo Sepolcro.

Nicola era un miscuglio di fanatismo, superstizione e misticismo, ma quando affermava che le Crociate precedenti erano fallite perché i soldati di Cristo, per sete di denaro, si erano macchiati dei più turpi peccati, nessuno osava contraddirlo. Gesù, diceva, s'era vendicato dei delitti, delle rapine e dei sacrilegi commessi in suo nome facendo trionfare la causa di Maometto. Solo l'innocenza poteva debellare gl'Infedeli e riportare la Croce in Terrasanta.

Trentamila ragazzi dai dieci ai quindici anni risposero al suo appello, e dai luoghi più remoti dell'Impero affluirono a Colonia, dov'era stato fissato il raduno generale. I più fuggirono di casa all'insaputa dei genitori, le femmine si vestirono da maschietti per poter seguire i fratelli e i compagni, ma solo pochi erano armati e adeguatamente equipaggiati. Il Vescovo di Colonia cercò invano di convincere Nicola ad abbandonare l'impresa e riconsegnare alle famiglie i giovani Crociati. Nicola non ascoltava che la voce di Dio che seguitava a infiammare il suo cuore e a indebolire il suo cervello.

Da Colonia i trentamila fanciulli, costeggiando il Reno, puntarono sulle Alpi. Il maltempo aveva reso i valichi impraticabili e le abbondanti nevicate li avevano quasi com-

243

pletamente ostruiti. Fu scavato un varco nella muraglia di ghiaccio e attraverso questo spiraglio l'interminabile carovana penetrò in Italia, sferzata dalla tormenta e inseguita da voraci branchi di lupi. Migliaia di ragazzi morirono di freddo e di fame. Nicola fu colpito da un attacco di polmonite e nel delirio ebbe un altro colloquio con Dio che gli comandò di marciare su Genova e di lì imbarcarsi per l'Oriente.

Nella città ligure invece di un esercito comparve una moltitudine di derelitti. Invano Nicola cercò un armatore disposto a traghettare i giovani Crociati in Palestina. Alcuni furono internati nei brefotrofi e il loro capo per poco non venne rinchiuso in manicomio. Il papa Innocenzo ordinò ai superstiti di tornare a casa, ma la maggior parte preferì stabilirsi a Genova e dedicarsi al commercio.

Nello stesso anno, in Francia, un pastorello di dodici anni, Stefano, ebbe una visione analoga a quella di Nicola. Anche a lui Dio ordinò di reclutare qualche migliaio di coetanei e di liberare il Santo Sepolcro. Stefano, abbandonate le pecore, si presentò a Corte e chiese di essere ricevuto dal Re. Dopo averlo ascoltato, Luigi Filippo lo afferrò per un orecchio e gli intimò di tornare a pascolare il suo gregge. Troppo tardi. Ventimila fanciulli erano già convenuti a Marsiglia e aspettavano con impazienza che il mare – come Stefano aveva promesso – si asciugasse per lasciarli passare. Ma il miracolo non si compì. Due armatori misero gratuitamente a disposizione dei Crociati sette navi. Un migliaio di fanciulli s'imbarcarono, dopo essersi confessati, intonando salmi e litanie. Al largo della Sardegna due galere, in seguito a un violento fortunale, colarono a picco e nel naufragio quasi tutti i passeggeri perirono. Le altre cinque approdate in Tunisia e in Egitto caddero nelle mani dei Saraceni.

Gli esempi di Nicola e di Stefano erano la prova che lo spirito delle Crociate era ancora vivo in Europa e che la guerra santa infiammava lo zelo dei Cristiani d'Occidente più di qualunque impresa «terrena». Quando, nel 1215, Innocenzo, al quarto Concilio Laterano, lanciò un ennesimo appello contro gl'Infedeli, Austria, Germania e Ungheria fecero a gara per assumere la guida della V Crociata.

Due anni dopo, un numeroso esercito, al comando del Re d'Ungheria, Andrea, sbarcò in Egitto e cinse d'assedio Damietta, che dopo un anno capitolò. Il Sultano Al Kamil chiese la pace e promise di restituire ai Cristiani la città di Gerusalemme e la vera Croce, e di liberare tutti i prigionieri. Andrea pretese anche un indennizzo. In seguito al rifiuto egiziano ripresero le ostilità, che cessarono quando i Crociati, stremati e ormai a corto di viveri e munizioni, firmarono col Sultano un armistizio di otto anni. Riebbero la Croce ma dovettero evacuare l'Egitto.

Nel 1229, come abbiamo visto, Federico II riconquistò Gerusalemme ma quando tornò in Italia la Città Santa ripiombò nelle mani degli Infedeli. La notizia fu accolta in Europa con grande costernazione.

Quando l'apprese, il cristianissimo Re di Francia Luigi IX s'ammalò gravemente di dissenteria. Era un uomo pio, casto e generoso e godeva fama di santo. I medici l'avevano già dato per spacciato quando il suo confessore gli pose sul capo la corona di spine di Gesù. Luigi lo ricompensò con una bella Crociata. Invano la moglie e la madre cercarono di dissuaderlo anche perché non si era ancora completamente ristabilito e il clima caldo dell'Oriente avrebbe potuto minare la sua debole fibra. Ma il Re era ben deciso a riconquistare la Terrasanta e a convertire al Cristianesimo i Maomettani, con le buone o con le cattive. Viveva in uno stato di continua esaltazione mistica, e quando pensava al Sepolcro di Gesù in mano agli infedeli scoppiava in lacrime e mandava gemiti accorati. Passava intere giornate in chiesa a pregare e a cantare i salmi, si sottoponeva a penitenze, digiunava, indossava il cilicio e dormiva sulla paglia.

La nobiltà francese non aveva nessuna voglia d'imbarcar...

si in una nuova guerra e di finanziarla. Quelle precedenti l'avevano dissanguata e impoverita. Per indurvela, Luigi escogitò questo strattagemma: un giorno, al calar delle tenebre, convocò i Conti, i Baroni e i Pari del Regno nella sua cappella privata e a ognuno consegnò un mantello di seta. La cerimonia si svolse quasi completamente al buio perché il Re aveva fatto spegnere tutti i ceri. Quando ordinò di riaccenderli i nobili capirono d'essere stati giocati da Luigi perché quell'abito, indossato in luogo consacrato, altro non era che il saio crociato. Se non volevano essere scomunicati, ora dovevano partire per Gerusalemme.

Fu arruolato un poderoso esercito di fanti e cavalieri. I confessionali rigurgitarono di guerrieri che non volevano imbarcarsi prima di aver ricevuto l'assoluzione dei loro peccati. I monasteri che custodivano le reliquie dei Santi furono meta di pellegrinaggi. I Crociati bussavano alle porte dei conventi a piedi scalzi, il capo coperto di cenere e con indosso una semplice camicia. Luigi, d'accordo col Pontefice, condonò i debiti dei sudditi che s'arruolavano nell'armata cristiana. Gli usurai andarono in rovina e non ebbero altro partito che prender anche loro la Croce.

Alla vigilia della partenza Luigi visitò l'abbazia di San Dionigi, ascoltò la Messa e ritirò l'orifiamma, ch'era la bandiera dei Re di Francia. Poi si mise in marcia per Aigues-Mortes dove la flotta era in attesa di salpare per l'Oriente. Il Re era accompagnato dai fratelli e dalla moglie Margherita, la quale aveva preferito seguire il marito e affrontare i disagi e le peripezie del viaggio piuttosto che restare a Parigi con la suocera, ch'era una donna avara e bisbetica. Imbarcato l'esercito, le navi presero il largo mentre i preti e il Re intonavano l'inno *Veni creator*. La traversata fu tormentata da un mare agitato e tempestoso. Molti baroni si sentirono così male che chiesero il viatico e vollero far testamento.

Il 21 agosto dello stesso anno (1248) la flotta crociata approdò a Cipro. Il Re dell'Isola accolse i Francesi con grandi feste e supplicò Luigi di arruolarlo col suo piccolo esercito sotto le insegne di Cristo. A Cipro i Crociati passarono circa sei mesi in bagordi, circondati da buffoni e prostitute giunte appositamente dalla Grecia. Quando fu il momento di ripartire, molti piansero.

Le navi, milleottocento in tutto, puntarono la prua in direzione dell'Egitto. La costa africana era presidiata dai guerrieri saraceni, armati di mastodontiche macchine belliche. La mole della flotta cristiana spaventò gli Egiziani i quali ripiegarono sul Nilo e si schierarono a testuggine all'imboccatura del fiume. I Crociati, guidati da Luigi, sbarcarono agitando labari e simulacri della Madonna e cantando litanie. Poi si lanciarono all'inseguimento dei Musulmani che dovettero sguarnire il Nilo e ripiegare all'interno. I Francesi drizzarono le loro tende sulle rive del fiume e celebrarono un *Te Deum* di ringraziamento. Il Re si chiuse nel suo padiglione e per la gioia scoppiò in lacrime.

Il giorno dopo i Cristiani partirono alla conquista di Damietta. I Saraceni nella loro fuga l'avevano incendiata e spianata quasi completamente al suolo. I Crociati faticarono non poco a domare le fiamme e impedire che esse investissero la moschea che fu convertita in chiesa e consacrata alla Vergine. I pochi Musulmani rimasti a Damietta perché vecchi o invalidi abiurarono la Fede di Maometto per abbracciare quella di Cristo.

In attesa di riprendere i combattimenti con gl'Infedeli, i soldati cercavano riparo all'accecante calura stipati in quartieri malsani e infestati da topi, mosche e pidocchi, e per ammazzare il tempo giocavano giorno e notte ai dadi. Quando non avevano più denaro puntavano le armi, i cavalli e persino le reliquie che alcuni avevano portato dalla Francia. Accanto alla chiesa era stato eretto un postribolo sebbene Luigi avesse con tutti i mezzi cercato d'impedirlo. Le ospiti erano in prevalenza musulmane, ma c'erano anche le mogli di alcuni Baroni che avendo perduto al gioco tutto quanto possedevano lucravano ora sull'unico capitale che era loro rimasto.

In breve volgere di tempo il campo crociato diventò una specie di Babilonia, in preda alla corruzione e alla violenza. Nessuno riceveva più ordini da nessuno, e tutti trasgredivano quelli del Re. Il Sultano invece aveva rinvigorito l'esercito suo con truppe fresche e aveva promesso un *bisante* d'oro per ogni testa di cristiano ucciso.

Dopo sei mesi, Luigi diede ordine di lasciare Damietta e di marciare sul Cairo. I Crociati risalirono la riva destra del Nilo, e giunsero alle porte di Mansura. Ma investiti da un'orda di Saraceni, furono volti in rotta. Diecimila Francesi, tra i quali lo stesso Re, svenuto in seguito a un ennesimo attacco di dissenteria, furono catturati. Altri trentamila perirono chi in combattimento, chi tra i gorghi del Nilo. Luigi fu condotto a Mansura in uno dei palazzi del sultano Almoadan e posto sotto la sorveglianza di un eunuco. Il giorno stesso, a Damietta, la regina Margherita dava alla luce un bimbo al quale veniva imposto il nome di Tristano, a memoria della disfatta crociata.

Nella cella in cui era stato confinato, Luigi si consolava con la lettura dei Salmi. Pareva rassegnato alla sua sorte e ai disagi della prigionia. Poiché non gli era rimasta che una casacca unta e sbrindellata, il Sultano gli mandò una decina di sontuose vesti. Luigi non volle indossarle dicendo che il Re di Francia non accettava l'elemosina del Sultano d'Egitto. Quando Almoadan gl'inviò il suo medico personale a curargli la dissenteria, Luigi rifiutò di riceverlo.

Dopo un mese finalmente gli Egiziani, in cambio della restituzione di Damietta e un riscatto di circa due miliardi di lire attuali, liberarono il Re il quale in compagnia dei Baroni e dei Cavalieri che erano stati fatti prigionieri con lui s'imbarcò per la Palestina. Gli abitanti di Tolemaide accolsero festosamente i Crociati e li alloggiarono alla meglio nelle loro case. La guerra li aveva stremati e molti, in seguito alle ferite e agli stenti, erano gravemente malati. Lo storico Joinville racconta che ogni mattina sotto la sua finestra passavano venti cortei funebri.

Un giorno il Re ricevette da Parigi una lettera della madre che lo supplicava di tornare in Patria. Luigi non voleva abbandonare le migliaia di Crociati che ancora languivano nelle carceri del Cairo e di Mansura, e solo quando la vecchia Regina morì si decise a partire. Nell'estate del 1254 la sua nave gettò l'ancora nel porto di Jeres. Ai primi di settembre, salutato dalla folla, entrò a Parigi. Quando aveva lasciato la Capitale era un giovane bello, biondo e gagliardo ma in sei anni era molto cambiato: i capelli si erano tinti di bianco, le possenti spalle erano diventate curve e il volto, solcato da profonde rughe, era quello d'un vecchio.

Prima di lasciare Tolemaide, Luigi aveva promesso ai Baroni di Palestina che in Francia avrebbe arruolato un nuovo esercito per ritentare la conquista dell'Egitto. Seguiamolo in quest'ultima avventura, sebbene essa sconfini oltre la data terminale (1250) che abbiamo assegnato a questo libro.

I preparativi durarono tredici anni e si svolsero in gran segreto. Il 2 marzo 1267 Luigi convocò il Parlamento e tenendo in mano quella stessa corona di spine che vent'anni prima l'aveva miracolosamente guarito dalla dissenteria, annunciò l'VIII Crociata.

Gli stessi Baroni e Cavalieri che avevano accompagnato il Re in Oriente e con lui erano tornati in Patria ascoltavano in silenzio le parole del loro sovrano, ma nessuno diede segno di approvarle. Le calamità naturali, l'epidemie, i massacri che avevano funestato la campagna d'Egitto soffocavano ogni ardore. Pochi nobili accettarono di partire e fra costoro non c'era Joinville, amico fraterno del Re, il quale si era ritirato in un castello a scrivere le sue memorie. Anche la regina Margherita, memore delle vicissitudini patite a Damietta e in seguito alla morte della suocera, preferì restare in Francia. Il Papa fece giungere da Roma la sua benedizione e un messaggio in cui proclamava che l'ora fatale per gli Infedeli era scoccata. A mo' di poscritto chiedeva al clero francese una nuova decima.

Il 4 luglio 1270, dopo aver fatto testamento, Luigi ordinò alla flotta, radunata nei porti di Marsiglia e di Aigues-Mortes di salpare alla volta della Tunisia. Giunte al largo di Cartagine le navi crociate, temendo che uno sbarco troppo precipitoso, com'era avvenuto in Egitto, mettesse a repentaglio l'esito della spedizione, rimandarono di ventiquattr'ore la discesa a terra sebbene i soldati dell'Emiro di Tunisi, alla vista dei Francesi, si fossero dati alla fuga. L'indomani mattina, alle prime luci dell'alba, dalla prua della sua galera sulla quale s'era arrampicato per pregare, Luigi vide sulla spiaggia un immenso stuolo di Saraceni armati fino ai denti e in pieno assetto di guerra. Il Re comandò ugualmente ai Crociati di sbarcare e di dar battaglia al nemico che per la seconda volta abbandonò le sue posizioni e ripiegò verso l'interno. I Francesi lo inseguirono fin sotto le mura di Cartagine, espugnarono la città e massacrarono tutti i suoi abitanti. Poi piantarono la Croce nella piazza e intonarono un *Te Deum*.

Imbaldanzito dal successo, Luigi annunciò che da quel momento lo scopo della Crociata era la conversione dell'Emiro il quale, per tutta risposta, reclutò nuove milizie e arrestò tutti i Cristiani che si trovavano nei suoi Stati, minacciando di ucciderli se i Francesi non se ne fossero andati. Nell'accampamento crociato la mancanza d'acqua, il caldo e la sporcizia fecero scoppiare una violenta epidemia che decimò letteralmente le truppe. Cadaveri erano disseminati dovunque e un tanfo pestilenziale contaminava l'aria. Lo stesso Re fu colpito da un accesso di febbre e di diarrea che lo piombò in uno stato di cupa prostrazione. Non potendo – com'era sua abitudine – assistere alle funzioni religiose, si fece portare una Croce e comandò al proprio cappellano di pregare per la sua anima. Poi convocò il Re di Navarra e gli raccomandò di pagare i debiti di giuoco. Quindi si confessò. Morì col nome di Gerusalemme sulle labbra, dopo aver chiesto di essere adagiato su un letto di cenere. Le sue viscere furono consegnate al fratello che le donò all'abbazia di Monreale, dove per secoli furono oggetto di venerazione. Le ossa e il cuore restarono al figlio Filippo, il quale voleva spedirle in Francia, ma i Crociati s'opposero perché dicevano che le reliquie in guerra portavano fortuna.

Il nuovo capo, il Re di Sicilia Carlo, comandò di attaccare subito Tunisi. L'Emiro, terrorizzato, mandò un ambasciatore al campo cristiano a chiedere la pace. Il 31 ottobre 1270 fu firmata una tregua di quindici anni con la quale Francesi e Saraceni s'impegnarono a restituire i rispettivi prigionieri e a garantire l'incolumità dei sudditi stranieri nei propri Stati. L'Emiro consegnò ai Crociati duecentodiecimila once d'oro, e s'obbligò a corrispondere al Re di Sicilia un congruo tributo. I Francesi tornarono in patria ma, al largo della Sicilia, una tempesta colò a picco diciotto delle loro navi, tra le quali quella che trasportava l'oro. Quattromila Crociati e centinaia di cavalli perirono nel naufragio.

In Tunisia non erano rimasti che alcuni monaci e qualche mercante. Nel 1291 la città di Acri, ultimo avamposto cristiano in Palestina, fu cinta d'assedio dal Sultano e dopo quarantatré giorni aprì le porte ai Saraceni che massacrarono quasi tutti i suoi abitanti. Medesima sorte subirono Tiro, Sidone, Caifa e Beirut. Si chiudeva così l'ultimo capitolo delle Crociate.

Esse spalancarono all'Occidente le porte di un mondo nuovo. Dal Levante i Crociati importarono nuove costumanze. Abbandonarono l'uso di lasciarsi crescere la barba e adottarono quello di fare il bagno. Anche la moda e la dieta cambiarono. I mercati italiani, francesi e tedeschi furono alluvionati da sete, broccati, ciprie, profumi, spezie. Nuovi commerci s'avviarono tra i grandi porti mediterranei, gli scambi s'intensificarono e i pellegrinaggi diventarono più frequenti.

Ma fu soprattutto nelle scienze, nelle arti e nel pensiero che il contatto con gli Arabi fu fertile di risultati. Coi Crociati arrivarono in Occidente la bussola, il compasso, la stampa, la polvere da sparo. I medici e i chirurghi arabi erano i migliori del mondo. Le lingue latine e anglosassoni s'arricchirono di un migliaio di vocaboli arabi e la novellistica cristiana s'ispirò alle favole delle «Mille e una notte».

Ma tutto questo fa parte di un capitolo che va affrontato a parte: quello della cultura. Qui era avvenuta un'autentica rivoluzione. E fu proprio grazie ad essa che i secoli bui improvvisamente e prodigiosamente s'illuminarono.

PARTE TERZA

LA RIVOLUZIONE
DELLA CULTURA

BERNARDO DI FRONTE A ABELARDO

Nel 1115 un fraticello dell'ordine cistercense aveva abbandonato la casa madre di Cîteaux, presso Digione, dove aveva preso i voti, e con dodici giovani conversi si era ritirato a Clairvaux, o Chiaravalle.

Il posto somigliava poco a quel nome allettante. Era un fitto bosco in alta montagna, completamente disabitato, non servito da strade, lontano da centri di rifornimento, e sepolto nella neve per otto mesi all'anno. Il monastero che quei tredici pionieri vi fondarono era una capanna di legno a due piani. Sotto, c'erano la cappella e il refettorio. Sopra, dove si saliva con una scala a pioli, il dormitorio, fatto di giacigli di paglia. Forse gl'inquilini avevano scelto quella disagiata e inaccessibile residenza perché non avevano altro programma che di salvare l'anima dalle tentazioni del mondo seppellendosi nella preghiera. E invece vi diedero l'avvio alla rivoluzione della Chiesa.

Il capo di quella sparuta pattuglia si chiamava Bernardo. Apparteneva a una nobile famiglia di Digione. Ma sin da ragazzo si era sentito irresistibilmente attratto dalla vita monastica, e perciò entrò a Cîteaux. Quel monastero era stato fondato proprio allora da Roberto di Molesnes, un benedettino della vecchia scuola che invano aveva cercato di ricondurre all'austerità i conventi di cui era stato priore.

Non era stato il solo a provarcisi. Anche Bruno di Colonia, pochi anni prima, aveva addirittura rifiutato l'Arcivescovato di Reims per dedicarsi unicamente alla riforma della regola benedettina, fondando il monastero di Chartres sulle Alpi vicino a Grenoble. Esiste tuttora, ed è quello che più si è serbato, in otto secoli di vita, fedele allo spirito del fondatore.

Roberto ne imitò l'esempio con Cîteaux. I Cistercensi, come si chiamarono i suoi seguaci, ripristinarono in tutta la sua severità la regola benedettina dei tempi eroici: povertà assoluta, dieta strettamente vegetariana, lavoro manuale nei campi, astinenza, silenzio e analfabetismo. Questo rigore ebbe un effetto scoraggiante. Reclute ne affluirono poche. E forse Cîteaux sarebbe morto coi suoi fondatori, se fra costoro non si fosse arruolato come novizio quel tale Bernardo di Digione. Non ci venne da solo. Prima ancora di prendere il saio, aveva esercitato le sue qualità di apostolo e propagandista sui suoi coetanei, accendendone o risvegliandone il fervore. Riscosse tale successo che – si dice – le ragazze lo presero in odio per le falcidie di giovanotti ch'egli operò. Ne convertì una trentina, alla loro testa si presentò a Cîteaux, con loro vi fece il suo noviziato, e due anni dopo chiese e ottenne il permesso di fondare la succursale di Chiaravalle.

Era un curioso miscuglio di carità e d'intransigenza. Viveva come il più umile dei suoi seguaci. Non amava che il suo eremo e la sua solitudine. La sua eloquenza era disadorna e povera di argomenti, ma animata da un tale calore di convinzione ch'era impossibile resistergli. Perfino i suoi familiari dovettero arrendèrglisi: suo padre si fece frate, sua madre e le sue sorelle suore. La fama di questa sua forza redentrice condusse a Chiaravalle coscienze inquiete e tormentate dal dubbio. Ci venne anche Enrico, fratello del Re. Dopo poche ore di conversazione con Bernardo, chiese un saio e andò in cucina a lavare i piatti. Ci vennero anche dei filosofi che non riuscivano a conciliare la fede con la ragione. Ma a costoro Bernardo non seppe che dire, se non la sua meraviglia che qualcuno tenesse la ragione in sì gran conto da cercarvi la spiegazione di qualche perché. L'uditorio che preferiva erano i pastori e i boscaioli di quelle remote contrade alpine, per i quali l'Universo era un gran mistero di cui l'unica chiave era Dio.

Eppure quest'uomo mite diventava spietato quando avvertiva puzzo di eresia o di peccato. Contro gli eretici giustificò «la prova di Dio», cioè la tortura. E contro il clero mondano pronunciò invettive famose. Rimproverava alla Chiesa di essere «troppo ricca di fuori, e troppo povera di dentro. Impreziosisce la facciata della sua casa, e tiene nudi i suoi figli». La chiamò anche «una caserma, una scuola di Satana, un allevamento di ladri». Un altro suo bersaglio fu la regina Eleonora d'Aquitania, la *first lady*, la grande patrona della nuova cultura. Nel suo acceso antifemminismo rieccheggiavano gli accenti dei quaresimalisti medievali che in ogni donna vedevano un'Eva, strumento del Maligno per indurre l'uomo in tentazione. E certamente anche in questo Bernardo incarnava una specie di reazione sanfedista che saliva dal basso contro la riqualificazione della donna provocata dal culto di Maria.

Malgrado l'estremismo e il suo totale rifiuto del mondo e del tempo in cui viveva, l'autorità morale di Bernardo crebbe al punto che Papi, Concili e Re ricorrevano a lui quando c'era da districare qualche matassa ingarbugliata. Lo chiamarono anche a Roma per decidere a chi, fra Anacleto II e Innocenzo II, spettasse la tiara. Bernardo accettava queste missioni senza entusiasmo. Viaggiava come un pellegrino povero, dormendo nei conventi o nelle capanne dei pastori. Una volta, passando lungo le sponde di un lago svizzero illuminato dal sole, si tappò gli occhi con la mano per non cedere al piacere sensuale di quello spettacolo che gli pareva un peccato.

Quando morì poco più che sessantenne, nel 1153, il suo ordine contava settecento monasteri con 60 mila monaci. Ma ancora una volta il successo gli fu fatale: ennesima riprova della precarietà dei regimi fondati sulla mortificazione della personalità e dei suoi istinti. Non erano trascorsi che pochi decenni dalla scomparsa del fondatore che già alcuni monasteri da lui fondati affidavano il lavoro dei campi a schiavi saraceni incettati sul mercato, com'era avvenuto ai tempi del più sfrenato capitalismo romano. Era il rinnegamento di tutti i princìpi su cui Bernardo aveva basato la sua regola. E ricominciava la corsa alla corruzione mondana.

Il fatto è che Bernardo aveva lottato contro un nemico invincibile, contro cui non valeva nemmeno la «prova di Dio». E questo nemico era la cultura, che dopo secoli di monopolio ecclesiastico sfuggiva alla Chiesa e diventava laica. Bernardo se l'era trovata drammaticamente di fronte, incarnata in uno dei più singolari personaggi di tutt'i tempi e certamente il più «rappresentativo» di un'epoca: Abelardo. I due uomini furono i protagonisti di un clamoroso processo, dove Bernardo fece naturalmente da accusatore e Abelardo da imputato.

Abelardo era un brétone e apparteneva anche lui alla piccola nobiltà di provincia. Nato un secolo prima, forse sarebbe diventato un Trovatore. Ne aveva tutt'i requisiti: la prestanza, la spavalderia, la facondia e, come in seguito dimostrò, l'ispirazione poetica. Invece s'indirizzò verso la filosofia, forse anche sotto la spinta del maestro che gli diedero come precettore, Roscellino. Era costui un prete, naturalmente, ma piuttosto ribelle e anticonformista, che avanzava dubbi sul pericoloso argomento della Trinità. Cosa sono, si chiedeva Roscellino, il Padre, il Figlio e lo Spirito Santo? Se sono una cosa sola, perché vengono specificati con tre nomi diversi? E se sono tre cose diverse, non è un'astrazione e arbitrio identificarle in una sola entità?

Roscellino forse non se ne rendeva conto. Ma così ragionando, si faceva il portavoce di tutta una nuova corrente di pensiero che di cristiano non aveva nulla: né l'etichetta di origine, né quella della ditta d'importazione. Si trattava della filosofia aristotelica. Ed erano stati gli arabi e gli ebrei a farsene gl'interpreti e i mediatori in Occidente.

Cerchiamo di ricostruire quest'avventura.

La grande eredità culturale del mondo antico era stata rotta in due dalla divisione politica dell'Impero d'Occidente da quello d'Oriente. L'Europa era rimasta col retaggio latino, ch'era servito a darle una lingua comune e a conservare le fondamentali concezioni del Diritto pubblico e privato. Il genio di Roma, tutto pratico e amministrativo, si era sfogato in questi campi. E la Chiesa ne aveva raccolto quanto le serviva per la propria organizzazione. La filosofia e le scienze erano monopolio della cultura greca, da cui l'Occidente era rimasto irrevocabilmente escluso dopo l'occupazione longobarda e l'esplosione musulmana.

I crescenti malintesi fra le due Chiese avevano perfezionato questo divorzio. E così la cultura europea si era sviluppata, per così dire, su una gamba sola. «Intellettuale» nel Medio Evo era colui che conosceva il latino e le leggi. Se non era prete, era notaio. Anche se aveva qualche altra curiosità, gli mancavano gli strumenti per soddisfarla. Non sapeva nulla per esempio di medicina né di geometria: ignorava il compasso, ignorava lo zero. L'uomo medievale era rassegnato al mistero. La realtà che lo circondava per lui era solo il «sogno di Dio». Era troppo in balìa della fame, del freddo e della paura per cercare una «spiegazione del mondo» al di fuori di quella che offrivano le Sacre Scritture coi loro sette giorni della Creazione, la costola di Adamo e il peccato originale.

Certamente a scuoterlo da questo torpore mentale ci fu anche, dopo il Mille, quel po' di progresso economico e quella maggiore stabilità che gli consentirono di pensare anche a qualcos'altro che non fosse lo stomaco. Ma ancora più decisivo fu il contagio della cultura araba.

La cultura araba non era più soltanto il Corano. G'indomiti guerrieri di Maometto, quando traboccarono fuori dell'Arabia, erano analfabeti, ma dotati di un fortissimo po' tere di assimilazione. Dovunque piantassero bandiera, assorbivano la cultura locale. E siccome fra le terre di conquista ce n'erano di avanzatissime come l'Egitto e la Persia, la loro maturazione intellettuale fu non meno rapida della conquista militare. Quando, al termine della lunga cavalcata lungo il Nord-Africa, giunsero in Spagna, nei loro zaini c'era già tutto il retaggio della cultura greca. Le Università del Cairo e di Bagdad lo avevano rielaborato in lingua araba. E il seme del razionalismo aristotelico, trasportato in Spagna, fiorì a Cordova e a Saragozza per merito di due grandi maestri musulmani: Averroè e Avicenna.

I primi europei che vennero in contatto con gli arabi furono i soldati visigoti di Pipino e Carlo Martello che arrestarono l'Islam a Poitiers. Ma in quel momento l'Islam era soltanto un esercito, Averroè e Avicenna non erano ancora nati, i Franchi erano troppo rozzi per sentire l'attrazione della cultura, e infine mancavano i mediatori che la rendessero intelligibile ai popoli europei.

Questi mediatori furono gli ebrei. Snidati dalla Palestina, travolti e dispersi dalle orde dei Califfi, essi vi si mescolarono, e al loro seguito approdarono a Gibilterra. Erano gli unici che conoscevano sia l'arabo che il latino. E tradussero l'uno nell'altro. Una loro dinastia, gli Halévi, regalò da sola all'Europa gli *Elementi* di Euclide, il *Cànone* di Avicenna e i commentari di Averroè ad Aristotele.

È difficile oggi rendersi conto dello stupore e dell'entusiasmo che queste opere suscitarono nella rozza e imbarbarita Europa medievale. Naturalmente ad apprezzarle non furono le masse analfabete, ma le piccole minoranze colte o aspiranti alla cultura che si stavano lentamente formando. Esse si accorsero a un tratto non solo di non sapere nulla, ma di non avere nemmeno i mezzi per imparare qualcosa. Scoprirono la geometria, l'algebra, il sistema decimale. Ma soprattutto scoprirono la logica e la meccanica del sillogismo, cioè lo strumento per articolare il pensiero e svilupparlo con ordine razionale. «La filosofia – disse più tardi Bacone – ci è venuta dagli arabi». Era vero, anche se si trattava in sostanza di filosofia greca. E lo dimostra il fatto che la sua prima «centrale» cristiana fu la Francia, che aveva gli arabi all'uscio dei Pirenei. I Crociati – quasi tutti francesi – che tornarono dalla Terrasanta contribuirono al contagio.

Roscellino era uno di quelli che forse inconsapevolmente lo avevano subìto: il suo ragionamento sulla Trinità era di stampo aristotelico. E l'allievo Abelardo, col suo pronto intuito, ne assimilò subito la meccanica. Con l'impazienza propria dei giovani rimise in discussione tutte le verità su cui l'Occidente aveva sonnecchiato sin allora, comprese quelle «rivelate», anzi solo quelle perché altre non ce n'erano. E fin qui, nulla di strano. Ma per predicare le sue teorie, o meglio i suoi dubbi dovette salire sull'unica cattedra che i tempi mettevano a disposizione: il pulpito. Voleva farsi prete, anzi accarezzò l'idea di diventare Vescovo, e magari Papa. Se la sua vocazione fosse autentica, non sappiamo. Forse gli era imposta dal fatto che allora, lo abbiamo già detto, la cultura era monopolio della Chiesa: fuori di essa non c'erano strumenti per interferirvi.

Ancora studente, s'immerse fino al collo nelle diatribe filosofiche, che forse lo salvarono da una vita di dissipazione. Le sue polemiche con Guglielmo Champeaux fecero la curiosità e la delizia di tutta la goliardia parigina. Egli si servì senza scrupoli di tutte le malizie dei sofisti greci per confutare le tesi tradizionaliste del suo professore e avversario. Forse più che la dottrina, furono lo spirito, l'ironia, i paradossi, l'oratoria brillante e di una tersità voltairiana avanti lettera, che gli valsero i galloni di caposcuola: una scuola che fu chiamata *Modernismo*: parola che ha fatto sempre rizzare le orecchie e il pelo della Chiesa.

Dapprincipio evitò i temi che potevano esporlo all'accusa di eresia. E ci riuscì così bene che Fulberto, soggiogato dal fascino della sua eloquenza, gli mise a disposizione la cattedrale di Parigi di cui era canonico. Poi, non contento di questo, se lo prese anche a pensione in casa perché facesse da tutore a sua nipote Eloisa. Fu come mettere la polvere accanto al fuoco. Abelardo ci perse il sonno e il senno, diventò un pessimo predicatore e un poeta squisito. Quando Eloisa fu incinta, la mandò in Bretagna a sgravarsi di un bambino, cui mise il nome di Astrolabio. E chiese a Fulberto il permesso di sposarla, ma morganaticamente, per non compromettere la propria carriera ecclesiastica cui tuttora pensava. Fulberto, per tutta risposta, divulgò la notizia. E Abelardo, per smentirla, indusse Eloisa a rinchiudersi in un convento. Lo zio inferocito se ne vendicò nel modo più orrendo. Due suoi sicari sorpresero Abelardo nel sonno e lo evirarono. Parigi fu più deliziata dal lato piccante di questa vicenda che commossa del suo lato patetico. Abelardo si credette naufragato nel ridicolo, e si disponeva a rinchiudersi anche lui in convento, quando gli studenti vennero a chiedergli di riprendere le lezioni.

Fu un trionfo. L'oratoria di Abelardo, che la passione aveva appannato, ritrovò il suo smalto. Egli svolse un corso sulla *Dialettica* di Aristotele e ne fornì un limpido saggio con le sue esposizioni. Le categorie del pensiero, l'analisi logica, le forme della proposizione furono studiate e approfondite. I suoi allievi forse non appresero da lui nulla di nuovo in fatto di dottrina. Ma certamente impararono a parlare. Abelardo diede alla lingua francese quell'ordine e quella razionalità che ancora oggi ne costituiscono il privilegio. Non svelò nulla di originale. Ma fabbricò gli strumenti per dare l'assalto a «questo grande mistero del sapere» come lui lo chiamava. Dio non può, diceva, essere in contrasto con la ragione ch'Egli stesso ci ha dato. Quindi l'indagine della verità è una collaborazione con Lui, non un sacrilegio.

I preti si trovarono nei guai, anche per mancanza di direttive. Una vera e propria dottrina su cui confrontare le proposizioni di Abelardo non era stata ancora elaborata. Molti articoli di fede non erano stati sistemati in dogmi, il numero dei sacramenti non era stato fissato, e nemmeno la Messa aveva ancora trovato la sua forma definitiva. La stessa parola «Chiesa» non aveva quel significato di organismo e di gerarchia che noi oggi le diamo. Significava soltanto l'edificio in cui si svolgevano i riti. Sin allora il clero non aveva sentito il bisogno d'imprigionare Dio in un sistema teologico perché al gregge si chiedeva di riverire e di amare il Signore, non di comprenderlo.

Di fronte ad Abelardo che tentava di *spiegarlo*, il clero si divise. Il Vescovo di Chartres lo accusò di eresia, non gli permise nemmeno di discolparsi e lo fece rinchiudere in un monastero. Sebbene il Papa ne ordinasse il rilascio, Abelardo non trovò più nessuna cattedrale disposta a offrirgli il pulpito. E allora se ne costruì uno per proprio conto in una baracca di legno nella foresta. In pochi mesi un villaggio le crebbe intorno per iniziativa degli studenti che non volevano perdere il loro maestro.

Questi si mostrò abbastanza cauto e si guardò bene dal porsi in contrasto con le Sacre Scritture. Ma fornì gli argomenti per rimetterle in discussione, e fra i suoi allievi ci fu chi ne approfittò, come Gilberto de la Porrée e Guglielmo di Conches.

Fu allora che Bernardo intervenne. Egli forse non aveva una chiara idea di ciò che Abelardo diceva. Ma vi sentiva risuonare tutte le note che più dispiacevano alla sua Fede semplice, fatta per gli uomini semplici. A lui importava poco sapere come Abelardo spiegava Dio. Trovava sacrilego che si tentasse di spiegarlo. E fu per questo che con la forza del suo altissimo prestigio impose al Vescovo di Sens di convocare il reprobo davanti a un tribunale di ecclesiastici e di dotti laici (ma anch'essi naturalmente di formazione ecclesiastica perché di altre origini a quei tempi non ce n'erano, tutta l'istruzione essendo monopolio dei preti). Vi parte cipò anche il Re. E tutta l'*Intellighenzia* francese accorse per assistere all'appassionante dibattito.

Naturalmente essa era in maggioranza per Abelardo. Ma era intimidita dal grosso del pubblico, cui i preti avevano detto che l'imputato predicava l'esistenza di tre Dei. In quell'aria di linciaggio, Abelardo rinunziò a difendere le sue tesi, e si rifugiò in una scappatoia procedurale: disse che il tribunale era incompetente, che solo il Papa aveva il diritto di giudicarlo. Il primo che si alzò a parlare contro di lui fu, con suo grande stupore, il suo vecchio maestro Roscellino, riconvertitosi coi reumatismi all'ortodossia, o desideroso di farsi perdonare i propri deviazionismi.

Ma la vera requisitoria la pronunciò Bernardo, e fu lo scontro frontale fra le due grandi istanze che d'allora in poi avrebbero sempre diviso l'umanità: la Fede e la Ragione. Fu in quell'occasione che la Chiesa sentì il bisogno di conciliarle, come poi avrebbe cercato di fare con la filosofia Scolastica. Ma quel giorno non ne aveva ancora gli strumenti, e dovette decidersi fra l'una e l'altra. Più col suo calore e col suo appassionato impeto che coi suoi argomenti, Bernardo indusse il tribunale a schierarsi dalla parte della Fede e a condannare come eretiche le più importanti proposizioni di Abelardo.

Questi si mise in cammino per Roma. Voleva spiegare il caso al Pontefice e ottenerne giustizia. L'età e gli acciacchi lo bloccarono a Cluny, dove Pietro il Venerabile lo accolse caritatevolmente e lo dissuase dal continuare il viaggio. Abelardo rimase nel convento. E i suoi ultimi anni furono un edificante esempio di pietà e di fervore. Fra preghiere e penitenze, compose i più begl'inni sacri di tutta la letteratura medievale. Ma sotto banco scrisse anche a Eloisa le più belle lettere d'amore: un amore così intriso di carnalità che alcuni storici, non sapendo come conciliarlo con l'esaltazione spirituale degl'inni, dubitano dell'autenticità di quella corrispondenza. Ma a torto, crediamo. L'amore può benissimo colorarsi insieme di sacro e di profano. Lo slancio dello spirito e la violenza dei sensi sono abituati da sempre a coabitare. Senza queste contraddizioni, non ci sarebbe umanità, ma solo una collezione di manichini.

Eloisa, che frattanto era diventata badessa grazie alla sua esemplare condotta, venne a riprendersi il cadavere di Abelardo, quando questi morì nel 1142, e lo sotterrò nel cimitero del suo convento. Forse lei sola, col suo intuito femminile, aveva compreso il dramma di quell'uomo singolare e tormentato che aveva predicato in nome della Ragione, ma era vissuto sotto il segno della passione, ed era perciò la prima vittima del conflitto ch'egli stesso aveva aperto.

ERESIE E INQUISIZIONE

L'alto Medioevo non aveva conosciuto le eresie e non era stato dilaniato dai loro furori. La conversione dei popoli germanici al Cattolicesimo aveva posto fine alle guerre di religione che per secoli, da Costantino in poi, avevano insanguinato l'Europa.

Le eresie erano nate in Oriente, si chiamavano manicheismo, donatismo, arianesimo, nestorianesimo, eccetera. Per venirne a capo, la Chiesa non aveva esitato a servirsi di quelle stesse armi che Decio e Diocleziano avevano impiegato contro di essa quando la religione di Stato era ancora il paganesimo: la tortura, la confisca dei beni, l'esilio. Tertulliano le aveva autorevolmente avallate e gli stessi Padri della Chiesa si erano guardati bene dal condannarle. Nessuno aveva pensato di risalire alle cause di questi «deviazionismi», come si chiamerebbero oggi.

Le cause erano varie. I secoli bui avevano accresciuto la potenza della Chiesa. I Vescovi erano diventati grandi proprietari terrieri, i monasteri facevano concorrenza ai castelli. Con le decime e le donazioni il clero aveva accumulato un immenso patrimonio. Il rilassamento dei costumi ne era stata la conseguenza: la ricchezza non fa mai da incubatrice dell'austerità. I monaci che avevano salvato le popolazioni dalle carestie e dalle pestilenze trasformando i loro conventi in refettori, ospedali, ostelli, allentarono la regola. Le grandi abbazie cessarono di essere luoghi di pietà e diventarono aziende agricole e mercati. Quella di San Riquier possedeva duemilacinquecento case, seimila ettari di terra e diecimila polli. Il priore di San Dionigi viveva come un asceta in una cella, umida e disadorna, ma quando usciva dal convento si faceva accompagnare da sessanta cavalieri armati di tutto punto e scialava nella costruzione di cattedrali tutto quello che guadagnava coi polli, le uova e il formaggio. L'abate di Eversham si concedeva lussi ancora maggiori. Manteneva numerose amanti, dalle quali ebbe diciotto figli. Conduceva vita libertina e dilapidò per i suoi piaceri un'immensa fortuna. Gli abati di Fulda, Cluny, San Gallo, Montecassino amministravano le loro sterminate tenute secondo i più spregiudicati criteri del profitto.

Ma non mancavano le eccezioni. C'erano conventi dediti alla preghiera e alla carità, i cui monaci vivevano secondo i più rigidi precetti evangelici. C'erano parroci di campagna che pensavano più alla cura delle anime che a quella dei corpi. Il basso clero, nel complesso, non era stato fuorviato dalle fortune mondane della Chiesa, forse perché queste erano monopolio di quello alto. Il cattivo esempio veniva dai Vescovi, dalla Curia Romana e dai grandi abati. Gli scandali erano pubblici, gli sperperi sfacciatamente ostentati, gli abusi non si contavano. In mezzo al popolino cominciò a serpeggiare il veleno della protesta. La satira del tempo è tutta intrisa di un anticlericalismo grossolano e sguaiato.

Diversa sorte aveva subito il clero orientale. Esentato da ogni impegno politico, organizzativo e amministrativo perché a Bisanzio c'era uno Stato che assolveva questi compiti, era rimasto povero e incontaminato. Ma in compenso, ricco com'era dell'eredità della cultura greca, aveva approfondito e sviluppato il pensiero cristiano e non sempre in senso ortodosso. I Crociati rimasero contagiati in egual misura dal suo misticismo e dalle sue inquietudini. E furono essi che ne importarono il seme in Europa.

Poiché la maggior parte di loro veniva dalla Francia fu in questo Paese che soprattutto si fece sentire l'influsso dell'Oriente e dei suoi deviazionismi. Le prime sette ereticali spuntarono infatti a Tolosa, a Cambrai, a Liegi, a Soissons, a Colonia. All'alba del XII secolo se ne potevano contare oltre un centinaio.

Nel 1108, nella cittadina di Anversa, un certo Tanchelmo accusò il parroco di concubinaggio e si mise a predicare le dottrine donatiste. La Chiesa – diceva – era indegna di amministrare i sacramenti. Tanchelmo si paragonava a Cristo e sosteneva di essere marito della Madonna. Il popolino superstizioso credeva che il suolo che egli calpestava fosse sacro e l'acqua con cui si lavava miracolosa.

Tanchelmo non era che un ciarlatano. Il bretone Oddone invece fu un pazzo sanguinario. Si proclamò Figlio di Dio, e in suo nome devastò monasteri, incendiò chiese, trucidò preti e distribuì i beni ai poveri. Depose vescovi e abati e al loro posto nominò angeli e apostoli.

Tanchelmo e Oddone non costituirono mai una minaccia per la Chiesa di cui combatterono gli abusi con altri abusi. Il primo movimento veramente organizzato fu quello valdese.

Il suo fondatore si chiamava Pietro Valdo ed era un ricco mercante di Lione. Era un uomo casto, semplice, devoto e completamente analfabeta, ma conosceva bene le Sacre Scritture. Predicava che solo tornando alle fonti evangeliche la Chiesa poteva salvarsi e ritrovare la sua missione. Invitò i preti a spogliarsi di tutte le loro ricchezze e a distribuirle ai più bisognosi. Egli stesso ne diede l'esempio sbarazzandosi di quelle proprie. Migliaia di cittadini ascoltavano i sermoni che teneva nelle piazze, nelle chiese e nei locali pubblici invitando i lionesi ad adottare la regola essenica degli antichi apostoli e a mettere tutto in comune tra loro. Le adesioni piovvero, la setta s'ingrossava e assumeva le proporzioni di un vero e proprio movimento, i cui adepti presero il nome di *Poverelli di Lione*.

Dapprincipio i preti li lasciarono entrare nelle chiese, pregare e predicare. Ma quando videro minacciati i loro beni temporali, proibirono a Valdo di far propaganda. Valdo s'appellò al Papa, che non solo prese le sue difese, ma ne benedisse i propositi. L'avallo pontificio non intimidì il clero francese, conciliante in fatto di dottrina ma intransigente quando si trattava di difendere i propri privilegi e le proprie rendite. Cominciò il boicottaggio. Valdo fu accusato di essere l'Anticristo e di volere la rovina della Chiesa.

Nel 1184, al Concilio di Verona, i *Poverelli di Lione* furono tacciati di disobbedienza ed empietà. Erano facilmente riconoscibili per i loro abiti modesti e dimessi. Non esercitavano alcun commercio e si rifiutavano di prestare giuramento. S'accontentavano del necessario e non accumulavano ricchezze. Mangiavano poca carne e bevevano con moderazione. Non giocavano, non frequentavano taverne e bordelli, non assistevano ai pubblici spettacoli. Lavoravano, e nei ritagli di tempo pregavano. Vivevano ritirati e rifuggivano dai clamori. Qualcuno li accusò di deviazionismi sessuali, ma nessuno fu mai in grado di fornirne le prove. Il movimento negava al sacerdote la funzione di mediatore tra il fedele e Dio, condannava le indulgenze e rifiutava il Purgatorio come luogo di temporanea espiazione e anticamera del Paradiso. In Valdo c'era la stoffa di un San Francesco, di cui fu un precursore. I *Poverelli d'Assisi* somiglieranno molto a quelli di Lione. Solo per caso Valdo non diventò un San Francesco, come solo per caso San Francesco non diventò un Valdo. Gli scopi che i due riformatori si proponevano erano identici. E identici furono alcuni dei mezzi impiegati per raggiungerli.

Poiché il movimento valdese continuava a far proseliti, nel 1229 la Chiesa corse ai ripari convocando il Concilio di Tolosa che condannò l'interpretazione dei testi sacri da parte dei laici e la loro traduzione in lingua volgare che Valdo aveva fatto fare. Il Vecchio e il Nuovo Testamento dovevano restare in latino, in modo che solo i preti che conoscevano questa lingua fossero autorizzati a leggerli e interpretarli. Quando i fulmini romani s'abbatterono sull'eresia di Valdo, molti suoi seguaci abbandonarono Lione ed emigrarono in Val Pellice dove fondarono una comunità che ancora oggi sopravvive.

Lione fu la prima roccaforte dell'eresia medievale. La seconda fu Albi, in Linguadoca, dove si formò il movimento dei Catari, o Albigesi.

La loro dottrina era quella manichea, secondo la quale l'universo è governato da due princìpi: quello del Bene e quello del Male. Il primo s'identifica con Dio, il secondo è incarnato dal Demonio, responsabile di tutte le calamità: le carestie, le guerre, le pestilenze, le inondazioni. Il Regno di Dio è in Cielo, quello di Satana sulla Terra. Gesù non è figlio di Dio, ma il primo degli Angeli. Anche la Madonna è puro spirito. L'anima è immortale. Eterna e immutabile essa trasmigra da un corpo all'altro. La credenza nella metempsicosi implica una dieta vegetariana che condanna non solo l'uso della carne, ma anche quello del formaggio, del latte e delle uova.

Gli Albigesi raccomandavano la castità, rifiutavano il matrimonio quando si proponeva come fine la procreazione della specie, respingevano la Messa, i Sacramenti e il culto delle immagini, chiamavano il Papa Anticristo e volevano l'applicazione integrale del Sermone della Montagna.

A dispetto di questa morale ultra-ascetica e rivoluzionaria, l'eresia reclutò nella Francia meridionale decine di migliaia di adepti. L'abbracciarono anche molti nobili vedendo in essa l'occasione per spogliare Vescovi e Abati delle loro proprietà e incamerarle. Gli eccessi però a cui s'abbandonarono il Visconte di Béziers e il Conte di Foix finirono per allarmare gli stessi riformatori. Il Papa spedì in Provenza un legato, Pietro di Castelnau, per indurre il ricco e potente feudatario Raimondo di Tolosa a perseguitare i dissidenti. Ma Raimondo, che sia pure per mero opportunismo ne aveva sposato la causa, si guardò bene dall'intervenire. Il 15 gennaio 1208 un suo sicario assassinò Pietro di Castelnau. Fu il segnale della guerra.

Dal pulpito di San Pietro Innocenzo III bandì la Crociata contro gli Albigesi e invitò lo stesso Re, Filippo Augusto, ad arruolarvisi. Il Sovrano francese non rispose all'appello, ma invitò i cavalieri e i baroni del Regno a prendere la Croce. Filippo Augusto era un uomo scettico e calcolatore. Più del deviazionismo religioso di Raimondo lo interessavano le sue terre, sulle quali voleva estendere il proprio dominio. A capo della spedizione fu posto Simone di Montfort soprannominato, per il suo zelo, l'«*Atleta di Dio*». Era un ottuso e zelante bigotto che aveva una paura birbona dell'Inferno e nello sterminio degli Albigesi vedeva la scorciatoia per il Paradiso. Il Papa gli aveva messo al fianco il legato Arnoldo, un fanatico sanguinario passato alla Storia per avere ordinato lo sterminio indiscriminato dei ventimila abitanti di Béziers. A chi, alla vigilia dell'eccidio, gli faceva notare che c'erano tra loro alcune migliaia d'innocenti, si dice che rispondesse: «Ammazzateli tutti. A riconoscere i Suoi ci penserà il Signore».

Le vittime della Crociata non si contarono. I nobili che avevano combattuto a fianco degli Albigesi furono spogliati delle loro terre che andarono ad arricchire la corona. Filippo Augusto poté finalmente inglobare nel Regno di Francia la Provenza facendo un altro grosso passo avanti nell'unificazione del Paese. Molti eretici, piuttosto che rinnegare la loro fede, abbandonarono la Francia, spargendo in Europa i semi della dissidenza. Per combatterla, la Chiesa ricorse allora all'Inquisizione.

Fino al XII secolo coloro che si macchiavano del delitto di eresia venivano giudicati dagli ordinari tribunali ecclesiastici secondo la procedura che regolava i reati comuni. I casi di deviazionismo erano isolati e sporadici e non costituivano una minaccia per la Chiesa. Ma di fronte al dilagare dell'eresia fu necessario escogitare nuovi e più efficaci strumenti di repressione. Il primo a emanare leggi contro gli eretici non fu, come abbiamo visto, un Papa, ma un Imperatore laico e mangiapreti: Federico II. Nel 1220, mosso da preoccupazioni di ordine politico e civile, egli condannò al bando e alla confisca dei beni i dissidenti religiosi. Quattro anni dopo introdusse contro i medesimi la pena di morte, mediante il rogo. Il suo esempio fu imitato dal Pontefice e da molti principi europei.

Dapprincipio la Chiesa usò con moderazione l'arma dell'Inquisizione nel timore che la lotta contro l'eresia si trasformasse in una *caccia alle streghe*. Proibì perfino il *giudizio di Dio* cui gli zelatori dell'ortodossia con troppa disinvoltura ricorrevano. Questo sforzo di moderazione fu accolto con sfavore dai funzionari laici ai quali i Vescovi consegnavano gli eretici. La Chiesa, che per precetto evangelico aborre dal sangue, si limitava infatti ad appurarne la colpevolezza. Poi con sottile ipocrisia consegnava il colpevole al potere civile perché infliggesse il castigo. Questo consisteva anzitutto nella confisca dei beni dell'eretico, che per tre terzi andavano allo Stato, il quale aveva perciò interesse ad applicare la pena senza sconti.

Il vero e proprio iniziatore dell'Inquisizione fu papa Gregorio IX. La procedura adottata era la seguente: gli inquisitori convocavano in piazza gli abitanti adulti di una città o di un villaggio e li invitavano a declinare pubblicamente le loro credenze in materia religiosa. I sospetti d'eresia avevano trenta giorni per ripudiare con un atto di fede, o *auto da fé* – come lo chiamavano gli Spagnoli – le loro opinioni in contrasto con l'ortodossia. Se si rassegnavano all'abiura, se la cavavano con qualche giorno di prigione e una piccola penitenza. Se invece persistevano nell'errore, venivano deferiti a uno speciale tribunale, composto di dodici giurati e due notai designati di comune accordo dagli inquisitori, dal Vescovo e dall'autorità civile, dopodiché all'eretico veniva offerta per la seconda volta la possibilità di rinnegare le proprie credenze. Se rifiutava, cominciava il processo.

I giudici formulavano pubblicamente i capi d'accusa, senza però fare il nome di coloro che li avevano forniti, per evitare rappresaglie da parte dei familiari dell'imputato. Per estorcere la confessione gli inquisitori non esitavano a servirsi della tortura, infischiandosi dei divieti della Chiesa, la quale finì per autorizzarla, ma solo nel caso che la colpevolezza dell'imputato fosse provata. Il Pontefice ordinò che la tortura doveva essere applicata *una tantum*, una volta sola, e senza spargimento di sangue. Gl'inquisitori interpretarono una volta sola come riferito a ogni interrogatorio. In quanto al sangue elusero il divieto adottando l'uso del rogo, sul quale effettivamente sangue non se ne versa.

La Chiesa si servì per secoli dell'arma dell'Inquisizione, e non solo contro gli eretici, preoccupata più di castigare l'errore che di ripararlo. I metodi che adottò per difendere la Fede ricordano quelli usati da Stalin per imporre in Russia il regime comunista. Ignoriamo quanto questi metodi abbiano giovato alla causa in nome della quale furono invocati. Ma sappiamo quanto nocquero all'autorità morale di coloro che li impiegarono.

FRANCESCO, DOMENICO, TOMMASO

L'altra arma, molto più efficace, cui la Chiesa fece ricorso per combattere l'eresia furono i grandi riformatori degli ordini religiosi.

Francesco nacque ad Assisi all'alba del 1182. Il padre si chiamava Bernardone, faceva il mercante di stoffe ed era un uomo grossolano e scarsamente devoto. I suoi affari lo portavano spesso fuori d'Italia, specialmente in Francia, dove aveva anche trovato moglie. Era laggiù quando gli nacque il figlio che, in ricordo di quel viaggio, chiamò Francesco. La madre, Pica, era una donna sottomessa e timorata.

Francesco frequentò le prime classi in una scuola annessa alla chiesa di San Giorgio. Quando ebbe conseguito la licenza elementare, poiché il padre lo voleva con sé negli affari, abbandonò gli studi in cui del resto non aveva mai brillato. Era un giovane esuberante, di media statura e piuttosto magro. Aveva la testa grossa, la fronte bassa, gli occhi neri, il naso diritto, le orecchie piccole, le mani lunghe e bianche. Vestiva con ricercata eleganza e passava le serate nelle taverne e per le strade giocando ai dadi, bevendo e cantando in allegra compagnia. Più d'una volta gli abitanti di Assisi furono svegliati dai clamori e dagli schiamazzi di questi «vitelloni» che per burla indossavano abiti femminili o sdrucite tuniche di sacco. Tommaso di Celano, suo biografo, racconta che Francesco era sempre pronto a far bisboccia e a cacciarsi nei guai, con gran disperazione della madre.

Quando nel 1201 Perugia dichiarò guerra ad Assisi, Francesco dovette abbandonare la *dolce vita* e arruolarsi. Partecipò alla battaglia fra i due comuni umbri che si svolse l'anno dipoi presso il Ponte San Giovanni sul Tevere. Combatté con valore, ma fu fatto prigioniero e condotto come ostaggio a Perugia, dove rimase fino quasi alla fine del 1203, quando le città si riconciliarono.

Tornò ad Assisi e si tuffò negli affari. Ma dopo pochi mesi un attacco di tubercolosi contratta durante la prigionia lo inchiodò a letto. Quando guarì indossò di nuovo l'armatura e partì per la Puglia, ma a Spoleto una voce misteriosa lo arrestò. Era quella di Dio – riferisce un cronista dell'epoca – che gli ingiungeva di tornare ad Assisi. Francesco obbedì. Aveva appena compiuto i venticinque anni. Gli amici, vedendolo rimpatriare, lo festeggiarono e vollero organizzare in suo onore, e a sue spese, un banchetto. Il Santo pagò le spese, ma rifiutò l'onore e non partecipò. Il giorno dopo annunciò al padre che intendeva ritirarsi dagli affari. Invano Bernardone tentò di dissuaderlo.

Francesco cominciò a distribuire tutto ciò che possedeva ai poveri che incontrava per strada e a soccorrere i lebbrosi che infestavano Assisi. Un giorno, profittando dell'assenza del padre, vendette le stoffe più pregiate del suo magazzino e offrì il ricavato al parroco della vicina chiesa di San Damiano, che però lo ricusò. Quando Bernardone scoprì il furto, montò su tutte le furie e si mise alla caccia del figlio che si rifugiò in una grotta, dove restò rintanato per un mese nutrendosi di erbe e di ghiande.

Tornò a casa stremato dagli stenti e dal digiuno con un lurido e sfilacciato brandello di lana per vestito, i capelli lunghi e la barba ispida e folta. I suoi concittadini l'accolsero a sberleffi, lo chiamarono pazzo e alcuni giovinastri, suoi compagni di gioco, lo bersagliarono d'escrementi. Francesco, a testa bassa, s'avviò verso casa. Il padre, piantato davanti all'uscio, l'aspettava con un nodoso randello con cui lo colpì ripetutamente. Solo l'intervento di Pica riuscì a strappare Francesco alla rabbia di Bernardone, che relegò il figlio in cantina con le catene ai piedi.

Un giorno che il marito era fuori città per affari, Pica lo liberò e Francesco fuggì di nuovo con la cassa. Bernardone lo denunciò ai consoli che intimarono al giovane di restituire il denaro. Poiché Francesco non se ne dava per inteso, intervenne il Vescovo d'Assisi che lo deferì al tribunale ecclesiastico. Francesco vi si presentò, e quando il Vescovo gli ordinò di riconsegnare il peculio, gettò ai piedi di Bernardone la borsa con queste parole: «Finora io chiamavo padre Bernardone, ma da questo momento voglio servire Dio e a Bernardone restituisco non solo questo denaro, che tanto desidera, ma anche gli abiti che ho ricevuto da lui». Ciò detto, si spogliò della lurida tunica e restò nudo, cinto alla vita da un rigido cilicio. Il Vescovo lo ricoprì con una vecchia mantellina, e lo congedò con un abbraccio. Francesco s'avviò cantando giulivo verso un vicino monastero dove trovò lavoro come sguattero.

Fu in questo periodo che adottò la divisa dell'eremita: una tunica stretta ai fianchi da una cinghia di cuoio, i sandali e un bastone, e cominciò la vita errabonda del mendicante. Il suo unico bagaglio era una sbocconcellata ciotola di terracotta. La sua fama di santità cresceva ogni giorno, aumentavano le elemosine, le visioni e le voci si moltiplicavano. Una mattina, mentre ascoltava la Messa, gli apparve Dio che gli disse: «Va' e annuncia che il mio Regno è vicino. Non portare né oro, né argento, né rame nella tua cintura; non bisaccia per il viaggio, non due vesti, non calzari, non bastone». Il Santo gettò via il bastone e i sandali, e al posto della cintura di cuoio cinse ai fianchi una grossa corda.

Il suo esempio era contagioso e molti giovani chiesero di seguirlo. Francesco non respingeva nessuno ma i più, dopo poche settimane o pochi giorni di quella vita, l'abbandonavano. L'eco delle penitenze e dei miracoli del Santo giunse anche a Roma. Nel 1212 papa Innocenzo III lo convocò in Laterano. Francesco si fece accompagnare dai suoi conversi che egli chiamava *giullari di Dio*. La comitiva s'incamminò alla volta dell'Urbe a piedi scalzi, cantando inni, recitando salmi e vivendo, come sempre, di elemosine. Francesco si presentò al cospetto del Pontefice così male in arnese che Innocenzo finse di scambiarlo per un guardiano di porci.

«Il tuo posto – gli disse – è in mezzo ai maiali, non nel tempio di Dio». Francesco umilmente si congedò, uscì dal Laterano e si diresse verso il cortile di un vicino cascinale dove, in mezzo al letame, grufolava una mandria di porci. Si tolse la tunica e s'avvoltolò nello sterco, eppoi tornò dal Papa che gli fece le sue scuse. Quel Papa intelligente e autoritario, ma pratico e terrestre, cercò di dimostrare a Francesco che la sua Regola era troppo austera per poter fare proseliti. Ma alla fine rimase disarmato dal candore di quel fraticello impermeabile agli argomenti della logica e della ragione, e gli dette il permesso di fondare l'Ordine dei *Fratelli Minori*, forse fidando nel suo fallimento.

Appena tornato ad Assisi, Francesco prese la tonsura coi suoi compagni e ottenne dall'abate benedettino del Monte Subasio l'uso di una cappelletta, chiamata per le sue modeste proporzioni la *Porziuncola*, circondata da un fazzoletto di terra su cui i fraticelli innalzarono piccole capanne d'argilla e di rami secchi.

Su tutti vigilava Francesco, coadiuvato dalla Madre, che era un frate anziano incaricato di provvedere ai minuti bisogni della comunità. I frati avevano fatto voto di povertà, umiltà, obbedienza e ignoranza. Vivevano di elemosine ma solo in natura poiché la Regola faceva loro divieto di maneggiare denaro, osservavano il più rigoroso silenzio e non potevano interloquire in questioni teologiche e dogmatiche per le quali si rimettevano ai canoni.

In poco tempo, decine di conversi affluirono alla Porziuncola. Venne anche una donna, Chiara, della ricca famiglia degli Sciffi. Per raggiungere Francesco aveva abbandonato, contro la volontà dei parenti, una vita di lusso e di agi.

Chiese e ottenne da Francesco l'autorizzazione a fondare un secondo ordine francescano di monache, di cui diventò badessa. Le *Clarisse*, come si chiamarono queste religiose, alternavano la preghiera ai lavori manuali e alla cura dei lebbrosi.

Una decina d'anni dopo un terzo ordine venne ad affiancare gli altri due: quello laico dei *Terziari*. Vestivano abiti modesti e dimessi, calzavano semplici scarpe di cuoio, evitavano feste e banchetti, non consumavano più di due pasti al giorno, e quattro volte la settimana s'astenevano completamente dal cibo. Dal digiuno erano dispensati solo i malati, i lavoratori e le donne incinte. Dovevano recitare ogni giorno centocinquanta padrenostri e fare ogni sera l'esame di coscienza, confessarsi e prendere la comunione almeno tre volte l'anno. Ogni mese si riunivano per ascoltare un'omelia, pregare in comune e versare il loro obolo all'Ordine. Ogni tre, facevano testamento. Il Papa li aveva sottratti alla giurisdizione laica e assegnati a quella ecclesiastica. Aveva anche fatto loro divieto di combattere e di prestare giuramento senza l'autorizzazione della Chiesa. L'Ordine dei *Terziari* si diffuse rapidamente in Italia e in Europa. Nelle sue file annoverò re, principi, artisti, scienziati: San Luigi di Francia, Petrarca, Raffaello, Michelangelo, Liszt, Volta.

Il successo della Regola era dovuto in gran parte alla crisi che travagliava in quel tempo la Chiesa e ai primi fermenti di rivolta e di rinnovamento che ne stavano scuotendo l'edificio. Francesco non aveva saputo nulla dei Catari, dei Valdesi e degli Albigesi, ma aveva respirato l'aria di protesta contro la mondanità e la corruzione del clero e se n'era fatto portavoce. Tuttavia l'austerità della Regola, in così stridente contrasto con la vita dissoluta e fastosa degli alti prelati, era dispiaciuta alla Curia Romana. In seguito alle proteste di alcuni cardinali, Francesco dovette, su richiesta di papa Onorio III, annacquarla e modificarla. Egli vi si piegò con molta riluttanza. In quel momento aveva già rinunziato alla direzione dell'Ordine per motivi di salute. Ai numerosi acciacchi dai quali già era afflitto s'era aggiunta la malaria, contratta in uno dei suoi tanti giri missionari.

Ne aveva compiuti in varie parti d'Italia. Il suo arrivo era annunciato con giorni d'anticipo dai pulpiti delle Chiese. I fedeli gli andavano incontro con canti, croci e bandiere, e s'inginocchiavano al suo passaggio. Una volta a Siena, la sua apparizione bastò a placare una guerriglia di parte. Le città se lo contendevano, e i più scalmanati gli laceravano la tunica per farne reliquie.

Nel giugno del 1219, Francesco decise di andare in Terrasanta a convertire al Cristianesimo il sultano Al Kamil. I suoi agiografi raccontano che Al Kamil fu conquistato dal Santo e non abiurò solo per paura di perdere il trono. In realtà Francesco non mise mai piede in Oriente. Imbarcatosi per raggiungerlo, fece naufragio sulle coste dalmate. Forse fu meglio così perché le sue condizioni di salute si erano ulteriormente aggravate in seguito a un attacco di oftalmia che lo rese mezzo cieco.

Nel 1224 si rinchiuse in un eremo, dove in sogno ebbe la visione di Gesù sul Calvario. Quando si svegliò si trovò tutto il corpo coperto di stigmate. Poco dopo tornò alla Porziuncola. La fine era prossima ma Francesco, indomabile e infaticabile, continuava a percorrere l'Umbria a dorso di mulo, evangelizzando decine di villaggi e contagiandoli della sua poetica gaiezza.

Prima di morire volle vedere per l'ultima volta Santa Chiara, che dirigeva un convento a San Damiano.

Fu in questo luogo, o nelle sue immediate adiacenze, che Francesco compose quel *Cantico delle Creature*, che gli valse il titolo di «Orfeo del Medioevo», e che Renan definì il più bel pezzo di poesia religiosa dopo i Vangeli. Il Santo lo dettò ai suoi frati in volgare e vi adattò anche una arietta. Fu intonando questo sublime inno e invocando «Sorella morte» che nel 1226, all'età di quarantacinque anni, morì, dopo essersi fatto ricoprire di cenere e di polvere. Due anni dopo salì all'onore degli altari.

La Regola non s'allentò col tempo e continuò a ribadire quel suo perentorio e imbarazzante impegno alla povertà come condizione di purezza cristiana. Il tono di requisitoria e di condanna che essa conteneva indusse alla fine il papa Giovanni XXII a tacciare di eresia coloro che la praticavano. E così, cento anni dopo la morte di Francesco, molti suoi seguaci furono condannati dall'Inquisizione al rogo. A mandarveli furono soprattutto i domenicani, a cui la Chiesa aveva dato in appalto la lotta contro l'eresia. Ciò valse a scavare un solco di odio tra i due ordini. Coloro che tuttavia fanno risalire questa animosità a un personale conflitto tra Francesco e Domenico sbagliano. I due Santi infatti, sebbene di carattere così diverso tra loro, furono amici e nutrirono sempre una reciproca ammirazione.

Domenico nacque in Spagna, a Calaruega, città della Castiglia, nel 1170, da nobile famiglia. La madre, la Beata Giovanna, prima di partorirlo, sognò un cane che imboccando un tizzone ardente incendiava il mondo. In questa allegoria qualcuno vide un'allusione ai roghi dell'Inquisizione, accesi dai seguaci del santo. Fino all'età di sette anni Domenico visse in famiglia. Poi fu mandato a studiare nella vicina città di Osma, ospite di uno zio arciprete. A quindici si trasferì a Palencia, la futura Salamanca, dove frequentò la celebre scuola di grammatica.

Era un giovane di media statura e di pelo rosso, barbuto, magro e delicato. A differenza di Francesco, non ebbe mai dubbi sulla propria vocazione e mai si mescolò a compagnie ribalde e scollacciate. Nacque santo, non lo diventò. Quando finì gli studi, ottenne una cattedra di teologia che abbandonò, a trentun anni, per diventare canonico del capitolo di Osma e poi sottopriore. Nel 1201 accompagnò il suo Vescovo a Tolosa, ch'era uno dei centri dell'eresia albigese. Dicono che albigese fosse anche l'oste che l'ospitò in una vecchia taverna e che Domenico in poche ore riuscì a convertire all'ortodossia. Fu questo il primo della serie innumerevole di miracoli che gli agiografi gli attribuirono.

Domenico restò a lungo a Tolosa, risoluto a combattere e a schiacciare l'eresia adottando le stesse armi dei suoi nemici: la povertà, l'umiltà e la tolleranza.

Indossò una semplice tonaca e a piedi scalzi cominciò a percorrere in lungo e in largo quelle regioni infettate dalla dissidenza, predicando, promuovendo dibattiti, incoraggiando contraddittori. Era un oratore nato e possedeva una voce calda, pacata e suadente. Non assumeva mai il tono della requisitoria o quello dell'invettiva, non minacciava castighi e più che a strappare l'applauso mirava a ottenere il consenso. La collera e le rampogne le riservava ai preti che vivevano nel lusso, agli abati concubini, ai vescovi simoniaci, che avevano sprofondato la Chiesa nella palude della mondanità, screditandone le istituzioni e minandone la compattezza. Allora Domenico dimenticava anche la disciplina e le gerarchie e gridava – lui semplice frate – ai legati papali Arnoldo, Raoul e Pietro di Castelnau: «Non è sfoggiando come voi il potere e la pompa, cavalieri e palafrenieri, vestiti e gioielli, che l'eresia fa proseliti. Li fa col suo zelo, con la sua austerità, con la sua santità». Era un invito a imitare le virtù del nemico e a farne uno strumento di lotta. Il «persecutore degli eretici», come poi fu chiamato Domenico, fu a un passo dal diventarlo egli stesso. E certamente lo sarebbe diventato se la Chiesa fosse rimasta sorda ai suoi gridi d'allarme.

Papa Onorio intuì in Domenico un alleato formidabile, lo volle conoscere e nel dicembre del 1216 lo autorizzò con due bolle a fondare l'Ordine dei Frati Predicatori. Domenico l'organizzò, da buon spagnolo, come una truppa scelta, come un intrepido *Commando* da lanciare alla disperata in mezzo ai nemici. Reclutava i suoi uomini nelle università perché li voleva istruiti, polemici e pugnaci, com'erano gli avversari. Per lui le armi francescane della povertà e dell'umiltà non andavano disgiunte da quelle della dialettica e della logica, perché l'eresia non colpiva solo la depravazione del clero ma intaccava alle radici la struttura stessa della Chiesa, rimettendone in discussione la gerarchia e i dogmi. Francesco negava ogni significato e importanza alla cultura come strumento di lotta e di propaganda in un mondo che aborriva e dal quale predicava la fuga. Domenico, al contrario, spingeva i suoi ad affrontarlo, a combatterne le tentazioni e a vincerle. All'ascesi preferiva l'azione e il confronto delle idee.

Domenico operò tutta la vita per ricondurre la Cristianità nell'alveo della ortodossia, e in questa crociata non conobbe soste né tentennamenti. Stremato da una lotta durata oltre vent'anni, morì nell'agosto del 1221 a Bologna, dove i frati predicatori avevano fondato una delle più importanti case dell'Ordine.

Dalla scuola domenicana vennero i grandi missionari, i grandi diplomatici, i grandi dottori della Chiesa. Se essa produsse anche i persecutori, la colpa non fu certamente di Domenico, che fu un uomo giusto, mite e generoso. Finché visse, il suo Ordine non si macchiò di alcun delitto, forse perché egli riuscì con la santità del suo esempio e il prestigio della sua autorità a impedire che lo zelo dei suoi adepti degenerasse in fanatismo. Ma dopo la sua scomparsa ci fu chi, accecato dall'odio per gli eretici, si abbandonò a eccessi che nocquero all'Ordine più di quanto non giovassero alla Fede, dimenticando che il «persecutore degli eretici» una sola volta si era trovato coinvolto in un episodio di persecuzione, ma solo per salvare dalle fiamme un condannato al rogo.

Francesco e Domenico sfidarono l'eresia sul terreno della morale e del costume. Ma solo Domenico intuì che c'era un altro campo su cui ortodossia e dissidenza erano in conflit-

282

to: quello intellettuale. Egli non combatté questa battaglia, si limitò ad annunziarla e ad affilare le armi per colui che ne sarebbe diventato il campione: San Tommaso.

Tommaso nacque quattro anni dopo la morte di Domenico, nel castello di Roccasecca, a tre chilometri da Aquino, a mezza strada tra Roma e Napoli. Il padre, il Conte Landolfo, di sangue tedesco, era imparentato col Barbarossa e occupava una carica molto importante alla corte di Federico II, a Foggia. Anche la madre apparteneva a nobile casata, ma la sua origine non era teutonica ma normanna. Di nordico, Tommaso aveva le stigmate somatiche: i capelli biondi, gli occhi celesti, le spalle quadrate, il tronco robusto, il volto largo e un po' tonto, il portamento grave, che con l'età diventò goffo e pesante. Da ragazzo questo suo aspetto gli aveva valso il nomignolo di «bue muto».

Era chiuso e taciturno e consacrava allo studio e alla preghiera il tempo che i suoi coetanei dedicavano al gioco. Quando, a quattordici anni, si fu diplomato a Montecassino, il padre lo mandò a Napoli, a frequentare quell'Università laica e ghibellina che Federico aveva fondato e dove insegnavano i più celebri maestri di diritto e di grammatica d'Europa. S'iscrisse ai corsi di Pietro d'Irlanda, esegeta e illustratore di Aristotele, e ne diventò il pupillo. A diciannove anni, entrò nell'Ordine domenicano contro il volere del padre che voleva fare di lui, al pari dei fratelli, un uomo d'arme e di corte.

Un giorno al castello di Roccasecca giunse la notizia che Tommaso era partito per Parigi dove intendeva perfezionarsi in teologia. I fratelli si lanciarono al suo inseguimento e riuscirono a raggiungerlo prima che passasse in Francia. Lo rispedirono alla madre che lo fece rinchiudere in una segreta del castello dove lo sottopose a un vero e proprio «lavaggio del cervello» e a ogni sorta di tentazioni. Dapprincipio fece ricorso agli argomenti della ragione, poi a quelli, molto più convincenti, per un giovane di vent'anni, della carne. Gli mandò nella cella una bella e procace ragazza completamente nuda. Vedendola, Tommaso brandì un tizzone acceso e con minacce l'obbligò a fuggire. Anche la sorella Marotta tentò di scoraggiare la vocazione di Tommaso, ma dopo aver parlato a lungo con lui, non solo ci rinunziò ma si fece suora. Di fronte a tanta ostinazione, i familiari decisero di liberarlo, forse per timore che trasformasse il castello in un convento. Se fosse rimasto ci sarebbe certamente riuscito. Ma non ci rimase e, riacquistata la libertà, ripartì per Parigi, di dove, dopo un breve soggiorno, raggiunse Colonia.

A quei tempi v'insegnava un celebre monaco domenicano, gran conoscitore della filosofia greca e di Aristotele. Si chiamava Alberto Magno, apparteneva a una nobile e ricca famiglia sveva, aveva studiato a Padova ed era Vescovo di Ratisbona. Tommaso ne aveva sentito parlare all'Università di Napoli da Pietro d'Irlanda. Alberto s'era guadagnato una certa fama commentando, capitolo per capitolo, tutte le opere di Aristotele, nel tentativo di conciliare il pensiero del filosofo greco con quello cristiano. Tommaso ne diventò l'assiduo discepolo, e quando giudicò di saperne abbastanza tornò in Italia per insegnare allo Studio della Corte Papale.

Nella Chiesa la corrente per così dire razionalista aveva preso il sopravvento su quella conservatrice o agostiniana, ligia agli antichi padri. Insomma aveva «aperto», e si era arresa al pensiero filosofico classico e pagano. Si metteva al passo con i tempi, che non erano più quelli di Ambrogio, di Agostino e di Gregorio. La Chiesa avvertiva che l'uomo medioevale, dopo il letargo dei secoli bui, s'era svegliato, nuovi problemi l'assillavano, nuove domande gli gremivano la testa, nuovi perché l'agitavano. Spettava a essa rispondere, e non solo con gli argomenti della Fede, che non bastavano più, ma soprattutto con quelli della Ragione, a cui avevano fatto ricorso le eresie. Ma la Chiesa sapeva bene che Aristotele non poteva essere presentato così com'era. Prima bisognava depurarlo degli elementi più difficilmente conciliabili con l'ortodossia. A questo compito designò Tommaso, che ad assolverlo si dedicò con teutonico zelo. Tornò a Parigi dove infuriava la battaglia filosofica tra i seguaci estremisti delle nuove idee e i depositari di quelle vecchie. Dovette vedersela con entrambe le fazioni, contemperarne gli opposti punti di vista e difendersi dagli attacchi del francescano John Peckham che rifiutava in blocco la Ragione, ritenendola inconciliabile con la Fede. Tommaso era un polemista formidabile, cauto, pacato e rispettoso dell'avversario. Non perdeva mai la calma, né faceva ricorso a facili istrionismi. Prima di un dibattito ascoltava la messa, faceva la comunione e si raccoglieva in preghiera. Quando, invece che da una cattedra o da un pulpito, polemizzava da un tavolino, imprimeva alla sua prosa lo stesso flemmatico nitore che contraddistingueva le sue conferenze e le sue prediche.

Era continuamente ossessionato dall'idea di armonizzare la Fede con la Ragione. Un giorno, mentre era seduto alla mensa di Luigi IX il Santo, improvvisamente, nel bel mezzo del banchetto, batté un pugno sul tavolo ed esclamò: «Ecco la risposta ai manichei!» Un vicino, dandogli di gomito, gli fece notare, scandalizzato, ch'era al cospetto del Re. Ma questi cortesemente ordinò a un cameriere di portare in tavola una penna e della carta perché Tommaso potesse appuntarvi l'idea che l'aveva illuminato.

Nel 1272, quando fu chiamato in Italia, le maggiori università gli misero a disposizione le loro cattedre. Tommaso scelse Napoli. Fu nominato professore di teologia con lo stipendio di un'oncia d'oro al mese. Dopo un anno dovette però abbandonare l'insegnamento perché papa Gregorio X lo voleva come esperto al Concilio di Lione, dove si stava discutendo la riunificazione della Chiesa romana con quella greca.

Tommaso si rimise in cammino per la Francia; ma a Teano, cadendo da cavallo, batté la testa contro un tronco d'albero. Lì per lì sembrò trattarsi di un incidente di poco conto, anche perché la ferita non era vasta. Infatti poté quasi subito riprendere la marcia. Ma giunto a Maenza fu colto da improvvisi e violenti capogiri. Fu ricoverato in un castello e visitato da un medico. Dopo alcuni giorni, sentendosi meglio, rimontò a cavallo e s'avviò verso Roma.

A Fossanova fece tappa e fu ospitato nel locale convento, che gli mise a disposizione la cella dell'abate. Qui si sentì di nuovo male e vane furono tutte le cure che i monaci gli prodigarono. Il 7 marzo 1274, all'età di quarantanove anni, Tommaso morì. Il suo cadavere fu immerso in un bagno di acqua bollente e scarnificato. Il colore rossastro che assunsero le ossa fece sorgere il sospetto che Tommaso fosse stato avvelenato. Ma si tratta con tutta probabilità di un sospetto infondato. L'infortunio occorsogli a Teano e la malferma salute furono le vere cause della sua morte, che suscitò profondo cordoglio in tutta Europa, ma specialmente a Parigi, che gli dedicò uno dei suoi quartieri e ne reclamò le spoglie mortali. Esse finirono invece nella chiesa dei Predicatori di Tolosa per essere traslate, dopo la Rivoluzione, in quella di S. Saturnino, mutilate di una mano che l'abate di Fossanova aveva donato alla sorella del santo.

Tommaso lasciò alla Chiesa un'eredità immensa, e non solo dal punto di vista teologico. La *Summa*, che fu la sua opera di maggior mole, comprende ventun massicci volumi. È una specie d'enciclopedia cattolica in cui l'autore espone tutta la filosofia scolastica. Lo stile è freddo e compassato ma lucido e stringato, privo di scorci poetici e di quei bagliori di sentimento che illuminano, riscaldano e fanno vibrare la prosa di un Sant'Agostino e di un San Girolamo. La *Summa* si divide in trentotto trattati, 631 questioni e 10 mila obiezioni riguardanti non solo la teologia ma anche la metafisica, l'ontologia, l'etica, la politica e il diritto.

Tommaso formula il problema sotto forma di domanda,

cui risponde prima secondo la Bibbia, poi secondo la dottrina dei Padri e infine secondo la Ragione. Quindi muove a tutte e tre le risposte le obiezioni di un immaginario avversario, e vi risponde secondo il vecchio metodo aristotelico. Tommaso svolge l'argomento contrario alla sua tesi con una pignoleria che testimonia la sua onestà intellettuale. È assolutamente imparziale e non si lascia mai fuorviare o accecare dalla passione religiosa.

La *Summa* non è un'opera di polemica, come *La Città di Dio* di Sant'Agostino, ma di conciliazione. Forse, proprio per questo, non è filosoficamente originale. Tommaso infatti più che enunciare nuove dottrine cercò in essa di mettere d'accordo quelle antiche pagane con quelle ufficiali cristiane. Ci riuscì forse perché ebbe tutte le qualità necessarie per svolgere un simile compito: la logica limpida, l'ordine metodico, la misura del giusto mezzo. Nessuno, meglio di lui, seppe ridurre a sistema una così vasta congerie di dottrine contraddittorie.

Eppure quest'uomo, che i posteri battezzarono *Dottore Angelico e Serafico*, a tre anni dalla morte fu accusato di eresia per aver scritto che gli angeli non hanno corpo, che la materia è il principio delle individuazioni e che senza di essa Dio non può creare la specie. Solo molto tempo dopo fu riabilitato e nel 1323 proclamato Santo. Al Concilio di Trento, che sanzionò la spaccatura del mondo cristiano in cattolicesimo e protestantesimo, la *Summa* fu posta sull'altare a fianco dei *Vangeli*, e la filosofia scolastica o tomista (cioè di Tommaso) diventò quella ufficiale della Chiesa. Essa aveva aperto la porta a tutta la cultura classica, che contagiò l'Occidente cristiano arricchendolo e contaminandolo coi suoi pericolosi elementi razionalistici. La scolastica, rimettendo in circolazione la dialettica di Aristotele, recò anche un notevole apporto alla formazione delle nuove lingue nazionali, specialmente a quella francese, conferendo loro l'ordine e la precisione che le caratterizzano.

L'AVVENTURA DEL VOLGARE

All'Università di Parigi San Tommaso insegnava in latino perché questo era allora in tutt'Europa lo strumento ufficiale della cultura. Ma già da tempo in Francia, fuori delle aule scolastiche, era nato un linguaggio «volgare», cioè popolare. In questo idioma ancora rozzo, ma già più vivo del latino, era stata composta la *Chanson de Geste*, la canzone di gesta, dei tempi carolingi, epica, guerriera e religiosa, con cui s'inaugurò Oltralpe la letteratura nazionale. La canzone di gesta arrivò anche in Italia, dove subì grossolani rimaneggiamenti entrati più tardi nel repertorio popolare. Il «Teatro dei Pupi» in Sicilia seguita a ispirarvisi, e i contadini toscani ancora si raccontano tra loro le storie di Rinaldo e Orlando.

Sullo scorcio dell'undicesimo secolo invece nelle corti francesi s'era venuta sviluppando una nuova scuola poetica la cui ispirazione non si rifaceva più all'epopea, ma alla polemica anticlericale e alla Musa d'amore. A tenerla a battesimo fu il Conte Guglielmo di Poitiers e di Aquitania, un donnaiolo impenitente e impertinente, che aveva combattuto in Terrasanta e s'era segnalato più per la spavalderia delle sue gesta che per l'impeto della sua Fede. Guglielmo morì scomunicato, lasciando a sua figlia Eleonora, oltre a uno Stato ricco e bene organizzato, la passione per la poesia e una corte brulicante di versaioli e menestrelli. Fu Eleonora, divenuta dapprima regina di Francia e poi d'Inghilterra, a fornire l'ispirazione e i modelli a una nuova poesia cortigiana e galante che poneva la donna al di sopra persino di Dio.

Coloro che in questa poesia si cimentarono si chiamavano *Trovatori*, e il movimento cui diedero vita fu detto *Gai Saber*, o gaia scienza. La lingua che usavano era quella che si parlava nel Mezzogiorno della Francia, in Provenza, e che prese il nome di lingua d'*Oc* per distinguersi da quella d'*Oil* che si parlava nel Nord. *Oc* e *Oil* significavano *sì*. *Oc* derivava dal pronome latino *hoc*, *oil* dalla fusione di *hoc* e *ille*.

Erano due lingue «romanze», cioè nate da quella di Roma, e ormai diventate d'uso comune, anche se nelle scuole si seguitava a insegnare in latino.

Fra i *Trovatori* c'era un po' di tutto. C'erano avventurieri a caccia di facili guadagni, c'erano vagabondi di strada che sfruttavano qualche facilità di verseggiare e vivevano di piccoli espedienti, c'erano studenti universitari fuori corso, c'erano principi d'alto lignaggio, stufi di fare guerre e di rischiare la pelle; ma c'erano anche poeti autentici e originali come Bernard de Ventadour, che Petrarca doveva modestamente riconoscere inferiore solo a se stesso. In comune, questa accolta di versaioli aveva la vanità, e non solo quella professionale. I *Trovatori* sfoggiavano un'eleganza ricercata, si vestivano come i gentiluomini, portavano sontuosi mantelli trapunti d'oro e orlati di pelliccia, non disdegnavano i gioielli, s'inanellavano le chiome. Quando partecipavano a qualche torneo in onore della donna amata, indossavano rutilanti corazze e superbi cimieri, cavalcavano focosi destrieri e maneggiavano spade, lance e scudi. Non s'accontentavano di scrivere versi. Componevano anche la musica. Furono gli antenati dei nostri cantautori.

Si rivolgevano a un pubblico raffinato ed esigente, quello dei castelli signorili, sullo sfondo d'una società aristocratica, civile e spiritosa, dove le «competenze» erano ben definite e altrettanto rispettate, il matrimonio era un semplice strumento di alleanze politiche e di trasferimenti di proprietà, e la galanteria restava quindi un fatto extraconiugale. Essa solo era materia di ispirazione anche se l'etica imponeva certe riserve. Quando il *Trovatore* scioglieva il suo inno alla Dama in presenza del marito, dovendo salvare il buon nome di costui, non pronunciava quello della moglie.

I componimenti mutavano secondo l'ispirazione. Quella d'amore s'esprimeva in *Canzoni*; quella di costume, o di filosofia, o di moralità, in *Tenzoni*; quella di guerra in *Sirventesi*; quella di morte e di dolore in *Pianti*. C'erano poi la *Ballata*, a forma di racconto, la *Serenata*, che consisteva in un omaggio serale, e la *Pastorella* in un dialogo. La metrica era varia e si compiaceva di arditi virtuosismi. Il più complicato era rappresentato dalla *Sestina*, sequenza di sei stanze, ognuna di sei versi, che Dante in seguito ammirò molto e attentamente studiò.

Questa poesia cortese era più facilmente esportabile di quella epica perché legata quasi esclusivamente alla tecnica. I temi erano fissi e convenzionali: l'amore per una donna senza connotati in modo che nessun marito potesse riconoscervi la propria moglie, le sue furtive apparizioni e i suoi fuggevoli abbandoni su uno sfondo di giardini incantati e profumati, di alberi complici, di foglie rugiadose, in un'atmosfera di trepidanti attese e di profondi sospiri, propizia agli smarrimenti e agli svenimenti, sotto un cielo azzurro e terso di giorno, trapunto di stelle di notte. Il tutto condito dal cinguettio degli uccelli e dal frinire delle cicale.

A importare in Italia questa poesia fu la Crociata contro gli Albigesi che mise a soqquadro il Mezzogiorno della Francia, obbligando i grandi feudatari, che vi furono coinvolti, ad abbandonare i loro domini e a licenziare le loro Corti. La maggior parte dei *Trovatori* dovettero emigrare all'estero. Alcuni presero la via della Spagna, altri si rifugiarono in Germania, altri ancora si trasferirono in Italia, trovando ospitalità specialmente nelle regioni del Nord dove il feudalesimo aveva maggiormente attecchito.

Nei castelli della Savoia, del Monferrato, della Lunigiana viveva un'aristocrazia non molto diversa da quella della

Francia meridionale, solo più rozza e ignorante. La vita di castello era chiusa, noiosa e povera di novità. Quando non c'erano guerre, duelli, tornei, banchetti, diventava addirittura insopportabile. Non ci è difficile immaginare lo slancio con cui le castellane spalancarono le porte dei loro manieri ai girovaghi menestrelli d'Oltralpe, che portavano in quei solitari e aduggiati luoghi un soffio di novità, modernità e fantasia, condite di esotismo e di erotismo. Fra i più celebri ci furono Peire Ramòn, Aimeric de Belemoi, Folquet de Romans e Rambaldo de Vaqueiras che, dopo un breve soggiorno a Genova presso i Malaspina, si trasferì nel Monferrato, su invito forse del Conte Bonifacio, di cui diventò amico e compagno in numerose spedizioni militari in Levante.

Rambaldo de Vaqueiras fu il primo poeta provenzale a cimentarsi in un dialetto italiano, quello genovese, che apprese alla corte dei Malaspina. Rambaldo ha una conoscenza imperfetta e approssimativa del vernacolo in cui scrive e che qua e là infiora di forme e voci d'*oc*. L'esperimento però è interessante e non solo dal punto di vista idiomatico, ma anche da quello tecnico, perché se la lingua è imprecisa e zoppicante, la struttura poetica è aderente ai canoni di una metrica compiuta ed estremamente evoluta.

L'influsso dei *Trovatori* d'Oltralpe fu in Italia immediato e profondo, e schiere di versificatori nostrani si misero a poetare in lingua d'*oc*. I primi e pedissequi imitatori dei francesi furono Peire de la Caravana e Manfredi Lancia. In provenzale compose anche Sordello, il più vivo di tutti e il più noto, non solo per la sua abilità di poeta e le sue imprese galanti, ma soprattutto per i versi che nella Divina Commedia Dante gli dedicò.

Era nato a Goito, in quel di Mantova, da una nobile e cospicua famiglia. Giovanissimo aveva abbandonato il castello paterno e cominciato a girovagare per l'Italia. Era bello, aitante, facondo e donnaiolo. Fra le molte dame che amò, e lo amarono, ci fu anche Cunizza da Romano, sorella del terribile Ezzelino e moglie del Conte di San Bonifacio, di cui Sordello fu ospite a Verona. Quando la tresca fu scoperta, il poeta dovette fuggire precipitosamente dalla città, inseguito dai sicari di Bonifacio, e riparare in Provenza, dove affinò la sua arte e adottò la lingua *d'oc* nella quale compose tutte le sue canzoni. A Cunizza dedicò le più belle, pervase da una passione struggente e perduta.

Un altro filone provenzale scese verso il Sud d'Italia dove trovò ad accoglierlo e nutrirlo la più congeniale delle Corti, quella di Federico II, aperta e sollecita verso ogni novità. E fu qui che fece il nido. L'Imperatore amava la poesia e componeva versi di buona fattura. Ma a differenza della Francia meridionale, alla sua Corte i poeti non erano menestrelli di professione, sibbene alti e seriosi dignitari. Costituivano un'*élite* laica, chiusa e selezionatissima. Essi diedero vita a quella scuola poetica siciliana, da cui deriverà quella toscana, e che fu il primo esperimento letterario in un idioma volgare.

I siciliani appresero dai *Trovatori* l'arte e la tecnica provenzale, di cui ricalcarono gli schemi, snaturandone però il contenuto. La lingua che adottarono era una specie di siciliano «illustre» elevato un po' artificialmente a dignità di lingua letteraria sul modello latino, ma con contaminazioni di dialetti meridionali. I temi cui s'ispirarono non si discostavano da quelli tradizionali della lirica d'amore provenzale. Mancò però ai siciliani la vena spregiudicata dei modelli francesi. Alla corte di Palermo non sarebbero mai stati ammessi un Guglielmo Ademàr che a quella di Tolosa aveva composto una tenzone di elogio a una Crociata, esaltandola solo perché essa aveva richiamato alle armi e allontanato di casa il marito di una signora cui il poeta faceva la ruota, o un Raimondo Jordèn che in una ballata si dichiarava disposto a barattare col diavolo la sua anima in cambio di una notte d'amore con una bella dama.

La Musa siciliana non si prese mai, né poteva prendersi, queste licenze. Le liriche dei suoi poeti sono fredde, stereotipate, convenzionali. Nelle vene della donna amata non c'è sangue; le immagini sono anemiche e rarefatte.

Un'altra novità della scuola siciliana rispetto a quella provenzale fu il divorzio della poesia dalla musica. I componimenti venivano letti in una ristretta cerchia di iniziati che consideravano la musica incompatibile con la loro austerità. Erano Pier delle Vigne, Rinaldo d'Aquino, Giacomino Pugliese, Guido delle Colonne, Jacopo da Lentini, e i figli di Federico, Manfredi e Enzo.

Fu quest'ultimo probabilmente che importò nell'Italia centrale l'arte e la lingua dei siciliani. Preso prigioniero dai bolognesi e rinchiuso in una delle loro torri, il giovane principe sfogò in versi la malinconia della solitudine. Alcuni di questi suoi componimenti pare che giungessero all'orecchio del giurista e filosofo fiorentino Guido Guinizelli, che vi si ispirò e ne lanciò la moda in Toscana. La sua canzone «A cor gentile repara sempre amore» diventò il «manifesto» di una scuola poetica che si chiamò *Stilnovo* e che doveva trovare in Dante il suo più grande bardo.

Lo *Stilnovo* derivava anch'esso dal modello provenzale. Ma non ne era più il figlio; ne era il nipote. Mentre per i trovatori, per esempio, l'amore era stato estetico e sensuale, ma anonimo, perché a suscitarlo era la castellana, del cui marito il poeta era ospite, gli *stilnovisti* fiorentini potevano fare a meno di questa precauzione perché, cittadini ricchi o almeno benestanti, non facevano gli ospiti di professione e non vivevano a sbafo di nessun marito. Si preoccupavano soltanto di non offendere la donna amata. Se ne preoccupavano anzi fin troppo. L'eroina e destinataria delle loro poesie conservava il nome, ma perdeva i connotati: disincarnata e angelicata, si riduceva a un simbolo di elevatezza morale e di perfezione spirituale.

I primi seguaci dello *Stilnovo* furono Cino de' Sigiboldi a Pistoia, Guido Cavalcanti, Lapo Gianni, Gianni Alfani, Dino Frescobaldi a Firenze. Appartenevano tutti a facoltose famiglie dell'aristocrazia e della borghesia mercantile, erano giovani, indipendenti e smaniosi di novità. Facevano vita di *club* e non si mescolavano al volgo, che disdegnavano e trattavano dall'alto in basso. Erano, come si direbbe oggi, «impegnati». Nella poesia e nella lingua furono certamente degli innovatori e quella che compirono fu una rivoluzione autentica. Ma ciò fa parte di un capitolo che va oltre il limite temporale assegnato a questo libro.

Ora abbandoniamo l'avventura della poesia, e torniamo per un momento a quella della lingua del popolo.

Vari motivi facevano di quella italiana la più ritardataria delle nuove lingue europee.

Il primo era la forza di resistenza del latino che in Italia aveva, per ovvie ragioni, radici più profonde che altrove. Gli stessi barbari, che avevano travolto le antiche istituzioni romane, non erano riusciti a soffocarlo. I Goti avevano instaurato un regime di segregazione razziale, ma i loro sacerdoti ariani – come attestano i papiri ravennati – negli atti liturgici ufficiali s'erano serviti del latino. Ad esso avevano fatto ricorso anche i Longobardi nelle relazioni internazionali e in quelle con la Chiesa, specialmente dopo la conversione al Cristianesimo.

La situazione cambiò coi Franchi. Venuti in Italia non come colonizzatori, ma come alleati del Papa, essi portarono nella Penisola il sistema feudale. Questo frantumò lo stivale in una galassia di contee e di ducati provocando quel frazionamento linguistico che diede origine ai vari dialetti. Ci riferiamo, s'intende, alla lingua parlata. La lingua scritta era ancora quella di Cicerone e di Ovidio, che aveva dalla sua un guardiano e protettore di ferro: la Chiesa.

Il latino infatti, fin dalle origini, era stato la lingua del clero d'Occidente. In latino Sant'Agostino aveva scritto la *Città di Dio* e le *Confessioni*, in latino San Girolamo aveva tradotto la *Bibbia* e Gregorio composto i *Dialoghi*. In latino venivano cantati gli inni sacri. Latina era insomma tutta la bardatura teologica, dogmatica e liturgica della Chiesa. Latine erano le chiose e le glosse dei monaci agli antichi codici. Latino infine era l'insegnamento impartito dai preti nelle uniche scuole del tempo, ch'erano quelle confessionali.

Così, attraverso il latino, il clero deteneva il monopolio della cultura medievale, e questo primato faceva degli ecclesiastici una casta privilegiata e onnipotente perché li qualificava alla *Leadership* non solo intellettuale ma anche politica ed economica della società. Il clero osteggiò perciò fin dapprincipio il sorgere di un idioma popolare a carattere nazionale che avrebbe minacciato la sua supremazia, conscio che da esso sarebbe fatalmente scaturita una cultura laica. Come puntualmente avvenne con la scuola siciliana di Federico II, che della lingua italiana fu, come abbiamo visto, il trampolino.

Le prime testimonianze in volgare risalgono alla seconda metà dal X secolo. Ma si tratta d'ibridi frammenti che, se non hanno più alcuna parentela col latino, non possono certamente ancora dirsi italiani. Sono quattro *Placiti* cassinesi che regolano certi diritti di proprietà. Già verso il Mille infatti gli atti notarili venivano spesso compilati nel dialetto del luogo.

Ma perché una lingua diventi nazionale bisogna che al di là di queste manifestazioni sporadiche e approssimative dia vita a una civiltà letteraria autonoma, dinamica e perenne, come fu in Toscana quella stilnovistica, che doveva ancora aspettare quasi tre secoli per nascere. Quanto agli apporti di cui questo balbettante «volgare» italiano via via si arricchì innestandoli sulla sua solida base latina, ce ne sono di varie provenienze.

Anzitutto quella germanica, cui dobbiamo per esempio tutta la nomenclatura militare, così importante nel Medio Evo. Era inevitabile, data la preminenza che presso i Goti e i Longobardi la guerra aveva sulle altre attività, che certe voci entrassero nel nostro uso. D'origine longobarda sono anche molti termini anatomici: guancia, schiena, anca, stinco ricorrevano frequentemente nell'Editto di Rotari che stabiliva l'entità dell'ammenda che l'offensore doveva pagare all'offeso in caso di lesione a una di queste parti del corpo. Più difficile è accertare come alcuni verbi, ad esempio russare, d'etimo sicuramente longobardo, siano stati accolti nell'idioma nostrano.

Si capisce anche la derivazione bizantina di voci marinaresche come galea, argano, molo, perché i Greci furono grandi navigatori. Bizantino è anche il gergo burocratico e amministrativo importato in Italia dagli Esarchi e dai Viceré greci.

Non è facile fissare invece la data e specificare i veicoli che introdussero nella Penisola le parole francesi. Chi le importò? Gli eserciti di Carlomagno? I Normanni? I mercanti che visitavano le fiere d'Oltralpe? Non sappiamo. Sappiamo solo che certamente francese è la terminologia feudale e quella cavalleresca.

Ma forse le tracce più profonde nella nostra lingua le hanno lasciate gli Arabi, che per oltre due secoli dominarono la Sicilia. Navigatori e commercianti, importarono nell'Isola le voci *magazzino, fondaco, dogana, gabella, tariffa*, oltre a numerosi termini marittimi. Matematica, astronomia e medicina debbono il loro vocabolario agli Arabi che ne furono i grandi maestri. Quando scrutiamo il cielo, noi inavvertitamente pensiamo nella lingua degli Arabi, che ci hanno fornito i termini per designare i corpi che lo popolano e i moti che lo regolano.

Come vedete, la lingua che oggi parliamo è un crogiuolo d'idiomi diversi, innestati e sedimentati, durante i secoli, sul tronco dell'antico latino, di cui l'italiano è un figlio molto bastardo. Ma consoliamoci. Medesima sorte è toccata agli altri volgari europei.

CAPITOLO VENTISETTESIMO
LA CATTEDRALE

La grande protagonista della vita medievale fu la Fede, e il suo terrestre e simbolico compendio fu la cattedrale.

Ogni città aveva la sua, come aveva il mercato e il suo palazzo municipale. Sorgeva sulla piazza principale e sovrastava con la sua immensa mole tutti gli altri edifici. La pianta ricalcava quella rettangolare dell'antica basilica romana ed era imperniata su tre navate longitudinali. Quella centrale, che si congiungeva all'abside, sovrastava le due laterali ed era coperta da robuste e agili crociere. Una navata trasversale, o transetto, tagliava le tre laterali dando all'edificio la caratteristica forma di croce latina. La struttura architettonica era sostenuta all'interno da un triplice ordine di colonne, colonnine e pilastri che nella fascia prossima alla volta incorniciavano policrome vetrate istoriate, che riverberavano sulle pareti di pietra e sul pavimento di marmo caleidoscopici giochi di luce. Sul fondo si stagliava il presbiterio coi banchi del coro, la balaustrata, i pulpiti e l'altare maggiore, sotto cui era sistemata una cripta con le reliquie di un santo o le ossa di un principe. Il soffitto non era più in legno ma in muratura e culminava in un'alta volta che, sfidando le leggi di gravità, conferiva alla costruzione snellezza e slancio.

L'interno era ricco di decorazioni: mosaici, miniature, affreschi, vetri istoriati, sculture, i cui temi erano tratti dal Vecchio e dal Nuovo Testamento, dalle Vite dei Santi e da leggende popolari a carattere edificante. Esse avevano soprattutto una funzione didattica perché indicavano ai fedeli rozzi e analfabeti ciò in cui dovevano credere.

Non meno grandioso era l'esterno irto di guglie, pinnacoli, aculei di pietra che proiettavano l'edificio verso l'alto sottolineandone l'anelito celeste.

Nella cattedrale si trovava mirabilmente riassunta l'inquieta e corale religiosità medievale. Tra le sue grandiose navate si dava convegno, nelle piccole e grandi ricorrenze, l'intera popolazione, col cui concorso finanziario l'edificio era stato innalzato.

Alla stesura del progetto e alla raccolta dei fondi provvedeva il Capitolo, o assemblea dei canonici, a cui di solito apparteneva il terreno sul quale la cattedrale doveva sorgere. Era il Capitolo che bandiva l'appalto, sceglieva l'architetto e il provveditore, o direttore dei lavori, che poteva essere anche un prete ma che più spesso era un laico, il quale doveva occuparsi del rifornimento delle materie prime e dei manufatti, del reclutamento della manodopera, della paga, del rancio e dei servizi religiosi, perché tutte le maestranze dovevano ogni giorno assistere alla messa. Qualche volta le spese superavano i preventivi e allora venivano a mancare i fondi per cui i lavori dovevano essere sospesi. Gli operai emigravano in un'altra città e i canonici dovevano procurare alla fabbrica nuovi finanziamenti. Talvolta rivolgevano un appello ai ricchi affinché versassero al Capitolo il denaro illecitamente accumulato, più spesso facevano una colletta, portando in processione per le vie della città e nel contado le reliquie, non di rado apocrife, di qualche santo, traducendo così la devozione in oboli. La cattedrale di Laon, distrutta nel 1112 da un incendio, fu riedificata con il ricavato di una mostra dei cimeli sacri scampati alle fiamme, che comprendevano un lembo della camicia della Vergine, un frammento della spugna della Passione e una scheggia della Croce.

La costruzione di una cattedrale durava decenni o addirittura secoli e non solo per mancanza di fondi ma anche a causa delle frequenti guerre che obbligavano il Capitolo a sospendere i lavori. Ma c'era anche un'altra ragione: ogni città affermava la propria potenza e ribadiva la propria supremazia sulle altre ostentando una cattedrale più fastosa, più imponente, più sfavillante di mosaici e di ori, per cui la tendenza ad abbellirla continuamente e ad apportarvi sempre nuove modifiche. Nell'età comunale il campanilismo municipale era spinto all'eccesso e si rifletteva, condizionandolo, su ogni atto della vita cittadina. I Fiorentini non ammettevano che la loro cattedrale fosse meno grandiosa di quella di Siena o di Lucca perché questo sarebbe stato un segno di inferiorità e di scarsa devozione.

La cattedrale fu l'espressione più compiuta e matura dell'arte europea post-romanica o gotica, che ebbe la sua culla in Francia. Nel XII secolo questo Paese era all'avanguardia culturale in tutti i campi grazie al potente stimolo delle Crociate e a un ben avviato processo d'unificazione nazionale. La filosofia, la scienza, la letteratura e l'arte avevano trovato dovunque patroni e mecenati. L'abate Sigieri costruì la stupenda cattedrale di San Dionigi, nell'omonimo sobborgo di Parigi, Maurizio Sully fece erigere nel 1163 su un'isola della Senna quella di Notre Dame. In poco meno di un secolo tutte le maggiori città francesi ebbero la loro cattedrale.

A importarla in Italia furono intorno al 1200 i monaci cistercensi. Ma da noi l'arte gotica subì modifiche e rimaneggiamenti perché ancora vive erano le tradizioni bizantina e romanica.

A Orvieto, Siena, Assisi, Firenze le finestre delle cattedrali sono meno ampie e luminose che nel Nord, dove i cieli plumbei e la mancanza di sole richiedono aperture maggiori. I portali sono di preferenza in marmo anziché in granito, e più sobria è la decorazione interna. Manca la facciata con le due torri che è tipicamente francese, sostituita dalla torre campanaria distaccata dalla chiesa e a sé stante.

In Italia la prima chiesa gotica sorse ad Assisi nel 1228. La cattedrale di Siena fu iniziata l'anno successivo ma completata dopo oltre un secolo.

In Italia, il gotico non influenzò solo l'architettura ma anche la pittura e la scultura, che tuttavia non persero mai del tutto la loro impronta classica e greco-orientale. La tecnica dell'affresco rimase quella antica mentre si sviluppò l'arte di dipingere il vetro, nata in Francia prima del Mille e giunta da noi molto più tardi. Essa si perfezionò con il diffondersi delle cattedrali, che al colore facevano ricorso per impedire che attraverso le grandi finestre, specialmente durante i mesi estivi, filtrasse all'interno troppa luce, e per rendere più suggestivo l'ambiente.

Anche la scultura fu strettamente connessa all'architettura e ad essa subordinata. Le cattedrali rigurgitavano di statue dalle forme e dimensioni più varie, che ritraevano non solo angeli, santi, profeti, martiri, ma anche piante, animali e mostri immaginari. Non mancavano rappresentazioni simboliche e allegoriche delle arti, delle scienze e delle virtù cardinali e teologali.

Non tutto, si capisce, raggiungeva la perfezione del capolavoro. Nei successivi secoli d'oro, si costruirono cattedrali ancora più belle per snellezza di linea, equilibrio di volumi, ricchezza di ornamenti pittorici e scultorici. Esse ebbero molte cose di più: più marmi, più affreschi, più statue. Ma una cosa in meno: la sete di Dio, lo slancio verso il cielo; insomma, l'anima.

CRONOLOGIA

999 – È eletto papa Silvestro II.

1001 – Morte di Ottone III.

1002 – Arduino d'Ivrea si fa acclamare Re d'Italia.

1004 – Enrico II batte Arduino d'Ivrea ma questi non rinuncia al suo titolo.

1013 – Incoronazione a Roma di Enrico II.

1015 – Morte di Arduino d'Ivrea.

1016 – Genova e Pisa strappano agli Arabi la Sardegna.

1024 – Morte di Benedetto VIII, cui succede Giovanni XIX.

1026 – Scende in Italia Corrado II il Salico.

1039 – Muore Corrado il Salico e gli succede Enrico III.

1043-47 – Gli Altavilla costituiscono un vasto possesso con la contea di Melfi e la Puglia.

1044 – Sollevazione dei romani contro Benedetto IX, il papa ragazzo.

1045 – Cinge la tiara Clemente II.

1049 – È eletto papa Leone IX. Conflitto religioso con il patriarca di Costantinopoli, Michele Cerulario: il grande scisma.

1053 – Leone IX viene battuto da Roberto il Guiscardo.

1054 – Morte di Leone IX.

1059 – Roberto il Guiscardo viene riconosciuto da Nicola II duca di Puglia e Calabria

1070 – I Selgiuchi s'impadroniscono di Gerusalemme.

1072 – Ruggero Altavilla conquista Palermo. La lotta contro gli Arabi seguiterà per altri vent'anni.

1073 – Viene consacrato papa Gregorio VII.

1077 – Enrico IV a Canossa.

1081 – Enrico IV ridiscende in Italia. Gregorio VII si rifugia in Castel Sant'Angelo.

1081 – I Normanni occupano Durazzo e Corfù.

1083 – Il doge Vitale Faliero volge in fuga i Normanni di Roberto il Guiscardo.

1085 – Morte di Gregorio VII a Salerno.

1093 – Incoronazione a Monza di Corrado, figlio di Enrico IV.

1106 – Morte di Enrico IV, cui succede il figlio, Enrico V.

1095-99 – Prima crociata, proclamata da Urbano II.

1099 – Conquista del Santo Sepolcro.

1122 – Concordato di Worms, tra Enrico V e Callisto II, che pone fine alla lotta delle investiture.

1125 – Morte di Enrico V; gli succede Lotario di Sassonia.

1128 – Corrado di Franconia scende in Italia; i milanesi lo incoronano Re d'Italia.

1130 – Ruggero II ottiene dall'antipapa Anacleto II la corona del regno di Sicilia, Calabria e Puglia.

1133 – Innocenzo II corona imperatore Lotario.

1137 – Amalfi è assalita dalla flotta pisana e saccheggiata.

1137 – Lotario sconfigge Ruggero II.

1142 – Muore Abelardo.

1143 – Morte di Innocenzo II.

1147-49 – Seconda crociata, predicata da Bernardo di Chiaravalle.

1152 – Federico Barbarossa è eletto Imperatore.

1153 – Morte di S. Bernardo.

1154-55 – Scende in Italia Federico Barbarossa.

1155 – Incoronazione imperiale di Federico Barbarossa da parte di Adriano IV.

1155 – Condanna a morte di Arnaldo da Brescia.

1159 – È eletto al soglio Alessandro III, avversario del Barbarossa.

1162 – Milano è rasa al suolo per ordine del Barbarossa.

1167 – Alleanza del papato e dei comuni contro il Barbarossa: la *Lega lombarda*.

1170 – Nasce a Calaruega, in Spagna, S. Domenico.

1174 – Federico Barbarossa ritorna in Italia.

1176 – Il Barbarossa è sconfitto dalla *Lega* a Legnano.

1178 – Il Barbarossa torna in Germania.

1182 – Nascita di S. Francesco d'Assisi.

1183 – Pace di Costanza.

1186 – Matrimonio del figlio del Barbarossa, Enrico, con Costanza d'Altavilla.

1187 – Morte di Urbano III.

1189-92 – Terza crociata, cui partecipano Federico Barbarossa, Riccardo Cuor di Leone e Filippo Augusto di Francia.

1190 – Muore tragicamente Federico Barbarossa durante la III Crociata.

1190 – Enrico VI cala in Italia e viene incoronato imperatore.

1194 – Enrico VI entra a Palermo.

1194 – Nascita di Federico II.

1197 – Morte di Enrico VI.

1198 – Innocenzo III tutore di Federico II.

1202-04 – Quarta crociata, predicata da Folco di Neuilly e da papa Innocenzo III.

1208 – Viene assassinato in Provenza Pietro di Castelnau, legato pontificio. È la scintilla della guerra contro gli Albigesi.

1209 – È incoronato imperatore Ottone di Brunswick.

1209-21 – Crociata di Innocenzo III contro gli Albigesi, capitanata da Simone di Montfort.

1210 – Ottone di Brunswick scende in Italia ed è acclamato Re dei Romani.

1212 – Incontro a Roma tra Innocenzo III e Federico II.

1212 – Papa Innocenzo III approva la Regola dei *Poverelli d'Assisi.*

1214 – Giovanni Senza Terra è sconfitto a Bouvines da Filippo Augusto.

1216 – Morte di Innocenzo III, cui succede Onorio III.

1216 – Papa Onorio III autorizza S. Domenico a fondare l'Ordine dei Frati Predicatori.

1216-29 – Quinta crociata, cui partecipa Federico II.

1220 – Onorio III incorona imperatore Federico II.

1221 – Muore S. Domenico a Bologna.

1225 – Nasce a Roccasecca S. Tommaso.

1226 – Morte di S. Francesco.

1227 – Cinge la tiara Gregorio IX.

1229 – Federico II riconquista Gerusalemme.

1229 – Concilio di Tolosa, che condanna il movimento valdese.

1231 – Costituzioni di Melfi.

1235 – Federico II si reca in Germania e doma la ribellione del figlio Enrico.

1237 – Federico II sbaraglia a Cortenova le forze guelfe.

1241 – Battaglia della Meloria tra le flotte pisana-siciliana e genovese.

1241 – Muore Gregorio IX.

1245 – Papa Innocenzo IV proclama decaduto l'imperatore Federico II.

1248-52 – Sesta Crociata, cui partecipa Luigi IX di Francia.

1249 – Battaglia di Fossalta.

1250 – Morte di Federico II.

INDICE DEI NOMI

Aristotele, 238-39, 260, 262, 283-84, 287
Arles, 166
Armenia, 87
Arnaldo da Brescia, 104, 157-162, 232
Arno, 68, 122
Arnoldo, legato pontificio, 271, 281
Arsuf, 189
Artù, re, 155
Ascalona, 190
Ascoli Piceno, 47
Asia, 121
Asia Minore, 81, 87-8, 106, 165
Asinara, 217
Assisi, 274-77, 299
Asti, 171, 176
Astrolabio, figlio di Eloisa, 262
Atlantico, 202
Attila, 16, 201
Augusta, 17, 63
Augusto, imperatore, 140
Aurelia, via, 126
Austria, 18, 166, 190, 245
Averroe, 260
Aversa, 46
Avicenna, 240
Bacone, 261
Bagdad, 81, 260
Balcani, 82, 182
Baldovino, arcivescovo di Canterbury, 187
Baldovino, conte di Fiandra, 192, 198-99
Baldovino, fratello di Goffredo di Buglione, 87-9
Baldovino III, 106
Baleari, 217
Bandinelli, Rolando, v. Alessandro III
Barbavara, 173
Bardas, Cesare, 53-4
Bari, 47
Bartolomeo, prete, 88
Basilea, 60

Basilio I, 54
Batoni, 111
Baviera, 16, 20, 70, 99, 102-3
Beata Giovanna, madre di S. Domenico, 280
Beatrice di Borgogna, 166, 174, 181
Beatrice di Toscana, 58, 63, 67, 71-3, 130
Beatrice, moglie di Carlo d'Angiò, 145
Beirut, 251
Belgio, 13
Benedetto V, 22
Benedetto VI, 22
Benedetto VIII, 26, 38
Benedetto IX, 26-7, 57
Benedetto X, 59, 72
Benevento, 18-9, 36, 39, 96, 175, 226, 237
Bentumne, 48
Berardo, arcivescovo di Palermo, 235
Berengaria, 187-88
Berengario del Friuli, 20
Berengario d'Ivrea, 17, 21, 218
Bergamo, 122, 172, 175-76, 181
Bernard de Ventadour, 289
Bernardone, padre di S. Francesco, 274-76
Besançon, 166-67
Betlemme, 229
Béziers, 270-71
Béziers, visconte di, 270
Bisanzio, 18-9, 22, 45, 47, 50-2, 54-7, 81-3, 85-6, 173, 195, 197-199, 203-4, 212-15, 267
Bitinia, 199
Bizantini, 36, 39, 47, 139, 196-98, 200
Boccaccio, Giovanni, 146
Boemia, 166
Boemondo, di Taranto, 86-8
Bologna, 122-23, 168, 174, 176, 223, 282
Bolzano, 123

Bonifacio, marchese di Monferrato, 192-97, 199, 291
Bonifacio, vescovo, 29
Bonifacio VII, 22
Bonifacio VIII, 73
Bonifazio, di Toscana, 58, 69-70, 109, 118, 130
Borgogna, 14, 97, 175, 189
Borgo S. Donnino (Fidenza), 79
Bormida, 176
Bosforo, 82, 85, 90, 194-95, 199, 215
Bouvines, 226
Bozo, 173
Brescia, 37, 122, 157-58, 176, 181, 231
Bretagna, 262
Bried, duchessa di, 136
Brindisi, 228
Brittenoro, 227
Bruges, 123, 192
Bruno, arcivescovo di Colonia, 17, 255
Bulgaro, 168
Burano, 210
Butera, 49
Cacciaguida, 105
Cadalo, v. Onorio II
Caen, 31
Caetani, famiglia, 97
Caifa, città, 251
Cairo, Il, 122, 248-49, 260
Calabria, 39, 47-8, 102, 135, 221
Calaruega, 280
Calisto II, 97, 101
Callinico, 196
Cambrai, 268
Campagnatico, 162
Campania, 47
Campidoglio, 159, 162-63, 230
Canal Grande, 211
Candia, v. Creta
Candiano IV, 203
Cànone, di Avicenna, 260
Canossa, 63-65, 71, 75, 77-8, 92, 94, 180

Cantico delle Creature, di S. Francesco, 279
Capeto, Ugo, 15-17, 45
Capitanata, 39
Capri, 214
Capua, 45-6
Carcassonne, 155
Carinzia, 20
Carlo d'Angiò, 145, 251
Carlo il Grosso, 14, 216
Carlomagno, 12-5, 19-21, 23, 29-30, 51-2, 67-8, 83, 94, 109, 117, 145, 166, 183, 226-27, 296
Carlo Martello, 260
Carroccio, 47, 60, 172, 178-79, 230
Cartagine, 250
Casentino, 69; 93
Caspio, 121
Cassiodoro, 135
Castellaneta, 47
Castel Sant'Angelo, 25, 65, 102, 160
Castiglia, 280
Castrogiovanni, 48
Catari, v. Albigesi
Caucaso, 81
Cavalcanti, Guido, 294
Cavalieri Teutonici, 89
Ceccano, 101
Celestino II, 104
Celestino IV, 233
Cerami, 48
Cerulario, Michele, 55-6
Chalons-sur-Marne, 92
Champeaux, Guglielmo, 261
Chanson de Geste, 288
Chartres, 255, 263
Chiaravalle, 104, 255-56
Chioggia, 179, 201-2
Cicerone, M. T., 140, 294
Cicladi, Isole, 199
Cilicia, 183
Cina, 121
Ciociaria, 35, 48
Cipro, 188, 246-47
Circeo, capo, 175

SOMMARIO

BUR
Periodico settimanale: 28 maggio 1997
Direttore responsabile: Evaldo Violo
Registr. Trib. di Milano n. 68 del 1°-3-74
Spedizione in abbonamento postale TR edit.
Aut. n. 51804 del 30-7-46 della Direzione PP.TT. di Milano
Finito di stampare nel mese di maggio 1997
presso il Nuovo Istituto Italiano d'Arti Grafiche
Bergamo

Printed in Italy

ISBN 88-17-11809-5